検証　危機の25年

日本の安全保障を真剣に考える

日本大学危機管理学部教授
元読売新聞編集委員

勝股秀通

並木書房

はじめに

人はわからないことに不安を覚える。

国内世論を二分した2015年夏の安全保障関連法をめぐる議論は、まさにその言葉通りだったのではないだろうか。ただし、読売新聞社が同法の施行に合わせて実施した16年3月の全国世論調査では、集団的自衛権の限定的な行使容認を含む安保関連法を「評価する」とした人は38%、「評価しない」は47%で、15年9月の同法成立直後に比べて、その差が少しではあるが縮まってきているのは、依然として法律への漠然とした不安はあるものの、それ以上に、中国や北朝鮮という現実の脅威への不安を感じているからだと思いたい。

とは言え、戦後70年あまりが経過するというのに、安全保障や防衛問題が議論されるたびに、この国では、常に世論が二分されてきた。敗戦からしばらくの間は、厭戦や嫌戦ムードの中で、誰もが戦争を忌み嫌った。当たり前だ。しかし、忌み嫌うだけで、戦争を自ら総括することをせず、防衛や軍事といった国の骨幹をなす安全保障政策は、「戦争反対」や「平和」といった人々の心に快くひびく言葉の中に埋もれてしまった。残念ながら、戦後生まれの日本人の多くは、日本の平和や安全、国民の生命に直結する重要な問題であるにもかかわらず、中学や高校、そして大学においても、安全保障を学ぶ機会を得ることはなかった。安保関連法の理解が進まなかった根本の理由はそこにある。

そうした「わからないから不安になる」という心理を利用したのが、同法に強く反対する社民党が作成したポスターだった。「あの日から、パパは帰ってこなかった」――。路上にしゃがみ、うつむく少年の写真を覚えている人も多いのではないだろうか。自衛隊の存在自体を否定し、自衛隊が国際協力活動などで汗を流すたびに、批判や中傷を繰り返してきた政党が、あたかも隊員と家族に寄り添っているかのように思わせ、安保関連法と隊員の「戦死」とを巧みに結び付けた内容だ。

国会では、社民党をはじめ多くの野党、そして一部のマスコミまでもが、「殺し、殺される」、「戦争ができる国になる」などの言葉で政府を追及し、法案には「戦争法」というレッテルまで貼った。これは戦後まもない１９５０年代前半、当時の社会党左派が自衛隊の創設に反対し、「夫や息子を戦場に送るな」と主張し、党勢を拡大したやり方と瓜二つだ。この結果、戦後70年を経てもなお、扇動的な表現で不安をあおられた国民は、日本を取り巻く厳しい現実と向き合う機会を失ってしまった。

幸いなことに、法律が成立して以降、反対運動が拡大したわけではなかった。国民の多くは、2016年に入って一段と厳しさを増す北朝鮮の核実験と弾道ミサイルによる恫喝、尖閣諸島や東シナ海における中国の居丈高で挑発的な海洋進出に直面し、この法律を制定した意味を冷静に見極めようとしているのではないだろうか。本書を書き下ろすきっかけは、多くの日本人の間に、そうした揺れがあると感じたからだ。

本書で取り上げた内容は、1990年代の初めから今日に至る、いわゆる「冷戦後の日本」が、次々に直面することになった様々な危機や問題、国際社会から突き付けられた多くの課題をとおして、防衛や軍事といった安全保障政策に取り組んできた四半世紀の道筋を追い続けた時代史的なものとなっている。

それは湾岸戦争からはじまり、その後の国際協力活動、朝鮮半島危機やテロとの戦い、そして、わが国の存立さえ危ぶまれるほどに深刻さを増している北朝鮮と中国の脅威……。それらの課題に取り組んできた道筋からは、常に外的要因に迫られ、その場しのぎの対応を繰り返してきた日本の姿が浮かび上がってくる。

国際大学の学長を務める北岡伸一氏は、かつて「日本の安全保障―冷戦後10年の地点から」（外交フォーラム1999年特別編）の中で、安全保障には、①自国を守ること、②周辺地域を安定させること、③世界の秩序を維持すること――の三つのレベルがあると分析し、「自国」、「周辺」、「世界」という自らの平和と安全に密接な順番で、安全保障システムを構築するのが、世界の常識だと説いた。だが、冷戦後の日本は「世界」、「周辺」と、世界の常識とは逆のコースを辿ってきた。しかも、常に外的要因に迫られ、と指摘したように、自らが主体的に安全保障システムを構築してきたのではなかった。

本来なら、北朝鮮の核武装と中国の海洋進出という危機を前に、いまこそ優先して取り組むべきは「自国」の安全を高めるシステムの構築であるはずだ。安全保障関連法の制定は、その一つでもあった。しかし、湾岸戦争後に迫られた自衛隊のカンボジア派遣や、その後のイラク派遣にしても、派遣することが半ば政治決定されていて、その活動に当てはまるような法律やシステムをつくるといった「事態対応型」の議論に慣れた政府や国民には、現在、そして、将来向き合うかもしれない幅広い危機や脅威、さらには国際社会の課題に備えるための法律やシステムを、白紙から作り上げることには不慣れだったのかもしれない。

そして、新たにその不慣れな作業に加わったのが、トランプ新大統領時代における日米同盟の深化だ。その過程では、時に躓《つまず》くことがあるかもしれない。だが、冷戦終結から今日に至る25年を振り返ってみれば、この国が何に迷い、どこで躓いたのか、そして今なお、なぜ多くの課題を放置し続けているのか――といった現実をはっきりと理解することができる。そして、そこから教訓を導き出すことこそが同盟を深化させる道筋となる。

筆者は２０１５年春に退職するまで、読売新聞社に32年勤務し、そのうち20年以上にわたって防衛問題や安全保障を専門に取材してきた。その期間は、日本が安全保障をめぐって苦悩した25年と重なっており、本書をまとめるに際しては、机上の研究ではなく、実際に現場で見たこと、聞いたことなどを中心に、研究書では決して取り上げることのできない場面や、行間に埋もれてしまう事実を織り交ぜたつもりである。

これから安全保障や危機管理を学ぼうとする学生はもとより、日本が直面する危機と向き合ってみようと思う多くの人々にも一読していただき、本書から多くの視座をくみ取っていただければ幸甚である。

最後になりますが、大学に籍を移した筆者からの「安全保障や危機管理を学ぶ学生たちに読んでほしい教科書のような本を出したい」という漠然とした提案を快諾していただき、刊行にあたっては、励ましの言葉をかけ続けていただいた並木書房社長の奈須田若仁氏に心より感謝申し上げます。

２０１７年1月

勝股 秀通

目次

第3章　迫る危機、追われる日本——２０００年代日本の現実　151

第4章　危機の壁――問題山積の2010年代　252

第1章　危機になす術なし——1990年代日本の現実

1　激震、湾岸戦争

「同盟国の若者たちが血を流すのも恐れず、正義のために戦おうとしている時に、日本は小切手を切って済ますつもりなのか」——1990年8月10日、米CNNテレビの討論番組に出演した米国人男性は、日本の対応にいら立ちを隠さなかった。[1] 8月2日、サダム・フセイン率いるイラク軍によるクウェート侵攻ではじまった湾岸危機とその翌年の湾岸戦争は、日本が戦後初めて経験する政治的かつ外交的な危機となった。

軍事侵攻によってクウェート市街には多数の在留邦人が取り残され、彼らは現地の日本大使館に避難する事態に直面していたにもかかわらず、夏季休暇を取っていた海部俊樹《かいふとしき》首相は、群馬県万座温泉のホテルに滞在して野山を散策し、その後、軽井沢での講演を済ませて3日夜に急ぎ帰京したとはいえ、この国は実に30時間以上もの間、危機管理の司令塔であるべきはずのリーダーが不在であった。日本経済と国民生活を支えるエネルギー資源の大半を中東に依存する日本は、70年代に二度の石油危機（オイルショック）を経験、しかも当時、中東地域にはアラブ首長国連邦（UAE）だけでも、商社をはじめ建設や電気など日本の大手企業70社以上が進出していた。しかし、鈍感な日本はこの危機の深刻さを受け止めることはできず、「国際社会の一員として、日本はイラクの暴挙に何をなすべきか」という思いには至らなかった。

「同盟漂流」への道

イラクがクウェートに侵攻する前年の1989年11月、東西冷戦時代の象徴だったベルリンの壁が崩壊し、翌12月には、地中海のマルタ島で米ソ緊急首脳会談が開かれた。米国のブッシュ大統領とソ連のゴルバチョフ最高会議議長兼共産党書記長は、それぞれ「米ソ関係は全く新しい時代に入った」（大統領）、「冷戦は過去のものになった」（書記長）と宣言(2)、第2次世界大戦の直後から40年間にわたって続いてきた米ソ対立、いわゆる「冷戦」が事実上終結した。その直後の90年1月、米国は91年版の『国防報告』を公表、その冒頭で「冷戦が終わり、90年代の国防政策は再検討する必要が生じている」[3]という認識を打ち出し、第2次世界大戦後、米国は安全保障政策の根幹としてきた「ソ連封じ込め」政策から離脱し、地域紛争にシフトしたポスト冷戦期の新軍事戦略の策定に乗り出していた。

それは、冷戦が終結したことで自らの戦力と軍事費を削減しながら、民主主義国家が集団で脅威に対処しようという戦略であり、そうした時代の転換期に起きたのが、イラクによるクウェート侵攻だった。だがそれは、国際秩序に対する明白な挑戦であると同時に、世界の石油埋蔵量の7割近くを占める中東の中心地で発生した事態を黙って見過ごせば、各国の資源戦略は崩壊し、世界経済の運命を左右しかねなかった。この事態を冷戦後の新たな危機と受け止めた米国をはじめ各国の対応は早かった。

ただちに米ソ両国はイラクを非難する共同声明を出し、侵攻翌日の8月3日、国連安全保障理事会はイラク軍の即時無条件撤退を求める決議（660号）を採択、6日には、国連加盟国に対し、イラクに対する経済制裁と海外資産の凍結を求める決議（661号）を採択した。さらに8日には、ブッシュ大統領は全米に向けたテレビ演説で、「野蛮な侵略行為はいかなる理由でも正当化できない。我々の平和に対する意思は確固としたもので、誰も侵略に対抗する我々の決意を過小評価すべきではない。米軍を危険にさらしたくはないが、代替策はなく、この行動をとらざるを得なかった」[4]と決意を示し、イラク軍の行動を抑止するため、第一陣として、米軍4万人のサウジアラビアへの派遣を発表した。直後の10日には、英国がサウジアラビアへの軍事援助を打ち出したほか、カナダもペルシャ湾に駆逐艦など3隻の艦艇を派遣することを決定した。一方、中東のカイロでは緊急のアラブ諸国首脳会談が開かれ、賛成多数で多国籍軍への参加が決議されるなど、国連加盟国のうち主要国と中東諸国を中心に28カ国がサウジアラビア及びその周辺地域に多数の兵員や艦艇、航空機などを派遣、米軍を中心とする「多国籍軍」を編成して、イラクの新たな軍事行動を阻止するために動き出した。(5)

こうした国際社会の俊敏な動きに日本も乗り遅れないよう促すため、8月4日、ブッシュ米大統領から海部首相に国際電話が入った。ブッシュ大統領は「事態は極めて深刻であり、主要国の協調的行動が必要だ」と強調、日本がイラクに対し、貿易など経済面で米国をはじめ主要国と協働するよう要請した。(6) これに対し政府は5日夜、国連安保理の経済制裁決議(661号)に先立って、日本独自の措置として、イラク原油の輸入禁止などを盛り込んだ経済制裁を打ち出した。だが、国際社会と歩調を合わせられたのはここまでで、その後の政府の対応は、もたつきと混乱を繰り返す無残なものとなった。

それは8月14日、ブッシュ米大統領から海部首相への電話ではじまった。すでに、イラクは一方的にクウェートの併合を宣言、言語道断な侵略という行為に対し、ブッシュ大統領は「イギリスやフランス、オーストラリア、スペイン、イタリアも多国籍軍に参加しつつある。日本もペルシャ湾岸諸国への支援を含めて、国際的努力にできる限り貢献してほしい[7]」と要請、「掃海艇や給油艦を出してもらえればデモンストレーションになる。ロジスティック・サポート（後方支援）を考えてもらえればありがたい[8]」と具体的な内容を示しながら、自衛隊の多国籍軍への要員派遣を求めてきた。また、国連安保理も25日には、経済制裁の実効性を高めるため、イラクに対し限定的な武力行使を容認する決議を採択した。もはや侵攻したイラク軍をクウェートから撤退させるには、軍事力の行使が必要であることは明らかになりつつあったが、海部首相はブッシュ大統領に対し、「日本には憲法の制約があり、軍事分野での直接参加は考えられない[9]」などと返答せざるを得なかった。

こうした日本政府の態度に対し米国内では怒りと不満が充満、イラクのクウェート侵攻以来、ワシントンの日本大使館には抗議電話が殺到、さらに米議会を中心に、石油輸入の70％を中東に依存している経済大国の日本は、「人的な貢献をなすべきだ」という強い批判が高まっていた。世論や議会の風圧の中で、米政府は8月15日、湾岸危機に関連した対日協力要求を日本政府に伝達したことを明らかにした。それは、①サウジアラビアに派遣する米軍及び多国籍軍への財政支援、②湾岸防衛に対する何らかの形での直接貢献、③ペルシャ湾周辺諸国への経済援助、④向こう数年間の在日米軍駐留経費の日本側負担方針の明示、⑤次期防衛力整備計画（次期防）期間中の米国製主要兵器の購入計画の明示──の5項目[10]だった。米国が求める「直接貢献」とは、自衛隊を派遣することであったが、煮え切らない日本政府に対し、湾岸危機への対応だけでなく、在日米軍駐留経費の負担増や次期防での米国製兵器の調達など、日本に対してカネもヒトも何でも出せという凄まじい内容で、米国のいら立ちそのものだった。詳しくは次章で後述するが、日米関係はこの先、「同盟漂流」とまで呼ばれた90年代の最悪期を迎えることになる。

「人的貢献」なす術なし

もちろん政府や与党・自民党が何もしていなかったわけではない。8月5日に決定した経済制裁措置に続き、政府は8月29日、民間から医師らを募って医療チームを編成して派遣することや、民間航空機を借り上げて輸送協力を実施する計画などを発表した。しかし、多国籍軍が展開しているような危険な地域に民間機を送り込む方針に批判が集中、計画は発表直後に撤回され、政府は翌30日、代わりの貢献策として、主にペルシャ湾岸地域に展開する多国籍軍に対し10億ドルの支援を表明した。さらに9月14日には第2次貢献策として、10億ドルを追加支援するとともに、エジプトとトルコ、ヨルダンなど湾岸の周辺国に対し、経済援助として20億ドルを拠出することも決定した。

しかし、総額40億ドルという巨額な財政支援にもかかわらず、第1次支援策の公表前には、海部首相がブッシュ米大統領から「私が期待しているのは日本が現地にプレゼンスを示すことなのだ」(11)と厳しく問いただされていたことが明らかとなったほか、第2次支援策の前にも、ブレイディ米財務長官が来日し、支援額の上乗せを直接日本政府に求めていたことが暴露されていた。そのうえ、米下院議会では、日本が米軍人の人件費を含め、在日米軍駐留経費の全額を負担する決議が可決され、討論に立ったジョン・カーシック議員（共和党）は「湾岸に対する日本の支援不足にウンザリしている我々の気持ちを、日本人に伝えるいい機会だ」(12)と対日批判を強調、結局、日本が支援する40億ドルの貢献策も米国の圧力、いわゆるガイアツの結果という印象を国内外に与えることとなってしまった。

対日批判は米議会だけでなく、アマコスト駐日米大使も自民党の幹部や新聞社の論説委員らを集め、「日本はリスクを何も負おうとしていない。お金だけというのはダメだ」と日本政府の対応を厳しく批判、具体的な貢献策として「人員や物資を運ぶこと」などを挙げ、海部首相が踏み込んだ決断をすべきとの見解を示していた。(13)

こうした「人的貢献」を求める声に、自民党の小沢一郎幹事長は8月27日に開かれた党の四役会議で、「現行憲法下でも、自衛隊を国連軍に参加させる形で海外に派遣することは可能」との持論を展開、煮え切らない海部首相に直談判し、憲法の許す範囲で自衛隊の海外派遣が可能になるように自衛隊法改正など法体系の整備を検討すべきだと進言し、首相も同意している。(14)

ところがわずか2日後、民間機による輸送協力などを表明した8月29日の記者会見で、海部首相は「国際平和協力のような形で日本としてどのような貢献ができるのか検討したい」と述べたものの、自衛隊の海外派遣には後ろ向きで、軍隊が展開しているような危険地域であるにもかかわらず、海部首相が思い浮かべていたのは、青年海外協力隊のような組織を新たに編成して派遣することをイメージしていたに過ぎなかった。

それでも、米国などから強まる対日批判の声に、海部政権は人的貢献を目指す新たな法案づくりに取り掛からざるを得なくなった。当初、法案づくりを主導した外務省は、首相の意向を受け、自衛隊を含まない別組織を中東に派遣することを思い描いていた。しかし、派遣される中東の地で、軍事衝突など緊急事態が発生した場合を考えてみればわかるように、組織としての自己完結性はもとより、現地で活動するためには、米国をはじめ多国籍軍の関係者から様々な情報を収集しなければならない。つまり派遣するのであれば、自衛隊という軍事組織以外に選択肢はなかったはずである。

結局、自民党幹部や防衛庁の意見を踏まえ、法案は自衛隊が湾岸地域に展開する多国籍軍に参加し、後方支援的な業務にあたる内容に改められたが、これほどまでに変転した原因の一つは、国家危機に対応することを想定して設置されていたはずの「安全保障会議」（議長＝海部首相）が、イラクのクウェート侵攻から1カ月半を経過した9月18日になるまで、ただの一度も開かれなかったことだ。多くの在留邦人が現地に取り残され、その後はイラク政府に捕えられて「人質」(15)となってしまったことを考えれば、海部首相や官房長官以下の政権幹部の政治家はもとより、危機管理を担当する内閣安全保障室など政権を支える官僚たちの責任はことのほか大きいと言わざるを得ない。

仮に早期に安全保障会議が開かれ、危機に際して日本が何をなすべきかについて、政府が国民に直接訴えかけていれば、この事態が日本にとって深刻な危機であるという認識が国民の中に醸成されていった可能性は高い。二度の石油危機を機に多少減じていたとはいえ、依然として日本の中東原油への依存度は7割を超え、その比率は、多国籍軍を構成している米国や欧州諸国に比べて圧倒的に高い。当時、400兆円に上る国民総生産(GNP)という日本の繁栄は、中東原油に支えられていると言っても過言ではなかったからだ。国民の理解と並行して、陸海空の自衛隊幹部が、政治の求めに応じて軍事に関する専門的な知見に基づき、安全保障会議の場で意見具申することもできたはずだ。

それでも政府は10月16日に「国連平和協力法案」を閣議決定し、湾岸危機への対応について集中審議する臨時国会に提出した。法案は、国連決議に基づく平和維持活動やその他の活動に協力するために、自衛隊とは別組織の平和協力隊を設置することが柱となっていた。ただし、派遣される大半は自衛隊員であり、彼らは自衛官であると同時に、平和協力隊員でもあるという極めてあいまいな身分と規定されていた。海部内閣で官房副長官を務めた大島理森《おおしまただもり》氏は後に、「海部首相は自衛隊と違う組織にこだわった」(16)と述懐するが、最初から最後まで、海部政権はひたすら自衛隊色を薄めることに腐心していたことだけは確かだ。

それを如実に示す興味深い話がある。筆者が２００５年の夏、湾岸戦争の当時、海上自衛隊トップの海上幕僚長を務めていた佐久間一《さくままこと》氏にインタビュー取材した際、佐久間氏が明かしてくれたエピソードだ。

「これから国際社会が戦争しようというときに、それに日本がどうやって貢献するか。対応は難しかったと思いますが、海部首相をはじめ官邸などの自衛隊アレルギーは強かった。10月に入り、米国から強まる人的貢献の要請に応えるため、政府は『国連平和協力法案』を国会に提出、自衛隊を別組織として派遣しようとしました。だが、官邸から言ってくる注文は、耳を疑う内容でした。『護衛艦を白く塗りつぶせ』、『砲塔を隠せ』、『自衛艦旗を降ろせ』など国内法令や国際法違反はお構いなし。まるでエイリアンと話をしているみたいでした」と語っている。さらに、佐久間氏と同じ防衛大学校の1期生で、湾岸戦争当時に陸上幕僚長を務めていた志摩篤《しまあつし》氏も、筆者のインタビューに答えて、「自衛官の身分を変えてまで行かなければいけないのか。国際協力のために別組織をつくるというのは、自衛隊を完全に否定した内容で悔しかった」と振り返っている。(17)

しかし、そんな付け焼き刃のような法案がやすやすと成立するはずはなかった。法案審議は冒頭から混乱に陥った。審議初日の10月24日、衆議院の国連平和協力特別委員会の議論は、多国籍軍に対する平和協力隊の支援が、憲法9条の禁じる「武力の行使」と一体化するのではないか、という点に絞られた。

質問に立った社会党議員は、多国籍軍への協力にあたって武器や弾薬の輸送は認められるのか、と中山太郎外相を追及した。中山外相は「武器というものの輸送は原則いたしません。武器弾薬は運ばない」と明確に答弁したところ、すぐさま外務省の柳井俊二《やないしゅんじ》条約局長が発言を求めて立ち上がった。「法律上は、武器弾薬を含めていろいろな物を運び得ることになっている。内容の限定は特にない。武力行使と一体となすことのない限り、協力は可能。適切と認められれば、実際に行なう」と、外相の答弁とは全く逆の説明をしたため、委員会室は騒然となった。翌日の新聞各紙は、外相とその部下である局長の答弁の食い違いを「下剋上答弁」と皮肉ったが、法案が想定している協力内容の具体的な中身が、政府内で詰め切れていないことを象徴する場面だった。

当時の国会審議について、法案作成に尽力し、その後、外務事務次官を経て駐米大使となった柳井氏は次のように振り返っている。

問題の「下剋上答弁」については、「かなり意識的に答弁しました。この法律は通らないと思っていました。公明党と民社党は法案に同情的ではあるが、賛成には回らない。仮に衆議院でギリギリ可決されても、自民党が少数の参議院では絶対に通らない。ですから、法案審議のある段階から、私は法案そのものの成否よりも、後々まで議事録に残る答弁の中身の方が大事だと思うようになった[18]」と語っている。

法案をめぐっては、その後も海部首相をはじめ担当閣僚や官僚らによるお粗末な答弁[19]が繰り返され、審議が何度も中断した挙げ句、11月8日、与野党の幹事長・書記長会談で法案を廃案にすることが決まった。中東への対応を審議する臨時国会を開くにあたって、海部首相ら政府首脳をはじめ与野党の幹部らは当初、「カネとモノだけでなく、ヒトの貢献が必要」、「目に見える形の貢献策を」といった発言を繰り返していた。だが、いざふたを開けてみれば、野党の社会、共産両党は、自衛隊の海外派遣をめぐる過去の政府答弁との矛盾を突き、それに対して準備不足の政府がしどろもどろに取り繕うという展開に終始してしまった。臨時国会は結局、何も決まらないまま閉会を迎え、ここに政府は人的貢献をなす術を失った。

前述した佐久間氏は「政府はショックが大きかったと思いますが、我々は正直ほっとしました[20]」と述懐したように、派遣される立場となる防衛庁の内部からは、自衛隊が戦後初めて海外の紛争地に派遣されるのかどうかという重要な法律にもかかわらず、あんなズサンな答弁では釈然としない――といった声も少なくなく、廃案をめぐる受け止め方は複雑だった。

「小切手外交」の限界を露呈

日本で国連平和協力法案が廃案となったのと同じころ、米国が新たに15万の軍を増派することを決めるなど湾岸地域への多国籍軍の集結が急ピッチで進んでいた。日米関係について民間レベルで意見交換する「下田会議」に出席するために来日したトーマス・フォーリー米下院議長は11月17日、会議が開かれる神奈川県大磯町のホテルで記者会見し、日本の貢献策について「米国が催促しなくても、日本政府が独自の貢献策を迅速に決めることが大事だ。米国が促さなければ、日本は何も進めていかないのではないか、という認識が米国内には生まれている」と、日本政府の主体性の欠如を厳しく批判。さらに、「湾岸危機は日米二国間の問題ではない。国際的な環境の中で日本の国益とは何かを考え、対策を立ててほしい」と注文を付けた。と同時に、米国に貢献策を急き立てられ、強制させられているといった日本国内に拡がる反米、嫌米感情にもくぎを刺した。(21)

下田会議には日米両国の政財官界などから約90人が参加、米側の参加者からは「日本の役割はカネを出すだけではない」、「国連平和協力法案の廃案には失望した」、「日本の憲法は尊重するが、何もしないでいいというわけではない」といった不満が次々に表明され、人的貢献など日本の役割分担の拡大を強く求める意見が相次いだ。(22)

多国籍軍が次第に強硬な姿勢を示す中、国連安保理は11月29日（日本時間30日）、イラクに対する武力行使容認決議（６７８号）を採択した。安保理の常任理事国及び非常任理事国あわせて15カ国のうち、賛成は米・英・仏・ソなど12カ国、反対はキューバとイエメン、棄権したのは中国だった。国連決議を受け、日本政府は即座にこれを支持、湾岸危機が「戦争」に突入した場合の非常事態に備えて、新たな貢献策の検討に入った。しかし、人的貢献を目指した国連平和協力法案が臨時国会で廃案に追い込まれ、なす術を失った政府は虚脱状態に陥っており、多国籍軍やペルシャ湾岸諸国に対する資金面の援助を積み上げること以外に新たな貢献策は思いつかなかった。

安保理決議６７８号は、クウェートからの無条件撤退などすべての決議に従うための期間として、イラクに対し１９９１年1月15日まで6週間の猶予期限を与えていた。この間、フランスやソ連などが開戦回避のための交渉に臨んだが、成果を上げることはできず、イラクにこれ以上多くの時間的余裕を与えてしまえば、多国籍軍に参加している国々の結束が乱れ、砂漠に展開している兵士の士気が低下することも懸念された。依然として非妥協的な態度を示し続けるイラクに対し、米国は無条件撤退に加え、イラクのミサイルと核兵器研究開発施設の破壊、クウェートに対する損害の補償要求を突き付けた。これに対抗してイラク政府は、クウェートの放棄拒否を決議し、91年1月6日には、フセイン大統領が軍と国民に向かって、戦争に伴う犠牲の覚悟を呼びかける演説を行なった。(23)

こうしてタイムリミットの1月15日が過ぎ、現地時間の17日午前1時30分、ペルシャ湾などに展開する米海軍のイージス艦「バンカーヒル」などから巡航ミサイル・トマホーク16発が、バグダッド市街にある大統領官邸や主要な電力施設めがけて発射された。(24) イラク軍は中東有数の軍事力を有していたが、海・空軍力は極めて非力であり、主力は予備役を含めて130万人(うち正規軍は約100万)、戦車約5500両という陸軍であった。これに対して多国籍軍は、地上戦力(陸軍)には17カ国から約54万の兵員が投入され、海軍は15カ国179隻の艦艇が参戦した。また、10カ国で編成された空軍は、作戦機2430機を数え、海・空軍戦力においては、量のみならず質の面においてもイラク軍の能力を圧倒した。(25) 多国籍軍の攻撃は、テレビゲームを見ているような精密誘導兵器による空爆ではじまり、2月24日からは地上戦も開始され、そのわずか4日後の2月28日にクウェートは解放された。湾岸戦争は多国籍軍の圧倒的な勝利で幕を閉じた。

この間、政府は開戦が伝えられた1月17日、海部首相が多国籍軍の武力行使を含む米軍などの行動について、すぐさま「全面支持」(Full Support)を表明、首相官邸に「湾岸危機対策本部」を設置、政府と自民党は、戦禍を逃れ難民となった人々を輸送するための自衛隊機派遣や多国籍軍への追加資金協力などの検討に入った。

通常国会初日の1月25日、海部首相は衆議院本会議で施政方針演説に臨み、①多国籍軍の武力行使は「やむを得ざる最後の手段」として確固たる支持を表明、②多国籍軍に対し、90億ドル（約1兆円）の追加資金協力が必要、③避難民を移送するために自衛隊の輸送機を派遣する――ことなどを表明。資金協力については、「国民にも応分の負担をお願いする」と述べ、追加資金協力の財源を増税で賄うことに理解を求め、避難民輸送を自衛隊が担うことについても、人道的かつ非軍事的活動であり、憲法の理念に合致するとの考えを示した。施政方針演説は「これらの貢献を怠れば、日本は孤立への道を歩むことになる」という厳しい言葉で締めくくられた。

ところが、その後の国会はまたしても紛糾した。暴力（軍事力）によって国際秩序を破壊したイラクを非難することもせずに、社会、共産両党は「政府は多国籍軍への協力援助を中止すべき」、「戦争への全面的協力を表明した海部内閣の態度は言語道断」などと主張、公明党も間近に迫っていた地方選挙への影響を気にして追加支援の賛否で優柔不断な態度に終始した。(26)最終的には90億ドルの拠出を認めることになるが、平和や国際秩序の維持よりも、地方選挙への思惑を優先させる姿勢は、国際秩序の危機に無関心な「平和ボケ」の日本を象徴していると言っていい。

前年秋の臨時国会に続き、混乱を繰り返す国会を世界はどう見ていたのだろうか。外務省は2月5日、国会の論戦が始まった1月26日から10日間の海外報道を分析、公表した。それは、海外との認識のずれや温度差を国民に知らしめる前例のない措置だった。1月27日付けの米ニューヨーク・タイムズ紙は「日本は湾岸支援を実施するのかしないのか」という見出しの記事を載せ、「日本人が自分たちにとって湾岸戦争の結果はそれほど重要ではないと思っていることは驚くべきことだ」と批判。29日付けの米サンフランシスコ・エギザミナー紙も「日本は湾岸戦争を『対岸の火事』とみている」と題した社説「哀れな巨人　日本」を掲載し、日本の姿勢そのものに疑問を投げかけた。(27) 欧米の厳しい論調を公表したことについて、外務省内には、このまま推移すれば、せっかくの巨額な支援も効果が減殺されてしまうとの危機感があったという。だが、その危機感はまもなく現実のものとなる。

クウェート政府は在米クウェート大使館を通じて、イラクからの解放を国際社会に感謝する広告を、3月11日付けの米『ワシントン・ポスト』紙に掲載した。「ありがとうアメリカ、そして地球家族（グローバル・ファミリー）の国々」という大きな活字の下に、中東の地で翻るクウェート国旗を支えるように米国や英国、ロシアなど11カ国の国旗が並べられた。米国への感謝の言葉に続いて、平和の達成に貢献した国として30カ国の名前が列挙されていた。だが、アルファベット順に記された国名の中に「Japan」の文字はなかった。

30カ国のリストは、米政府（ホワイトハウス）が公表した多国籍軍への戦力派遣28カ国に、米国とポーランドを加えたものだ。日本と同様に欧米各国からは貢献度が低いと指摘されていたドイツは、憲法にあたる基本法で国防軍の北大西洋条約機構（NATO）域外への派遣が禁じられているため、サウジアラビアなど湾岸地域に急派されているNATO各国軍の穴を埋めるために、NATO域内のトルコに航空機部隊を派遣したため、多国籍軍参加国として扱われ、紙面に国名を連ねていた。「なぜ日本を除いたのか、理由を調べてみるが、意図的な誤りではない」というのがクウェート大使館当局者の説明だった。(28)

イラクのクウェート侵攻から7カ月あまり。この間、日本は開戦前の40億ドルを加え、総額130億ドル（当時のレートで約1兆5千億円）という巨額な資金を戦費などとして提供してきた。日本の財政支援がなければ、50万を超す地上軍の展開など多国籍軍が活動することは困難であったことは確かだ。しかも、国民は増税まで受け入れて1人当たり1万円以上も負担してきた。しかし、目に見える人的な貢献、言葉を換えれば、一緒に汗を流し、時に血を流す覚悟を示せなかった日本は、クウェート政府やその国民にとって、イラクに奪われた自由を取り戻すことに手を貸してくれた国とは映らなかったのである。当時、NHKワシントン特派員であった手嶋龍一《てしまりゅういち》氏は、著書『一九九一年日本の敗北』（新潮社）の中で、駐米日本大使館の若手外交官の言葉として「湾岸戦争の財政貢献は世界中のほとんど誰からも感謝されず、評価もされなかった」と記している。(29)

すべてをカネで済ませる「小切手外交」の限界を、日本は国際社会から厳しく突き付けられるとともに、湾岸戦争を機に、国際貢献や国際協力のあり方が、日本の危機管理にとって新たな問題として浮上することになったのである。

2 「一国平和主義」はなぜ生まれた

10年後の2001年、「湾岸戦争とは何だったのか」と題した座談会が、外交専門誌『外交フォーラム』に掲載された。当時の政府の対応を振り返り、国際政治が専門の北岡伸一《きたおかしんいち》東大教授（現・国際大学長）は、「日本人は『何もしないのはまずい、お金を出すだけでもまずい、しかしどうしていいのか』というところで立ち止まって、前に行きたがらないという感じがありました」[30]と述べ、危機に直面した日本は、行動を具体化しようとする段階で思考が停止してしまったと指摘し、そのうえで、「あの時は海部総理でしたが、おそらく誰が総理大臣でも、自民党の伝統では難しかった」[31]と分析している。なぜ、誰が総理であろうと、日本は思考停止せざるを得なかったのか。湾岸戦争において「一国平和主義」と揶揄された日本的な態度がどうして生まれたのか――を考えてみたい。

軍に対する嫌悪が戦後の原点

戦後70年を迎えた2015年夏、自民党の安倍晋三《あべしんぞう》首相は談話を発表した。しばしば「タカ派」とみなされ、歴史認識問題では「歴史修正主義者」と批判されることもある安倍首相だけに、談話の内容については、国内外から多くの注目が集まっていた。そこでは、談話の中に「侵略」という言葉が登場しなければ、徹底的に批判しようと待ち構えていたメディアや有識者もいたように思う。だが、外交史が専門の慶応大学の細谷雄一《ほそやゆういち》教授は「日本国民の感情に相当配慮し、同時に日本と戦った米国、英国、オランダ、豪州など具体的な国名を挙げ、それらの国々に配慮している」と指摘、中国と韓国に対しても「歴史認識問題を国家間の亀裂の原因にしない」(32)という決意が表れていると分析したように、発表された談話について、国民はもとより国際社会は高く評価したように思う。

談話は「侵略」や「おわび」、「植民地支配」といった言葉遣いに注目が集まった。もちろん談話のニュース性を考えれば当然のことではあるが、前述してきたように、湾岸危機に直面した際の政府の対応、そして、国際社会の秩序を維持するために何をすべきかをめぐって思考停止してしまった日本人の「なぜ」を考えるとき、70年の談話には、そのヒントとなる文言が、詳細かつ克明に記されていた。

「先の大戦では、三百万余の同胞の命が失われました。祖国の行く末を案じ、家族の幸せを願いながら、戦陣に散った方々。終戦後、極寒の、あるいは灼熱の、遠い異郷の地にあって、飢えや病に苦しみ、亡くなられた方々。広島や長崎での原爆投下、東京をはじめ各都市での爆撃、沖縄における地上戦などによって、たくさんの市井の人々が、無残にも犠牲となりました。（中略）何の罪もない人々に、計り知れない損害と苦痛を、我が国が与えた事実。歴史とは実に取り返しのつかない、苛烈なものです。一人ひとりに、それぞれの人生があり、夢があり、愛する家族があった。この当然の事実をかみしめる時、今なお、言葉を失い、ただただ断腸の念を禁じ得ません。これほどまでの尊い犠牲の上に、現在の平和がある。これが、戦後日本の原点であります」(33)

戦前、軍国主義だった日本は、「自存自衛」という国家目標を掲げて国策を誤った。暴走した軍はその目的を達成できなかったばかりか、国家を破滅に導き、国民に多大な犠牲を強いた。談話が示すように、あまりにも多くの犠牲という「結果」が、戦後日本の原点であることは間違いない。だが、戦争によって地獄に引き込まされた国民は、日本軍に対する憎悪と不信感を募らせ、「戦争はこりごり」、「二度とやってはならない」という感情を強く抱くようになった。同時に、広島と長崎に非人道的な原子爆弾が投下され、さらに、全土を焼け野原にした無差別爆撃の経験によって、もっぱら自らは戦争の被害者であるとの意識を強めていった。多くの死と窮乏が物理的な戦後の原点であるならば、軍への憎悪と被害者意識は精神的な原点でもあった。その原点から生まれたのが、憲法9条である。

1946年6月、日本国憲法を制定する衆議院本会議（制憲議会）で、吉田茂《よしだしげる》首相は「戦争放棄に関する本案の規定は、直接には自衛権を否定して居りませぬが、第9条2項において、一切の軍備と国の交戦権を認めない結果、自衛権の発動としての戦争も、交戦権も放棄したものであります」と言い切っている。自衛のための戦争さえも認めないという主権国家の常識を覆すほどの内容の憲法を制定した背景には、吉田首相をはじめとする国家の指導者が、国民が強く抱いている戦争や軍への忌避、嫌悪の感情をくみ取らなければならなかったことに加え、日本が戦後、国際社会の一員として再出発するためには、日本が二度と世界の敵（脅威）とならないことを保証する憲法が必要であったことにほかならない。言い換えれば、当時の日本においては、これ以外の憲法は考えられなかったのである。

その後日本は、連合国軍による占領期を経て、1951年9月8日、米サンフランシスコで、対日講和条約と日米安全保障条約に調印、敗戦から6年を経て独立を回復した。講和条約は第5条で「国連憲章の義務を受諾。個別的、集団的自衛の権利を有し、集団安全保障の取り決めを締結できる」(34)と定め、日米安保条約（旧条約）は「日本国は武装解除されているので、固有の自衛権を行使する有効な手段を持たない。日本国は、その防衛のための暫定措置として、国内及びその付近に米国の軍隊を維持することを希望する」(35)という文言が前文に記されている。独立回復後も日本に駐留する米軍に日本の安全を委ねる内容だが、当時の読売新聞の世論調査によれば、講和条約に「満足」が72％、「不満足」は11％、安保条約については、「次の国会ですぐに承認」が34％と最も多く、国民の多くは講和と安保という二つの条約を好意的に受け止めていた。(36)

両条約の調印と発効により、日本は戦後の西側陣営の中に深く組み込まれ、防衛力増強を求める米国の風圧の下、1954年7月、直接侵略への対処を任務とする「自衛隊」(37)を誕生させた。時の宰相である吉田茂氏の英断により、焼け跡からの復興を最優先するために、軽武装の経済重視主義を選択し、日米安保条約を結んだことは、現在に至るまで最良の選択であった。

しかしながら、憲法前文と9条に記された崇高な平和主義を掲げる一方で、自国の平和と安全については、核兵器を含む米国の強大な軍事力に委ねるという極めて利己的な選択をした結果、国民は次第に、国際社会の現実から逃避し、米国任せの国防に対する関心を希薄化させていった。まさにこれこそが、戦前の軍国日本が、戦後の日本、そして日本人の心に残した最も大きな禍根であった。

目に見えない分断国家

1950年の警察予備隊発足から、保安隊を経て陸海空自衛隊が誕生する、いわゆる再軍備の過程で議論となったのは、憲法9条と自衛隊との整合性であった。とりわけ「陸海空軍その他の戦力は、これを保持しない」と定めた9条2項をめぐって国会では激しい論戦が繰り返された。「戦力とは戦争を遂行し得る有効適切なる兵力。警察予備隊も保安隊も、治安確保に必要な力しかなく、戦力には該当しない」（木村篤太郎《きむらとくたろう》法相）といった「戦力なき軍隊」という言葉まで登場する。本来であれば、自衛隊が発足した時点で、自衛隊の存在根拠を憲法に明示するために憲法9条は見直されるべきであったと思う。

だが政府は、自衛隊発足直後の54年12月に「政府統一見解」を発表、①憲法は自衛権を否定していない、②憲法は戦争を放棄したが、自衛のための抗争は放棄していない、③自衛隊のような自衛のための任務を有し、かつその目的のため必要相当な範囲の実力部隊を設けることは、憲法に違反するものではない(38)――などと説明しただけであった。

翌55年2月の総選挙で、鳩山一郎《はとやまいちろう》内閣は政権維持を果たすものの議席を減らした一方で、52年の総選挙から躍進を続ける社会党左派は、55年10月に右派を統一、他方、保守の自由党と日本民主党も11月に合同して自由民主党を結成した。いわゆる自民党と社会党を中心とした「55年体制」のはじまりで、これ以降、国民の間に根付いた強い平和主義風潮を背景に、東西冷戦という厳しい国際環境の中にあっても、日本は極東ソ連軍の重圧からどうやって自らの国を守るのか――といった国防についての議論は行なわれず、もっぱら自衛隊の存在に対する合憲と違憲ばかりが議論されるようになる。

国防や軍事という言葉が、耳障りのいい安全保障という言葉に置き換えられたように、自衛隊内の呼称も、将校は「幹部」、大佐は「一佐」、歩兵は「普通科」、工兵は「施設科」、戦車は「特車」などという名前で呼ばれ、都内では、女子大生が「防大生とは結婚しません」などと書いたプラカードを掲げてデモ行進する様子がニュースとなった。

後年、ノーベル賞を受賞する作家の大江健三郎《おおえけんざぶろう》氏が新聞に寄稿した「ぼくは防衛大学生をぼくらの世代の若い日本人の一つの弱み、一つの恥辱だと思っている。そして、ぼくは防衛大学の志願者がすっかりなくなる方向へ働きかけたいと考えている」(39)という一文は波紋を呼び、様々なメディアで「防大生は誇りか、恥辱か」といった論争まで繰り広げられた時代だった。

吉田首相が英断した軽武装の経済重視主義により、日本はもっぱら米国との安保条約によって平和と安全を享受し、米国が主導する自由貿易体制の中で奇跡的な経済復興を果たしてきた。にもかかわらず、戦前の軍と自衛隊を結び付け、自衛隊の存在そのものが、社会党や共産党、その支持者らからは疑問視され、1960年と70年の日米安保条約の改定時には、大規模な反米、反安保闘争が繰り広げられた。

こうした社会情勢について、防衛大学校長を務めた国際政治学者の猪木正道《いのきまさみち》氏は、著書『軍国日本の興亡』のまえがきで、「戦後の反軍国主義は、軍事的価値を不当に過小評価した。憲法

第九条の戦争放棄に関する規定も、侵略戦争ばかりか、自衛の戦争も認めないかのように粗雑に解釈され、歴史上も前例のない空想的平和主義が喧伝された。（中略）国際社会の平和と安全に対する責任を果たす、という重要な視野がまったく欠落していた」[40]と指摘している。

さらに、国際社会から厳しく批判された湾岸危機と戦争への対応の要因について、劇作家で評論家でもある山崎正和氏は「冷戦終結までの日本は国家ではなかった。目に見えない分断国家であった。国民の三分の一を代表する野党が、国家の防衛、外交の基本政策にことごとく反対するという国は他にはありませんでした。ドイツは物理的に分断されましたから、（日本と同様に自由主義陣営の一員となった）西ドイツには国防軍があり、共産党は非合法化されていた。そういう普通の国に比べて、日本は異様な国であった」[41]と厳しい表現で論じている。

「安保ただ乗り」への批判

反米や反安保を声高に唱えながら、米国による安全に安穏とする日本に対し、1980年代以降、軍事情勢の変化に伴い、米国から厳しい批判の声が上がるようになる。そのきっかけは、1979年のソ連軍によるアフガニスタン侵攻であり、極東ソ連軍の陸海空戦力の増強だった。ソ連が占領する北方領土の国後《くなしり》、択捉《えとろふ》両島には師団規模の地上部隊が配備され、火砲や装甲車両を運搬した輸送船団の写真が公開された。空母「ミンスク」など新鋭艦もウラジオストクなど日本海側の基地に集結、新型爆撃機Ｔｕ22Ｍ（バックファイアー）の極東配備も確認された。急速に高まるソ連の脅威に、81年1月に登場したレーガン米大統領は、同年5月、「新軍事戦略」を発表、「米海軍力を現在の４５０隻体制から６００隻体制に増強する。ソ連の脅威によって中東やペルシャ湾の石油資源が危険にさらされるのであれば、米国は直接軍事介入する。ただし、米国は単独では挑戦に対処できない。同盟国との密接な協力に頼らねばならない」[42]との方針を打ち出した。

それまでも米国内には、元国務省安全保障政策委員長のレスリー・ブラウン氏が「日本は国家として脅威への鋭い感覚が欠如している。北西太平洋地域で引き受けなければならない防衛負担の多くを米国に委ねている」[43]と主張したように、より積極的に軍事面での役割を担わせようとする雰囲気はあったが、ソ連軍のアフガン侵攻で危惧される中東地域の混乱や、極東ソ連軍の太平洋進出といった具体的かつ現実の脅威を背景に、日本に対する防衛要求は、「安保ただ乗り」という言葉が象徴するように急速に膨れ上がっていった。

米『ワシントン・ポスト』紙は「中東の石油のために米軍だけが戦うべきなのか。この問題は米国より日本と欧州にとっての方がはるかに重要である」[44]と指摘、元国務次官のジョージ・ボール氏も「現在のハッピーな状態が長続きしないことを、誰かが日本に知らせてやるべきだ」[45]と警告したうえで、日本が40億ドルの予算で空母を2隻建造し、それを米国にレンタルしなさい。もし、日本がタンカーの海上交通路を守る気になったら返してあげましょうなどと痛烈な表現で皮肉っている。

強まる対日防衛要求に応えようと、81年5月、鈴木善幸《すずきぜんこう》首相は訪米し、レーガン大統領と首脳会談を行なった。両首脳は共同声明で、「日米両国間の同盟関係は、民主主義および自由という両国が共有する価値の上に築かれている」(46)としたうえで、①湾岸地域の平和と安全の維持が、全世界の平和と安全にとって極めて重要である、②日本の防衛並びに極東の平和および安定を確保するにあたり、日米両国間において適切な役割の分担が望ましい――ことなどを確認した。

日米首脳会談において、初めて「同盟」という言葉が盛り込まれた画期的な共同声明ではあったが、帰国後、同盟の真意をめぐって、鈴木首相は「軍事協力が一歩進んだと言うのは、当を得ていない」などと発言、同盟には軍事的な意味が含まれるのは当たり前と説明する外務省の見解と対立し、当時の伊藤正義《いとうまさよし》外相が辞任に追い込まれるなどの失態を演じた。また、81年度の防衛費をめぐって、対前年度比で9・7％増を求めた防衛庁に対し、大蔵省の抵抗によって7・6％増にまで圧縮されるなどしたため、日本政府の取り組みに対する米国の評価は決して高くはならなかった。

一方、白波が立ち始めた日米関係を改善しようとする動きもあった。鈴木首相の後任には

「戦後政治の総決算」を掲げた中曽根康弘《なかそねやすひろ》首相が登場、83年1月に訪米すると、レーガン大統領との首脳会談の後で、①日本列島は、ソ連の戦略爆撃機バックファイアーに対する「不沈空母」である、②ソ連艦隊の太平洋進出を阻止するため、宗谷・津軽・対馬の3海峡を封鎖する、③海上交通路(シーレーン)の安全を確保する――の3点を、日本の防衛目標であると発言するなど、日本が米国の世界戦略の一翼を担うことを約束した。(47)

言論界においても、読売新聞は84年1月の元旦社説で、「今日の左翼偏向派は、決して自ら『左翼』と称することはしない。平和とか軍縮とか反核といった大衆の耳に快くひびく言葉の中に、それを隠そうとする」と警告を発したうえで、「ソ連のあからさまな対日威嚇にはあえて目をつぶって、米国を軍拡の元凶とする論法を公平だということができようか。(中略)現実を無視した安全保障政策の選択は、幻想的であり、無責任である。それは日本経済と国民生活を根底から破壊することにもつながる」(48)という主張を展開した。

中曽根政権は83年9月、ソ連・サハリン(樺太)沖の上空で発生したソ連空軍機による大韓航空機撃墜事件(49)の際には、米国政府の強い求めに応じて、自衛隊が傍受したソ連機の交信記録という極秘情報を米国に提供、ソ連政府に撃墜の事実を認めさせたほか、84年夏には、米海軍第7艦隊と海上自衛隊が共同で、ソ連海軍の太平洋進出を阻止する大規模な軍事演習「Flee-tex85」(50)を実施するなど、米軍と自衛隊が訓練などを通じて信頼関係を強化することで、何とか同盟関係を維持することができていた。

「何とか」と表現したのは、そうした現実の脅威に直面してもなお、政治家を含め、国民の多くは、軍や軍事へのアレルギーや忌避感を払拭することはできなかったということである。日本人は、戦後40年という長い時間の経過の中で、軍事を拒否する気持ちは、いつしか自国さえ平和であればよいという考えに変わり、他国の紛争に巻き込まれないようにと、そればかり心配してきた。日本政治外交史が専門で元防衛大学校長の五百旗頭真《いおきべまこと》氏は「戦後日本の経済活動は世界に進出したが、安全保障については精神的鎖国とでも言うべき『引きこもり』が顕著となった。世界の平和と秩序は誰かが守るべきであり、日本はそれに参画しないことをよしとされた。無責任が平和主義の名のもとに称賛された[51]」と断じている。

3　綱渡りの国際協力活動

湾岸戦争で日本は、多国籍軍に対して国民1人あたり約1万円、総額130億ドルに上る巨費を投じて経済的な貢献をしたにもかかわらず、クウェート政府の感謝広告が示すように、国際社会からはほとんど感謝も評価もされなかった。その事実を国民はどのように受け止めたのか。国連平和協力法案が廃案になった後に実施された読売新聞の世論調査(52)では、人的貢献について「積極的にすべきだ」としたのは16%、「ある程度はやむを得ない」は49%で、消極的な賛成を含めて65%の人が何らかの人的貢献を必要と回答している。さらに湾岸戦争終結後に行なわれた朝日新聞の世論調査(53)でも、日本は国際紛争の解決に積極的な役割を果たすことが必要か――との問いに、61%が「必要」と答え、自衛隊の海外派遣についても、何らかの形での派遣を容認する意見が74%に達している。世論調査は新聞の購読者とは無関係に、調査対象を無作為に抽出する方法で行なわれる。読売と朝日という新聞社の主張の違いにもかかわらず、湾岸戦争をきっかけに、国民の多くは、人的貢献の必要性を意識しはじめたことだけは確かなようだった。

海を渡った海自掃海部隊

実は、クウェート政府の感謝広告以上に、日本政府に衝撃を与えたのは、1991年3月7日の朝刊各紙の1面に掲載された「ドイツが湾岸へ掃海部隊派遣」というトップニュースだった。ドイツは日本の憲法にあたる基本法で、ドイツ軍の北大西洋条約機構（NATO）領域外への派兵を禁じていた。このため湾岸戦争では、日本と同じように人的貢献策に苦慮していた。しかし記事では、すでに戦争は終わり、湾岸地域に原油輸入の15%を依存していることに加えて、商船の航行の安全を確保するための人道的な特例措置として、ドイツでは与野党が一致して掃海部隊（掃海艇など7隻）の派遣を決めたことが報じられていた。裏を返せば、この記事は、「日本には平和憲法があるから自衛隊を海外に派遣できない」などというこれまでの国際社会に対する言い訳が通用しないことを示していた。

3月11日には『産経新聞』朝刊の「正論」欄に、自衛隊への理解が深い元米国防総省日本部長だったジェームズ・アワー氏の「掃海艇の派遣をすすめたい。日本が汗を流せる絶好の道」という提言が掲載された。①日本の掃海部隊は困難な作業を遂行する能力がある、②すでに戦争は終わっており日本は軍事紛争に巻き込まれない、③掃海艇の海外派遣は機雷除去を任務として挙げる自衛隊法の条項によって正当化される、④掃海艇派遣は湾岸戦争に軍隊を送った諸国から支持される——などアワー氏の主張[54]は、政府・自民党を突き動かした。自民党幹部は野党幹部との会談で、米国政府から掃海艇派遣の要請が来ていることを説明して協力を要請したほか、14日には衆院予算委員会で、中山太郎外相が「戦闘行為ではない。日本の船舶、船員の安全をどう保障するかは、政府としては関心を持たざるを得ない事項だ」と答弁し、派遣に前向きな姿勢を示した。

しかし、翌4月に統一地方選を控えた海部首相は派遣を決断できなかった。社会、共産の野党や有識者の一部からも、「（掃海艇の派遣は）集団的自衛権の問題にかかわり憲法違反だ」、

「事実上の海外派兵に道を開きかねない」などの主張が沸き上がった。こうした一国平和主義的な態度に業を煮やした経団連は4月8日、「海上自衛隊の掃海艇を現地に派遣すべき」との会長見解を公表、その理由について「平和時における当然の行為であり、湾岸復興に対する国際貢献策の一つ」と説明した。

すでに現地のペルシャ湾内では、米国と英国、サウジアラビア、ベルギーの海軍が掃海作業を開始、ドイツに続いてフランスとイタリア、オランダも掃海艇派遣を表明していた。そうした国々と比べて、圧倒的に多くの石油をペルシャ湾沿岸諸国に依存している日本が何もしなければ、日本は国際社会の中で孤立しかねない。そうした強い危機感から経団連は政府の背中を押したと言っていい。事実、湾岸戦争が終結して以降、ペルシャ湾周辺には、日本籍船など、常時15隻以上も日本に寄港するタンカーが航行しており、各国からは連日のように、機雷除去への協力要請が強まっていた。ようやく政府が重い腰を上げたのは4月16日、まず防衛庁に派遣の準備を指示、24日には安全保障会議と臨時閣議を開いて、ペルシャ湾への海上自衛隊の掃海艇派遣（26日出発）を正式決定した。

防衛庁への正式な派遣指示からわずか10日後には出港できた理由について、当時海上幕僚長だった佐久間一氏は、次のように振り返っている。

イラクがクウェートに侵攻したというニュースを聞いて、すぐさま海幕防衛部長の林崎千《はやしざきち》明《あき》を中心に、ＭＥ（中東＝Middle Eastの略）プロジェクトを編成しました。1カ月後の記者会見で「命令と任務を与えられてから準備するのでは、国民と国家に対し無責任だ」と言った覚えがあります。防衛庁のＯＢからは「昔だったら首だよ」と言われました。

実は、下地があったのです。１９８７年（昭和62年）、中曽根首相がイラン・イラク戦争でペルシャ湾に敷設された機雷の除去を、海上自衛隊に検討させたことがありました。当時は法的な問題から海自内でも消極的な意見が多く、後藤田官房長官の反対もあって立ち消えとなりました。しかし今回は、その時の検討を土台に、（90年の）12月までには、機雷掃海やタンカー護衛、多国籍軍への輸送支援などさまざまな計画をまとめておきました。(55)

海上自衛隊の掃海部隊は4月26日、神奈川・横須賀、広島・呉など各基地から出港、掃海母艦「はやせ」と補給艦「ときわ」の後を、５００トンにも満たない小さな木造の掃海艇4隻が続いた。残念ながら、どこの港でも派遣に反対する市民団体のメンバーらが乗ったボートが、行く手を阻もうと海自艦艇に接近するため、安全のために海上保安庁の巡視船が出動、厳重に警備する事態となった。

掃海部隊が活動する法的根拠は、「海上自衛隊は、長官の名を受け、海上における機雷その他

一路ペルシャ湾を目指す海自掃海部隊（1991年5月、海上自衛隊提供）

の爆発性の危険物の除去及びこれらの処理を行うものとする」と規定された自衛隊法99条（当時）で、これは戦後、日本の港湾や周辺海域に遺棄されていた米軍が投下し、敷設した多くの機雷の除去を目的に設けられた規定で、日本から1万3千キロも離れたペルシャ湾での掃海作業を想定した条文ではない。過去の自衛隊をめぐる国会審議をみれば、法律の拡大解釈だという批判が噴出しても不思議ではなかった。だが、批判が拡がらなかったのは、前述した世論調査の数字にも表れているように、多くの国民が人的貢献の必要性を十分に認識し、支持していた証左でもあるだろう。

一カ月あまりに及ぶ長い航海を経て、「湾岸の夜明け」作戦と名付けられた海自部隊の掃海作業は、6月5日からはじまった。掃海作業に従事する多国籍海軍の中では最も遅い9番目に現地入りしたために、掃海作業は潮流が激しく、高性能機雷が多く敷設されている最も困難な海域を担当することになった。しかし、6月19日に最初の機雷を爆破処分して以降、活動を終了する9月11日までに34個の機雷を処分、日中の最高気温が50度を超す猛烈な暑さの中でも一件の事故もなく任務を完遂した。

しかし、私たち日本人が活動を通じて理解し、知っておかなければならないことは、たくさんの機雷を処分し、多くの国と一緒に汗を流しながら海上交通路の安全を確保したことだけではない。むしろそれ以上に、落合畯《おちあいたおさ》・ペルシャ湾掃海派遣部隊指揮官が帰国後、海上自衛隊の部内誌「波濤《はとう》」などに寄稿[56]した内容こそが、派遣した意義であったことを認識しなければならない。そこには、ペルシャ湾内の港に停泊する海自艦艇に、現地の在留邦人が次々と訪れ、喜びと感謝の言葉を伝え、隊員らの慰労会を開いてくれたこと、日本からたくさんの慰問品が届けられ、活動の無事と航行の安全を祈った千羽鶴が2万羽を超えたこと、そして、海自艦艇とすれ違うタンカーや商船からは、「危険な海面での作業ご苦労様でした。貴艦隊のご安航をお祈りいたします」といった激励やメッセージが多数寄せられたことなどが記されている。

当時、ペルシャ湾に面するアラブ首長国連邦（ＵＡＥ）のドバイには、金融機関や商社、メーカーなど日本企業70社、約５００人の日本人が駐在していたが、湾岸危機に直面して以来、

ペルシャ湾にひるがえった海自掃海部隊の自衛艦旗（1991年6月、海上自衛隊提供）

各国が次々と戦闘部隊や医療部隊などを派遣してきたにもかかわらず、日本は「何もしない国」という不名誉なレッテルを貼られ、現地での商談は激減し、ビジネスマンだけでなく、その家族らも肩身の狭い思いをして暮らしていた。まさにそんな状況下に現れたのが、落合司令率いる海上自衛隊の掃海部隊だったのだ。

「これでやっと国際社会の仲間に入れたと思った」――。UAEのアル・ラシッド港で掃海艇の船尾に翻る自衛艦旗を見た光景を、ドバイ在住日本人会の1人はそう振り返り、感激のあまり興奮する自分を抑えられなかったと活写している[57]。クウェート解放からほぼ1年が経過した1992年2月25日、クウェート政府は「心からのあり

がとう　クウェートから日本の皆様へ」と題したメッセージ広告を『読売新聞』に掲載した。(58)

不毛な論争再び

湾岸戦争が終わるのとタイミングを合わせたように、１９７０年代から内戦が続いてきたカンボジアの情勢が好転しはじめた。国際的にも知名度のあるシアヌーク元国王と、対立するフン・セン首相が直接会談するなどした結果、１９９１年10月、内戦状態にあった紛争４派が、国連の和平案を受諾するパリ和平協定に署名し、カンボジア和平への道筋がつけられた。実は日本は、80年代後半から「平和のための協力」(59)構想を打ち出し、カンボジア和平プロセスに積極的に関与、国連平和維持活動（ＰＫＯ）に要員を派遣する準備があることを国際社会に向かって表明していた。こうした背景には、外務省を中心に、経済発展を遂げた日本が、経済力に見合った国際的な役割を模索、政府開発援助（ＯＤＡ）を増やすとともに、人的貢献策として、ＰＫＯへの参加が必要との考えがあった。

皮肉にもそうした中で勃発したのが湾岸危機だった。米国から求められた多国籍軍への自衛隊派遣はあまりにも突然で、しかも、平和のための協力構想で想定していた人的貢献策をはるかに超えるものだった。代替案として検討された「国連平和協力法案」も、前述したように国会での審議途中で廃案となった。しかし、法案成立に積極的だった自民党の小沢一郎幹事長は、90年11月の廃案を前に、公明と民社両党との間で、幹事長・書記長会談を開き、カンボジア和平プロセスを念頭に、自衛隊とは「別組織」を創設してＰＫＯに参加するとともに、人道的な救援活動や災害救助活動にも従事させる方向で合意していた。３党の合意文書には「法案作成作業に入る」という文言が含まれており、湾岸戦争の教訓として、日本が人的貢献を含めて何らかの役割を果たす必要があるという認識から、内閣外政審議室に法案作成の準備室が設けられ、外務省が中心となって立法化作業がスタートした。

当初、３党合意にあった「別組織」について、外務省条約局長として法案作成をリードした柳井俊二氏は、別組織を作るということは、もう一つ自衛隊を作るようなもの。膨大なお金がかかり、しかも、ＰＫＯや海外における災害援助のためだけの組織だから、普段は何もやることがない。大変な二重投資で現実的ではないという説明で、３党は納得したと振り返っている。(60) それに加えて、ＰＫＯを支える平和維持軍・部隊（ＰＫＦ）は、各国の軍隊によって構成されている以上、現職の自衛官が参加しなければ、国際的に通用しないとの認識が次第に政府内に拡まっていった。こうした経緯で政府は「別組織」の方針を転換、自衛隊を選挙監視や行政協力、医療といった文民レベルの活動から、停戦監視など軍事的色彩の濃い活動への参加も含んだ「国連平和維持活動等に対する協力に関する法律」（ＰＫＯ協力法）を作成、湾岸戦争終結から半年後の91年9月、臨時国会に提出した。

ところが、ＰＫＯで自衛隊が参加するＰＫＦと憲法９条との整合性をめぐって、国会審議はまたしても紛糾することになる。詳しくは後述するが、自衛隊の国連活動への参加をめぐる議論では、まず日本の防衛を目的とした武力の行使と、国連の集団安全保障体制における武力の行使とは全く別のものであることをきちんと議論し、認識する必要があった。

その認識がないままで示されたのが、ＰＫＯにおける自衛隊の武器使用だった。内閣法制局は、自衛隊が武力行使しないことを担保するため、自衛隊の武器使用については、国連がＰＫＯで認めている「要員の生命等の防護のため」（Ａタイプ）と「任務遂行を実力で妨害する行為に対抗するため」（Ｂタイプ）という２種の武器使用基準のうち、自己保全の自然的権利の行使であるＡタイプは、憲法上の問題はないと判断、自衛隊はＡタイプに限って武器を使用できるとした。

他方、外務省は、国連のＰＫＯ事務局やＰＫＯ先進国と呼ばれるカナダやスウェーデンなどから聞き取り調査を実施し、紛争当事国間で停戦が合意されている、紛争当事者がＰＫＯの受け入れに同意している、状況が変化した場合は自衛隊を撤収できる――といった原則を取りまとめた。武器使用基準を含め、これらは、①紛争当事者間の停戦合意、②紛争当事者のＰＫＯ受け入れ同意、③日本は中立的立場を厳守する、④上記の原則が崩れた場合の撤収、⑤自己または他の隊員の生命等の防護のための必要最小限の武器使用――という「ＰＫＯ参加５原則」

となって法案に盛り込まれた。

法案提出当時、総理府（現：内閣府）の世論調査で、[61]「国連を通じた協力」の中身を問う質問に対し、75％以上が「国際平和と安全の維持」と回答。さらに具体的な貢献として、「資金面での貢献」が15％であるのに対し、「要員派遣など積極的に人的貢献すべき」との回答は3倍以上の49％に達するなど、数字のうえでは国民の理解が進んでいるようにみえた。

だが、国会の審議は「自公民」対「社共」で賛否は分裂、反対する社共両党の議員からは「国連のPKO活動に名を借りた自衛隊海外派兵法案であることは明らか」、「平和憲法を曲げて、掃海艇をペルシャ湾に派遣したときに続いて二度目のごまかし」などの主張が声高に叫ばれた。また、メディアの中でも『朝日新聞』は社説で、[62]「なぜ、PKOの中核が自衛隊でなければならないのか」、「ペルシャ湾への掃海艇派遣に続き、自衛隊の海外派遣に対する内外世論の抵抗感を、なし崩しに緩和していこうとする姿勢である」と政府を厳しく糾弾するなど、法案成立阻止の姿勢を明確に打ち出した。

物事の本質を議論しないことの例えとして、「重箱の隅をつつく」とか「揚げ足をとる」という言葉があるが、当時の国会審議は、まさにその言葉通りの展開となった。

例えば、「派遣された自衛隊は国連の指揮下に入るのか」という議論では、法案に反対の立場の議員は、国連の文書を示しながら「派遣要員は国連の現地司令官のコマンド（指揮）に従うことになっている」と質問する。そもそも質問の趣旨は、指揮下に入るのであれば、参加5原則で定めた「独自の判断で撤収」することは困難で、現地司令官の命令で憲法が禁じる武力行使（戦闘）に巻き込まれる恐れもあるという主張を展開するためだ。これに対し政府は「国連の指揮は限定的な指図であり、指揮権は日本が保持している」と答弁する。すると今度は、別の議員から「国連の指揮によらず、日本が独自に行動すれば、国権の発動としての武力行使につながる」と突っ込まれるといった状況だった。意味不明な質問と答弁だが、政府はPKO司令官を務めた経験のある専門家から聞き取り調査するなり、国会に招聘するなりして、PKOの実情についてきちんと説明してもらうことができなかったのだろうか。

筆者は2004年、独立後の国造りを目指して東ティモールに展開した国連東ティモール支援団（UNMISET）で、PKF司令官を務めたマレーシア軍のカールディン・ユソフ中将に、国連の指揮についてインタビュー取材したことがある。ユソフ中将の説明によれば、PKOでは派遣国の主権を超えて指揮することはあり得ないという。主権侵害だからだ。このため命令を出す前に、命令を受諾できるか否かを常に調整しなければならないという。「自国軍であれば命令ひとつで部隊は動く。しかし国連活動では、派遣国の了解を取り付けてからでないと命令はできない」と説明する。つまり、国連PKOにおける「指揮」の実態とは、強制力の伴わない非常に〝ゆるやかな指揮〟と考えていい。こうした説明を聞けば、国連文書に書かれ

東ティモールPKOで道路整備に汗を流す陸上自衛隊施設部隊（2004年、首都ディリ郊外にて。筆者撮影）

た指揮の意味を理解し、国会審議は前に進んだことだろう。

結局、臨時国会での法案審議は継続扱いとなって年を越し、政府は廃案も覚悟しなければならなかった。潮目が変わったのは、92年1月、国連がカンボジアで実施する暫定統治機構（ＵＮＴＡＣ）の統括責任者（国連事務総長特別代表）に、日本人の国連職員第1号として実績を積み上げてきた明石康《あかしやすし》国連事務次長が任命されたことだった。まもなくＵＮＴＡＣの活動は開始され、内戦に終止符を打ったカンボジアでは、約37万人にのぼる難民の帰還がはじまり、停戦監視や地雷の除去など治安維持にあたる国連平和維持軍（ＰＫＦ）には、タイ、インドネシア、マレーシア、インド、パキスタンなど25カ国から総勢約1万6千人の兵力が続々と集結することになっていた。

こうした状況の中、自民党から招かれたＵＮＴＡＣの明石代表は「ＰＫＯは軍隊ではない。それを押さえないと枝葉末節、重箱の隅をつついた議論になる」と与野党の国会審議を批判するとともに、自衛隊のＰＫＯへの参加について「日本は羹《あつもの》に懲りて膾《なます》を吹いているような感じがする」[63]と、自衛隊を旧軍のイメージに重ね合わせる一部の識者やメディアの主張に疑問を投げかけた。その直後にはカンボジアからフン・セン首相も来日、自民、公明、社会の各党党首と会談し、「ＵＮＴＡＣにはすでに20カ国が参加しているが、日本がこれに加わっていないことをカンボジア国民は非常に不思議に思っている。関係政党間で連携をとっていただき、自衛隊が参加できるようにしてほしい」[64]と訴えた。

背中を押される形で92年4月、国会はおよそ4カ月ぶりにＰＫＯ協力法案の審議を再開した。だが、廃案を目指す社会、共産の両党は、これまで通り「国連の指揮権」と「自衛隊の武器使用」を争点に政府案を批判、自衛隊の「海外派兵」を絶対に阻止する構えだった。他方、自民党との連携強化を図る公明党は、ＰＫＦが実施する活動のうち、停戦の監視や武器の搬入、紛争当事者間で実施する捕虜の交換の援助など軍事的色彩の強い、いわゆるＰＫＦの本体業務についての凍結を提唱、民社党も自衛隊の派遣は国会で事前承認することを求めた。社会党も最後には、人的貢献を否定すれば、国民の理解は得られないとして、退職自衛官を含む別組織の国際協力隊を編成し、非軍事分野の活動に限定して参加する案を打ち出した。だが政府はこれを一蹴し、6月1日、公明、民社両党の意見を受け入れた修正法案を国会に提出した。社会党などの反対派議員は、法案の採決を遅らせるために、50時間を超す〝牛歩〟という愚行に出るなど見苦しいまでの抵抗を試みたもののPKO協力法案は6月15日、賛成多数で可決、成立した。その直後の参議院選挙で、社会党は大敗した。

ここに湾岸危機で突きつけられた日本の国際貢献策は、難産の末にようやく一つの答えを出した。国際社会と一緒に汗を流す道筋がつけられたとはいえ、部隊（組織）行動が基本の自衛隊員に対して、上官の命令もなく、刑法の正当防衛と緊急避難に限って個人の判断で武器の使用を認めるなど、成立したPKO協力法は、軍事常識と国連のPKO基準からは大きくかけ離れた内容であった。しかも政府は、国連の指揮を指図と言い換えたように、語感として和らいだイメージにしたいがために、自衛隊が参加するのは、あくまで国連平和維持活動（PKO）であり、平和維持軍（PKF）ではないという詭弁まで弄した。

言うまでもなく世界の常識は、PKOという枠組みの中に、軍事部門を担当するPKFがあり、PKFの中に歩兵部隊（自衛隊では普通科部隊）が担当する本体業務と、輸送、道路や橋の整備、医療などの後方支援業務があるのである。カンボジア以降、国際協力活動に派遣される自衛隊の部隊は、常に、現実と法とのあまりに大きな落差に戸惑い、その深くて大きな溝を埋める作業に苦しみ、もがき続けることになる。

人権無視の「人間の盾」作戦

国連平和維持活動（PKO）協力法の成立を受けて、政府は1992年9月、国連が主導するカンボジア暫定統治機構（UNTAC）に、自衛隊の施設大隊600人、停戦監視要員60人、文民警察官75人を派遣した。ところが、カンボジアの首都プノンペンから南方に約65キロのタケオ市を拠点に、道路や橋梁の整備などを任務とする自衛隊の施設大隊は、すぐさま難題に直面する。UNTACのPKF司令官から「交戦規定」と呼ばれる各国共通の武器使用基準を自衛隊の全隊員に配布するよう命じられたからだ。

それは英文で書かれた1枚の黄色いカードで、UNTACの任務を妨害する行為に対し、①3発の威嚇射撃を実施し、その後、妨害する相手に対し直接射撃する、②迫撃砲や重機関銃を使用する場合には、PKF司令官の許可を得ること——などが記されていた。ところが、カンボジアPKOに参加する約2万人の各国兵士共通の規則とはいえ、自衛隊の活動根拠であるPKO協力法で、任務を妨害する行為への武器使用は認められていなかった。

配布を命じられた陸上自衛隊の幹部は、筆者の取材に「とてもそのまま配れる内容ではなかった。英語を日本語表記に直すと言ってカードを受け取り、後日、内容を書き直して隊員に配布した」と打ち明けている。しかも、「射撃の開始に関する指示」という項目では、「緊急事態では、現場にいる階級の最上級者が一撃を発するまで撃つな」という一文まで付け加えた。なぜ、こんな書き直しが行なわれたのか。それは、その場にいる上官が無言で発砲するから、それを合図に隊員たちは射撃せよという意味だった。緊急時であっても、上官が「撃て」と号令をかければ、部隊行動とみなされ、憲法9条が禁じる「武力の行使」と判断される恐れがあったからだ。だが、この不条理はすぐに現実となる。

自衛隊がカンボジアに派遣されて半年が経過し、民主化へのプロセスである総選挙が近づくにつれ、反政府勢力のクメール・ルージュ（ポル・ポト派）による選挙妨害や殺戮が相次ぐなど治安が悪化、93年4月には、国連選挙監視ボランティアの中田厚仁《なかたあつひと》さん（当時25歳）が銃で撃たれて死亡したほか、5月にはUNTACの車列が、待ち伏せしていた武装ゲリラによって襲撃され、岡山県警から派遣された文民警察官の高田晴行《たかたはるゆき》警部補（同33歳・殉職により警視に昇進）が死亡したほか、4人の文民警察官が重軽傷を負った。

カンボジアの治安が悪化し、国内でも日本人犠牲者の知らせに激しい動揺が拡がる中、まもなくはじまるカンボジア総選挙に合わせて、日本からボランティアとして派遣される41人の選挙監視員の生命をどうやって守るのか――が、当時の政府（自民党・宮澤喜一《みやざわきいち》首相）にとって、最大の懸案となった。折しも開会中の国会では、「現地の自衛隊に守らせろ」というＰＫＯ協力法の規定を無視した無責任な意見が次第に大勢を占めるようになった。宮澤政権は衆議院予算委員会（5月21日）で「憲法、法律の許す範囲で、ベストを尽くせという指示をしている」と述べ、選挙監視員の安全確保に自衛隊の部隊をあてる決断をする。

だが、カンボジアに派遣されている自衛隊の部隊に、日本人を守るという「邦人警護」の任務も権限もなかった。ＰＫＯ協力法は、法案作成の段階や国会審議の過程で、緊急時などに民間人らを守る「警護」任務は、武器を使用することが前提の活動であり、憲法で禁じた武力の行使に発展する恐れがあるとして、政治が警護任務を同法に盛り込まなかった経緯がある。にもかかわらず、選挙監視員殺害という最悪の事態を恐れた政府は、防衛庁に対し、ひそかに警護手段を考えるように要請した。

そこで考え出されたのが、「情報収集チーム」というアイデアだった。これは武装した自衛隊員が車両で日本人選挙監視員がいる投票所に毎日食料や飲料水などを届け、治安状況などの情報を収集するという活動だ。自衛隊の任務である道路や橋梁の整備状況を確認するという名目で実施し、投票所に小銃で武装した自衛隊が頻繁に立ち寄る姿を見せることで、襲撃に対する抑止力になるという算段だった。野党はＰＫＯ協力法で凍結されたＰＫＦ本体業務の「巡回」にあたると批判、一方の政府は法律の枠内だと強弁したが、苦し紛れの策であることは誰の目にも明らかだった。しかしそれ以上に、防衛庁と陸上幕僚監部（陸幕）では、「巡回」にとどまらず、情報収集チームが投票所から去った後で、選挙監視員らが襲撃される最悪の事態も想定しなければならなかった。

そもそも自分の身を守る場合にしか武器の使用が認められていない隊員たちが、どうすれば選挙監視員を守ることができるのか——。陸幕が出した答えは、およそ軍事常識では考えられない「人間の盾」という作戦だった。当時の西元徹也《にしもとてつや》陸上幕僚長が下した命令は「選挙監視員の支援活動にあたっては、自ら危険事態に積極的に参加し、自ら正当防衛の状況を作り出すこと」であった。

本来、選挙監視員がゲリラに襲撃されたという一報が入れば、自衛隊員たちは現場に駆け付け、すぐさまゲリラと交戦して監視員を救出する。しかし、憲法解釈が足枷《あしかせ》となって、そうした武器の使用が認められていない隊員たちに課したのは、自ら進んで銃撃の中に飛び込み、隊員たちがゲリラの標的になることで「正当防衛」を理由にゲリラを撃退する。つまり隊員たちに「人間の盾になれ」という作戦だった。そのために現地の部隊では、「情報収集チーム」とは別に、狙撃技術などの高い隊員を選抜した「緊急医療チーム」を編成、銃撃を受けて応戦、負傷者を運び出すなどの訓練が続けられた。

作戦が実行され、死傷者が発生した場合、誰が責任を取ったのだろうか。非公式であれ政府から「邦人警護」の要請があった段階で、防衛庁は武器使用権限の一時的な拡大を強く働きかけるべきであった。野党からは「即時撤退」が主張され、『朝日新聞』は社説（93年5月22日）で、「各国からの選挙監視員の安全をどう図るか、深刻な問題だ。可能な限りの安全策を求めたい」と主張しながらも、「そのためには何をしてもよいというわけではない」と政府の対応を厳しく批判した。しかし、日本人ボランティアが現地入りし、これ以上の犠牲者を出さないために、別の策があったというのだろうか。

非常識で人権無視の作戦を押し付けられた部隊では、不平不満を抱えながらも、隊員たちを選抜し、選ばれた隊員たちは妻や子、親兄弟に宛てた「遺書」を書き残していた。幸い、彼らが「人間の盾」となるような悲劇は起こらなかったが、国際協力活動の現実とPKO協力法との大きな隔たりは、最初の国際協力活動で明らかになっていた。

当時の状況について西元徹也氏は、筆者のインタビュー取材に答えて、「法律通りに行動すれば、カンボジアでは選挙監視のボランティアを守れなかった。橋や道路の偵察という名目で警護するなどばかげている。国際社会の中で、到底許容される常識ではない」(65)と打ち明けている。本来であれば、カンボジアの教訓を政治も国民も共有し、国際協力活動は戦争に行くことではないが、危険があるからこそ、自衛隊（軍事組織）が必要とされるという原点に戻って考え直すべきであった。だが、そうした現実に向き合おうともせず、この国は次々にPKOなどの国際協力活動に自衛隊を派遣していくのである。

根拠のない「機関銃1丁」の決定

ほぼ連日のように銃声が響く中、日没と同時に機関銃を搭載した指揮通信車が宿営地周辺の警備に動き出す。深夜には飲料水への毒物混入を恐れ、市街地に開設した給水所の警戒にも出動する——。これは、自衛隊が経験した国際協力活動の中で、最も過酷で厳しい活動の一つと語り継がれているアフリカ・ザイール（現在のコンゴ民主共和国）で行なわれた国連平和維持活動（PKO）協力法に基づくルワンダ難民救援活動の一場面だ。

派遣の決定は突然だった。自衛隊によるPKO活動の嚆矢《こうし》となすカンボジア活動の終了から1年後の1994年夏、推定で50万人以上の国民が虐殺されたとされるルワンダの民族紛争が終結、ツチ族による新政府が誕生すると同時に、旧政府軍の兵士や旧支配層フツ族の国民が大挙して隣国ザイールの国境の町ゴマに逃れてきた。その数は100万人とも150万人ともいわれ、現地の難民キャンプの悲惨さが報じられるにつれて、人的貢献の必要性が政府や国会で議論されるようになった。

すでに、国連難民高等弁務官事務所（UNHCR）からの要請で、米軍と仏軍、イスラエル軍が難民の受け入れなど人道支援活動をはじめており、UNHCRのトップに緒方貞子《おがたさだこ》氏が就任していたことも手伝って、自民、社会、新党さきがけによる連立内閣（社会党の村山富市首相）は9月1日、ＰＫＯ協力法に基づく初の人道的国際救援活動として、自衛隊の部隊をザイール・ゴマに派遣することを決定した。

ところが、時を同じくして現地からは、難民キャンプでの殺戮や暴動、コレラなど疫病の発生が連日のように伝えられていた。にもかかわらず、基本的に自衛隊の「海外派兵」に反対する社会党への配慮から、8月上旬に行なわれた政府の第1次調査団から防衛庁と自衛隊が外され、その後の第2次調査でも、現地で目撃した銃撃の様子を調査報告書に盛り込まないようにするなど、政府は治安の悪さを隠すことに苦心する有り様だった。国際平和協力本部の藤島正《ふじしままさ》之《ゆき》次長（当時）は「調査不足だったことは事実。なるべく軍（自衛隊）が行くという色合いを薄めようとした意図もあった」[66]と打ち明けている。だが政府には、9月末までに米軍と仏軍、イスラエル軍が治安の悪化を理由に撤収することが伝えられており、自衛隊の派遣は、その〝穴埋め〟だったことは明らかだった。

このため、部隊を派遣する防衛庁と陸上幕僚幹部は、派遣する部隊260人のうち、47人を警備要員としたほか、部隊の安全確保を目的に、自衛隊の海外活動では初めて装甲車に搭載可能な2丁の機関銃を携行することを決め、国会でその可否が審議されることになった。本来であれば、①機関銃の携行が必要な地域への派遣は見合わせるべき、②機関銃は部隊を防護する装備であり、武器の使用は個人の正当防衛しか許されていないPKO協力法は見直すべき――といった議論がなされなければならない。しかし、社会党からは「人道支援である以上、機関銃は携帯しないほうがいい」(67)など、隊員の安全を無視した意見が出され、しかも、防衛庁・自衛隊が要求した機関銃2丁は、可否双方の間を取って、根拠のない1丁となった。

「機関銃1丁」という決定は何を意味するのか。素人でも、①防護する場合に、1丁であれば最大180度しか警戒できない、②故障した場合の代替がない――など、その愚かさが分かりそうだが、自衛隊ルワンダ難民救援隊長として260人の部隊を率いた神本光伸《かみもとみつのぶ》氏は、筆者との対談で「(国会の議論は)率直に言ってナンセンスだと思いました。もし我々が死んだ場合に誰が責任を取ってくれるのか。派遣される側としては、国会の議論に不信感を持ちました」(68)と胸の内を明かしている。

相次ぐ緊急出動、その時自衛隊は

派遣決定から1カ月後の10月2日、先遣隊に続いて、難民に対する「医療」「防疫」「給水」という任務を与えられた難民救援隊の本隊がザイール・ゴマに到着するが、人道支援活動を開始するや否や、部隊は悪化した治安の洗礼を受けることになる。

最初は10月16日夜、ゴマ空港の敷地内にある自衛隊宿営地の周辺でザイール兵らによる銃撃戦が発生、23日深夜には、難民キャンプで手榴弾が爆発、現地に駐在するUNHCR職員からの救助要請で、多数の重軽傷者を搬送、緊急手術を実施した。また、11月3日には、難民にトラックを奪われて孤立した日本のNGO（非政府機関）「AMDA」（アムダ＝本部・岡山市）の医師らを救出したほか、11日には、深さ20メートルを超す縦穴に転落した重傷の難民を救助、25日には、難民キャンプで乱射事件が発生、死傷者約90人という状況の中で、部隊は負傷者の搬送と治療にあたった。

事例として挙げたのは、部隊が国連機関などの要請で「緊急出動」したケースだけだが、自衛隊の宿営地やその周辺では連日のように銃声や爆発音が響いていた。筆者は本隊とほぼ一緒に取材のために現地のゴマに入り、11月3日に起きたNGOに所属する邦人医師らの救出、輸送事件までを直接取材した。

最初の銃撃戦（10月16日）は、バナナの奪い合いという子どもじみたトラブルが発端だが、ザイール兵とルワンダ兵の双方が撃ち合う小銃や機関銃の弾は、赤やオレンジ色に光る曳光弾とともに自衛隊宿営地の頭上を飛び越え、宿営地では「伏せろ、退避、退避」の大声が響き渡った。宿営地が周囲の道路や土地より約2メートル低い場所に設けられていたため、兵士が銃を振り回しながら撃つ銃弾が自然に頭の上を飛び越す格好となったことが幸いしたが、そうでなければ、隊員が死傷する事態となっていても不思議ではなかった。深夜の難民キャンプで手榴弾が爆発した事件（10月23日）は、機関銃を備え付けた指揮通信車を先頭に、隊員たちは完全武装による緊急出動となった。

二つの事件を機に、宿営地には鉄製コンテナと土のうで弾除けが築かれ、難民キャンプでの人道支援活動であっても、部隊は、事件に巻き込まれるのを防ぐため、常に完全武装の警備隊を出動させ、銃が目立つように警戒する中で、ヘルメットに防弾チョッキを身に着けた隊員たちが消毒薬などを散布するといったやり方に変わった。邦人医師らの救出事件（11月３日）は、そうした直後に発生した。

「ＡＭＤＡ」の医師らが難民に襲われて車を強奪された――。一報を受けた救援隊の神本隊長は、直ちに部隊に出動を命じた。頭をよぎったのは、日本人が襲われているのを放置すれば、また狙われる可能性があるということだったという。装甲車で急行した隊員たちが小銃を手に難民キャンプに展開した途端、映画「十戒」の中で海が割れるシーンのように、医師らを取り囲んでいた難民たちはその場から離れ、危険は瞬く間に取り除かれた。問題はその後だった。部隊の行動に対して、現地の日本人記者から質問が飛んだ。

記者「今回の行動は、ＡＭＤＡの警護のためですか」

隊長「いやそうじゃない。人道的観点から保護するつもりで救出班を派遣した」

記者「邦人の救出は業務実施計画に入ってないんじゃありませんか」(69)

記者が、自衛隊が出動した法的根拠を聞き出すのは当たり前だ。本来であれば、神本隊長が「邦人を保護するため」、もしくは「邦人の安全を確保するため」と答えれば済むことだろう。ところが、そう答えることができないのが、国際協力活動に派遣された自衛隊の苦悩であり、PKO協力法の致命的な欠陥でもある。実際、出動した部隊は、武器を使うなど自ら危険を排除することなく、難民キャンプから医師ら13人を無事にゴマ市内まで輸送してきただけである。緊急出動はPKO協力法の「輸送業務」として処理されたが、肝心なことは、それは結果論に過ぎないということだ。

国連はPKOなどの活動に参加する部隊に対し、「暴力にさらされている民間人を保護するため」の行動や武器使用を認めている。だが、自衛隊の部隊に民間人救出という任務はなく、PKO協力法に「警護」の任務もない。後日、神本隊長は私の取材に「仮に医師らが殺害されても部隊には何の責任もない。しかし、本当にそれでいいのだろうか。でも自分たちにできることは、相手（武装難民）が自衛隊を普通の権限を持った軍隊だと錯覚し、勘違いしてくれるのを期待することだけだった」(70)と心情を吐露している。

前述したように、自衛隊のルワンダ難民救援隊は、何度も難民キャンプなどから負傷した難民らを緊急搬送した。難民キャンプは武装したルワンダ旧政府軍の兵士らも混在するエリアで、不測の事態も予想される現場だが、いずれの場合も、そこにいた難民たちは、完全武装して駆け付けてきた自衛隊員たちを、勝手に他国の軍隊と同様の権限と実力を行使する、言い換えれば、抵抗したり、活動を妨害したりすれば、銃で撃たれると誤解し、勘違いしていたに過ぎなかったのだ。

約3カ月の活動を終えて帰国した部隊を出迎えたAMDAの医師は、トラックを奪われた場面を振り返り、「あの場面で出動できるのは軍隊しかいない。現地で活動するNGOの多くが、自衛隊にセキュリティー（安全）を求めていた」[71]と指摘していた。自衛隊の部隊がゴマに展開したとき、すでに、米軍や仏軍は帰国した後で、「ドイツCARE」など活動中のNGO組織は、次々に現地事務所を自衛隊宿営地の近傍に移転させていた。その光景を眺めながら、現地で親しくなった自衛隊幹部が「彼らは、何かあっても我々には彼らを助ける権限がないことを知っているのだろうか」と苦笑しながら話していたことを覚えている。人道支援活動といえども、自衛隊が現地で求められるのは、派遣前には議論すらなかった緊急時の行動力、専門的な言い方をすれば「有事即応力」であることを見逃してはならない。

機会逸した憲法9条の解釈変更

冷戦の終結と同時に、日本を直撃した湾岸危機。1990年の夏にはじまった国際貢献のあり方をめぐる論議は、「平和憲法」と「人的貢献」との間で大きく揺れ動いた。多くの国々が世界の秩序を維持するために行動しているにもかかわらず、経済支援（カネ）に終始した日本の態度は、「小切手外交」、「一国平和主義」と嘲笑され、非難された。国民世論も屈辱感すら覚える現実を前に、方向転換を余儀なくされ、91年4月、海上自衛隊の掃海部隊をペルシャ湾に派遣、翌92年6月には、自衛隊の国際協力活動への参加を容認する「国連平和維持活動協力法」（PKO協力法）が成立、同年9月、道路や橋梁の整備を任務とする自衛隊部隊がカンボジアPKOに派遣された。本稿では取り上げなかった輸送調整を任務とするアフリカ・モザンビークPKO（ONUMOZ）を挟んで、自衛隊は国連機関の要請で、94年9月以降は、ザイールでルワンダ難民の救援活動にも取り組んできた。

94年10月に行なわれた政府の「外交に関する世論調査」[72]では、PKOへの参加について、「現状程度の参加」と「より積極的な参加」との回答が、合わせて58・9％に上るなど、自衛隊の国際協力活動を肯定する意見が過半数を大きく超えた。しかも、日本が国連を通じて積極的に貢献する分野として、「国際平和と安全の維持」を挙げた割合は67・2％に達している。この間、わずか4年。この数字を見るだけでも、湾岸危機と湾岸戦争が、私たち日本人に及ぼした影響の大きさを物語っている。

だが同時に、カンボジアPKOでは文民警察官らが殺害されるなど、活動は危険と背中合わせであることを思い知らされ、自衛隊も日本人選挙監視員の安全を確保するため、人権を無視

東ティモールPKO河川修復で土のうを積み上げる自衛隊員（2004年、首都ディリ郊外にて。筆者撮影）

した「人間の盾」作戦を強いられた。また、ザイールでは、武器使用に大きな制約があるにもかかわらず、人命救助のために部隊は幾度となく緊急出動し、難しい判断を迫られるなど、急ごしらえで制定したＰＫＯ協力法の問題点も露わになった。

その最大の問題点は、法制定の過程でも議論になった憲法９条が禁じている「武力の行使」をめぐる解釈であった。それを考えるためには、本来、ＰＫＯなどの国際協力活動が憲法の理念上どのように位置づけられるのかを明確にしなければならない。

憲法９条１項は「日本国民は、正義と秩序を基調とする国際平和を誠実に希求し、国権の発動たる戦争と、武力による威嚇又は武力の行使は、国際紛争を解決する手段としては、永久にこれを放棄する」と定めている。政府は、湾岸危機が発生した直後の国会で、国連軍への参加について、政府の統一見解として「国連軍の目的・任務が武力行使を伴うものであれば、自衛のための必要最小限度を超えるものであって、憲法上許されない」[73]と答弁している。憲法が禁じる「武力の行使」については、国連の活動であっても、自国防衛のための活動と区別しないという解釈だ。

これに対し、法学者で国際法が専門の大沼保昭《おおぬまやすあき》氏（現在・明治大学特任教授）は「九条一項が放棄した『戦争と、武力による威嚇又は武力の行使』は、あくまで『国際紛争を解決する手段として』遂行される『国権の発動たる』戦争、武力行使、武力による威嚇である。国際平和の維持・回復という国際公共価値実現のため国連の指揮の下に遂行される強制措置は、個別国家の国権の発動としての武力行使とは本来的に性格を異にするから、そうした強制措置への参加は九条一項の禁止の対象外である」[74]と論じている。そのうえで戦後の憲法論議について、「国連による制裁活動としての公共的意味を持つ武力行使と、日本という個別国家の行為である自衛権の発動としての武力行使とは、その基本的性格の相違にもかかわらず、同格の立場でその合憲、違憲が論ぜられてきたのである」と指摘している。

湾岸戦争では、国連安保理がイラクの侵略行為に対し、「国際の平和と安全の維持すること」

（国連憲章第1章第1条1項）という国連の存立目的を達成するために、国連加盟国に対し、平和を回復するために軍事的措置（集団安全保障）を行使する権利を与えたのであって、米国など多国籍軍による軍事行動は、個別国家が自らの主権を守るために発動する自衛権の行使ではないことは誰の目にも明らかだろう。同様に、国連安保理決議に基づくカンボジアにおけるＰＫＯも、国連機関の要請によるルワンダ難民救援活動も、自衛隊の活動は、国連加盟国の一員として国連憲章に基づく活動であり、決して国権の発動たる自衛権に基づく活動ではない。仮に武器を使用する場面があったとしても、それは憲法が禁じた武力の行使とは明確に一線が引かれるべきだ。

湾岸戦争を経て、日本は国際協力の新たな扉を開けた。それは憲法9条が制定されたときには想定すらしていなかった「日本が自衛隊という軍事力を活用し、志を一にする多くの国々と協力し合いながら平和をつくり出す」という作業でもあった。だが、カンボジアとザイールで貴重な経験を積み、その後も数多くの国際協力活動に参加してきたにもかかわらず、今日に至っても、「武力の行使」をめぐる憲法解釈の見直しには手がつけられていない。

▼第1章を理解するためのクロノロジー

年	月	国際情勢	国内（安全保障・防衛）	アジア情勢
1989年	11月	東独が西側への自由出国を許可（ベルリンの壁の事実上崩壊）		
	12月	マルタ島で米ソ首脳会談（冷戦後の新時代の幕開け）		
1990年	1月	米「国防報告」公表 冷戦終結・新軍事戦略策定		
	8月	イラク軍、クウェートに侵攻 国連、イラクへの制裁決議	政府、湾岸危機で多国籍軍に10億ドル支援	
	9月	米国、日本に貢献策要求	追加措置で30億ドル支援	
	10月	東西ドイツの統一	国連平和協力法案提出（翌11月、審議混乱で廃案）	
	11月	国連、イラクに対する武力行使容認決議を採択		
1991年	1月	多国籍軍、イラクへの空爆開始（湾岸戦争）	政府、湾岸戦争で多国籍軍に90億ドル追加支援（計130億ドル）	
	2月	クウェート解放（湾岸戦争事実上の終結）		
	3月	クウェート、米紙掲載の感謝国から「日本」外れる ドイツ、湾岸に掃海部隊派遣		

年	月			
	４月		ペルシャ湾に掃海部隊派遣（帰国は１０月・処分機雷３４個）	
	９月		国連平和維持活動（ＰＫＯ）協力法案提出	韓国、北朝鮮が国連に同時加盟
１９９２年	１月	国連カンボジア暫定統治機構・ＵＮＴＡＣ発足（代表・明石康）		
	２月			中国、尖閣諸島を中国領とした「領海法」公布
	5・4月		ＰＫＯ法案で賛否で国論二分	
	６月		ＰＫＯ法案賛成多数で可決	
	９月		自衛隊をカンボジアＰＫＯに派遣（活動は９３年９月まで）	
１９９３年	３月			北朝鮮「核兵器不拡散条約」（ＮＴＰ）脱退を宣言
	４月		ＵＮＴＡＣで日本人ボランティア殉職（５月・文民警察官殉職）	
	５月		モザンビークＰＫＯに自衛隊を派遣（活動は９５年１月まで）	
１９９４年	９月		ルワンダ難民救援活動に自衛隊を派遣（派遣期間３カ月）	

（１）『読売新聞』１９９０年８月20日朝刊２面
（２）『読売新聞』１９８９年12月４日朝刊１面
（３）U.S. Department of Defense, **Annual Report F.Y.1991**, U.S. Government Printing Office, January,1990, p.1.
（４）『朝日新聞』１９９０年８月９日朝刊１面と国際面
（５）『日本の防衛』（平成３年版）防衛庁、３１頁
（６）『朝日新聞』１９９０年８月４日夕刊１面
（７）『朝日新聞』１９９０年８月１４日夕刊１面
（８）坂本祐信『近現代日本の軍事史・第四巻』かや書房、２０１２年５月、２８１頁
（９）『朝日新聞』２０１３年９月29日朝刊４面。海部首相は政界引退後、ブッシュ米大統領から自衛隊の派遣を繰り返し迫られていたことを明かしている。
（１０）『読売新聞』１９９０年８月１９日朝刊１面
（１１）『朝日新聞』１９９０年９月30日朝刊２面。連載「中東危機下の日米会談」には、「圧力をかけないと日本は何もしない」（デビッド・ボニアー下院議員）など民主党と共和党を問わず、厳しい対日批判を繰り広げる米議会の様子が活写されている
（１２）『読売新聞』１９９０年９月13日夕刊１面。米国では同年11月に中間選挙を控えており、対日批判は連日繰り返されていた。なお米政府内には、日本からカネとヒトを引き出すための「対日チーム」が作られ、「Money is not enough」（カネでは不十分だ）が合言葉だったことなど、貢献策をめぐる日米間のやり取りについては、『読売新聞』１９９０年10月17日朝刊が１面で詳しく報じている。
（１３）『朝日新聞』１９９０年８月29日朝刊２面
（１４）『読売新聞』１９９０年８月27日夕刊１面。政府は過去、国連軍であっても現行の自衛隊法上、自衛隊の派遣は不可能との見解を示していた。
（１５）イラクはクウェートに侵攻後、クウェートとイラクに在留していた外国人の一部を「人質」として拘束、イラクにとって戦略的に重要な施設に「人間の盾」として収容した。日本人も４００人以上が人質とされたが、外国人の出国を認めるよう求めた国連決議など国際社会が早期解放を求めた結果、90年12月６日、イラクのフセイン大統領が人質の全員解放を発表した。
（１６）『読売新聞』２０１６年１月16日朝刊。連載・昭和時代第５部「ポスト冷戦」
（１７）読売新聞解説部編『時代の証言者・国の守り　佐久間一』読売新聞社（読売ぶっくれっとNo.53）２００６年２

月、6頁
（18）五百旗頭真、伊藤元重、薬師寺克行編『外交激変・元外務省事務次官　柳井俊二』朝日新聞社、2007年3月、60〜61頁
（19）衆院予算委員会における国連平和協力法案をめぐる審議では、社会党議員から湾岸地域に進駐している多国籍軍が国連決議に基づくかどうかについて追及され、中山太郎外相が「大きな問題だから国連局長に答弁させます」と発言、石川要三防衛庁長官も「私が間違うといけませんから、政府委員（防衛庁の担当局長）から正確に説明させます」と発言するなど、政府側の答弁は混乱を極めた。
（20）前掲『時代の証言者』6頁
（21）『朝日新聞』1990年11月18日朝刊3面
（22）『読売新聞』1990年11月17日朝刊2面
（23）陸戦学会戦史部会編『湾岸戦争』陸戦学会（非売品）1999年4月、294〜295頁
（24）前掲『湾岸戦争』361〜362頁
（25）前掲『湾岸戦争』319〜326頁、なお航空及び地上作戦計画の策定やその経緯については、多くの米軍司令官を取材して著した、Michael R. Gordon and Bernard E. Trainor, "The Generals' War", Little, Brown and Company,1995（http://web.stanford.edu/class/polisci211z/3.3/Gordon%20%26%20Trainor%201995.pdf）＝2016年5月19日閲覧＝が貴重な資料である。
（26）『読売新聞』1991年1月31日朝刊3面
（27）『読売新聞』1991年2月6日朝刊3面
（28）『朝日新聞』1991年3月12日夕刊2面
（29）手嶋龍一『一九九一年日本の敗北』新潮文庫、1996年5月、398頁
（30）『外交フォーラム』「湾岸戦争とは何だったか」2001年9月、都市出版社、29頁
（31）同右、30〜31頁
（32）『読売新聞』2015年8月15日朝刊特別面（戦後70年談話発表の論点スペシャル）
（33）安倍晋三「内閣総理大臣談話」2015年8月14日、閣議決定
（34）奥脇直也編集代表『国際条約集2008年版』有斐閣、2008年3月、785頁
（35）同右、636頁
（36）読売新聞昭和時代プロジェクト『昭和時代　敗戦・占領・独立』中央公論新社、2015年5月、487頁。

世論調査は1951年9〜10月に実施されている

（37）1950年6月25日、朝鮮半島では北朝鮮軍が北緯38度線を越えて韓国に侵攻、朝鮮戦争が勃発。韓国支援で出動する米軍不在を補う目的で、当時、日本の占領政策を実行していた連合国軍総司令部（GHQ）のダグラス・マッカーサー最高司令官が、翌7月、日本政府に対し、国内の治安維持を目的に「警察予備隊」の創設を指示、その後、予備隊は保安隊と名称を変え、54年7月、国防機関としての防衛庁と、首相を最高指揮官とする陸海空自衛隊が発足した。

（38）衆議院予算委員会（1954年12月22日）大村清一防衛庁長官答弁

（39）『毎日新聞』1958年6月25日夕刊社会面のコラム「憂楽帳」

（40）猪木正道『軍国日本の興亡』中央公論新社、1995年3月、ⅳ頁

（41）前掲『外交フォーラム』30頁

（42）**New York Times**, May 6, 1981, p. A10.

（43）Leslie H. Brown, **American Security Policy in Asia**, Adelphi Paper No. 132, London: International Institute for Strategic Studies, 1977, p. 27

（44）**Washington Post**, February 11, 1980, pp. A1, A21.

（45）George W. Ball, "Rent-a-Carrier", **Washington Post**, February 5, 1980, p. A17.

（46）データベース『世界と日本』東京大学東洋文化研究所、田中明彦研究室＝2016年5月25日閲覧（http://www.ioc.u-tokyo.ac.jp/~worldjpn/）

（47）『読売新聞』1983年1月20日朝刊1面。中曽根首相が米『ワシントン・ポスト』紙のインタビューに応じて発言した内容が報じられた。

（48）『読売新聞』1984年1月1日3面社説

（49）1983年9月1日未明、ニューヨーク発ソウル行きの大韓航空007便（日本人27人を含む乗員・乗客269人）が、アンカレッジを離陸直後に予定の飛行ルートから外れ、カムチャッカ半島付近でソ連領空に侵入、緊急発進したソ連軍の戦闘機によって撃墜された。当初、ソ連は撃墜を否定したが、北海道・稚内に駐屯する自衛隊の情報部隊が「ミサイル発射」「目標撃破」などの交信を傍受していたことが動かぬ証拠となり、ソ連は米軍の偵察機と誤認して撃墜したことを認めた。

（50）有事にソ連海軍は潜水艦を千島列島周辺海域に潜ませて、太平洋において米海軍を攻撃する——という想定で、米海軍第七艦隊は空母3隻を含む機動部隊20隻、海上自衛隊は護衛艦「くらま」など15隻が参加した過去最大

規模の演習。当時はソ連とは摩擦を起こさないとの政治的配慮から、訓練目的などは一切「秘」とされた。
（51）日本防衛学会『防衛学研究』第54号、五百旗頭真「日米中の対外戦略」、2016年3月、15頁
（52）『読売新聞』1990年12月26日朝刊特集面
（53）『朝日新聞』1991年6月19日朝刊特集面。人的貢献の核となる「自衛隊の海外派遣」について、朝日新聞が90年11月に行なった世論調査で、「派遣反対」が78％を占め、91年2月の調査でも55％だった。
（54）阿川尚之『海の友情』中央公論新社、2001年2月、236〜237頁
（55）前掲『時代の証言者』4〜5頁
（56）落合畯「湾岸の夜明け作戦」＝2016年6月7日閲覧
(http://www.mod.go.jp/msdf/mf/history/img/001.pdf)
（57）碇義朗『ペルシャ湾の軍艦旗』光人社、2005年8月、199頁
（58）『読売新聞』1992年2月25日朝刊特集広告
（59）1988年5月、自民党の竹下登首相がロンドンで発表した構想。資金協力に加え、紛争解決のための外交努力への積極的参加、PKOへの要員派遣を柱に、日本は国際安全保障の分野に貢献するという内容だった。
（60）前掲『外交激変・元外務省事務次官　柳井俊二』81〜82頁
（61）総理府「外交に関する世論調査」1991年10月実施、対象は20歳以上の3千人。有効回答者数は2135人（71・2％）であった。
（62）『朝日新聞』1991年9月19日朝刊社説「PKO法案は慎重審議を」
（63）『読売新聞』1992年3月12日朝刊2面
（64）『読売新聞』1992年3月24日朝刊2面。同日の『朝日新聞』では、フン・セン首相の来日は宮澤喜一首相の周辺が働きかけたものという見方を示し、PKO法案の廃案を狙う社会党・田辺誠委員長の「日本は病人を直接手術する方法はとれない。長い時間をかけて治す薬を提供したい」と、自衛隊の派遣は困難との発言を紹介している。
（65）『読売新聞』2002年9月10日朝刊解説面
（66）『読売新聞』1994年12月19日朝刊社会面
（67）『朝日新聞』1994年9月13日朝刊2面
（68）『中央公論』「対談・現場を無視した国会の議論」2014年6月、中央公論新社、87頁
（69）神本光伸『ルワンダ難民救援隊　ザイール・ゴマの80日』内外出版、2007年4月、173頁
（70）読売新聞調査研究本部編『読売クオータリー』「国際協力・現場は綱渡りの連続」2012年1月、9頁

（71）『読売新聞』1994年12月19日朝刊社会面
（72）総理府「外交に関する世論調査」1994年10月実施、対象は20歳以上の3千人。有効回答者数は2061人（68・7％）であった。
（73）第119回国会衆議院国連平和協力特別委員会議録、第4号、1990年10月26日、中山太郎外相答弁
（74）大沼保昭「『平和憲法』と集団安全保障（二完）」『国際法外交雑誌』1993年6月、202～203頁

第2章　激変する安保情勢と日本の無策
――90年代の危うい日米同盟

1　目的を見失った日米同盟

米ソ対立を軸とした東西冷戦時代とは、日本にとって極めて都合のいい時代だった。常に「東か西か」、「敵か味方か」というはっきりとした座標軸があり、日本は米国との同盟を基軸に、軽武装による経済重視主義という、いわゆる「吉田ドクトリン」[1]を貫くことによって、敗戦国の地位から主要国首脳会議（サミット）のメンバーにまで昇り詰めることができたからだ。しかし、前章で詳述したように、自国はもとより地域や世界の平和と安全を米国に委ね続けてきた結果、日本には自立した外交・防衛政策は不在で、冷戦の終結と同時に世界が直面した湾岸危機と湾岸戦争への対応に失敗した。しかしそれ以上に、日本にとって深刻な危機となるのは、冷戦が終わり、ソ連という共通の脅威がなくなったことで、基軸としてきた日米安保体制が大きく揺らぎはじめたことだった。

米国で高まる対日脅威論

湾岸危機が発生する約1年前の1989年4月、米ニューヨーク・タイムズ紙に、1通の投書が掲載された。それは「日本人はわれわれに経済戦争を仕掛けているのです。私たちは今こそ、日本人が我々の敵であることに気づくべきなのです」という内容で、あわせて米国内の世論調査の結果が紹介され、「日本の経済力の方が、ソ連の軍事力よりも米国の安全保障にとって大きな脅威となっていると思いますか」との質問に、63%が「そう思う」と答えていることが伝えられた。(2) 80年代半ば、日米関係は中曽根康弘首相とロナルド・レーガン大統領が、お互いを「ロン、ヤス」という愛称で呼び合うなどその蜜月ぶりが報じられていた。だが、米紙に掲載された投書は、そのわずか数年後のことだ。この間、日米間にはいったい何が起きていたのだろうか。

大きな転機となったのは、1985年11月にジュネーブで開かれた米ソ首脳会談だった。約7年ぶりに開かれた米ソ超大国のリーダーによる会談では、米ソは決して戦争を起こしてはならないという「不戦の決意」が表明され、[3]この会談を機に、レーガン大統領と同年春に就任したゴルバチョフ書記長との首脳会談は毎年開催されることとなった。そして87年12月、両首脳は、米ソ軍縮交渉史上、画期的な一歩を記すことになる「中距離核ミサイル廃棄条約」（通称＝INF全廃条約）に調印した。冷戦時代、米ソ間では保有する核ミサイルの上限を定める軍備管理を目標としてきたが、中距離（射程約3千～5千キロ）という一つのタイプの核戦力を全廃するという取り決めは初めてのことであり、ワシントンのホワイトハウスで条約調印書に笑顔でペンを走らせるレーガンとゴルバチョフの姿は、全世界に米ソの雪融け間近を感じさせるには十分な効果を生んだ。[4]

米ソ間の緊張が緩和し、ソ連の脅威が薄れるとともに、米国の日本への態度は一変する。その発端となったのは87年4月、東芝機械がソ連に大型工作機械を不正輸出していた対共産圏輸出統制委員会（COCOM＝ココム）規制違反事件[5]が摘発されたことだった。これは、不正輸出に関わっていた別の日本企業の内部告発によって明るみとなった事件で、当初、東芝機械は、政府（当時の通産省）の事情聴取に対して告発された事実を否定していた。しかし、米中央情報局（CIA）などの調査で動かぬ証拠が集められ、東芝機械は、共産圏への輸出が認められていない精密工作ロボットと形容される「9軸制御の工作機械」を、性能が大幅に劣る「2軸制御の工作機械」と偽って輸出許可を申請していたことが判明した。

日本政府は、ソ連が東芝の工作機械を入手したことと、ソ連が建造する原子力潜水艦のスクリュー音が静かになったこととの因果関係を認め、米国では、日本企業は金儲けのためなら、西側陣営の平和と安全をないがしろにしてでも、不正な手段でソ連に機密を売り渡す国――という対日非難の嵐が吹き荒れた。6月に来日したワインバーガー米国防長官は「安全保障と貿易は切り離して考えなければならないが、米議会の空気は厳しく対応に苦慮している」(6)と発言、7月には全米発のテレビニュースとして、米議会の前庭で議員らがハンマーで東芝製のラジカセなどを粉々にたたき壊す場面が世界中で何度も映し出された。

米国の日本に対する厳しい姿勢の背景には、「強いアメリカの再生」を掲げ、大軍拡を実施するレーガン大統領だが、「財政赤字」と「貿易赤字」という双子の赤字に身動きが取れなくなってしまったという現実がある。戦後のピーク時には全世界の半分を占めていた米国のGNP(国民総生産)も、80年代半ばには2割程度にまで落ち込み、半導体やカラーテレビ、自動車などのハイテク産業の分野では、日本からの激しい輸出攻勢で米国の国際競争力は大きく低下していた。ワインバーガー国防長官の発言にあるように、安全保障と通商貿易は、それまでは別次元の問題であったにもかかわらず、日本の大幅な対米貿易黒字により、日本の防衛支出が低いことへの不満、いわゆる「安保ただ乗り」論が、東芝機械のココム違反事件を機に一気に顕在化してしまった。

しかも、87年6月には米下院で「国務省予算支出権限法案」が成立、これは日本に西側陣営の一員として果たすべき責任として、国民総生産（ＧＮＰ）の３％を防衛費に充てるよう求めたもので、「日本の防衛費が３％に満たない場合は、差額分を安全保障料として米国政府に支払え」[7]という内容だった。米国の日本に対する防衛の責任分担（バードン・シェアリング）は、中曽根首相の「３海峡封鎖」や「不沈空母発言」、「１千海里シーレーン構想」にあるように、かつては日本が果たす役割や能力の向上が求められていたのに対し、米国の厳しい財政状況から、防衛費の増額など費用負担要求へと急旋回したと言っていい。その典型的なケースが、在日米軍駐留経費の増額要求だった。当時の防衛施設庁の資料によると、受け入れ国の支援（ホスト・ネーション・サポート＝ＨＮＳ）のうち、在日米軍基地で働く日本人従業員の労務費や使用する光熱水道費、提供施設の整備といった、いわゆる「思いやり予算」は、スタートした１９７２年度の日本側負担は62億円だったが、87年度には１０９６億円と初めて１千億円を突破し、89年度には１４２３億円にまで膨れ上がっている。

「冷戦時代以来、初めて米国は国家安全保障の概念を変えようとしている。共産主義封じ込めを中心にしていては、時代にそぐわなくなった。国民は超大国の対決よりも、日本との経済戦争やテロの問題を気にしている」[8]という分析記事が、米『ウォールストリートジャーナル』紙に掲載された。これは米ソの関係改善によって日米共通の脅威が揺らぎ、米国が新たな脅威として日本を意識していることを鋭く表現した内容だった。

勃発した日米「FSX」戦争

この時期、東芝工作機械に続き、米国の日本たたき（バッシング）を象徴する〝事件〟となったのが、航空自衛隊の次期支援戦闘機（FSX）の研究開発をめぐって繰り広げられた米国の非情なまでに過酷な対日要求だった。

時計の針を少し戻すことにしよう。航空自衛隊が70年代から使用している三菱「F-1」支援戦闘機は、90年代半ば以降、次々に耐用年数の期限を迎えるため、政府（当時の国防会議）は1982年7月、F-1の後継機となる次期支援戦闘機（FSX）の整備方針を了承、防衛庁はすぐさま研究開発の計画作りに着手した。当時、航空自衛隊ではF-15イーグル戦闘機、F-4ファントム戦闘機、そしてF-1支援戦闘機の3機種を運用していたが、F-15とF-4は、米国製の機体を設計図通りに国内で組み立てるライセンス生産で、日本の戦闘機開発技術を継承するためには、FSXを国内で開発することこそ、防衛庁をはじめ三菱重工業など航空機開発関係者にとっての悲願であった。

しかし、それに待ったをかけたのが、同盟国の米国だった。防衛庁は85年10月、同庁技術研究本部（技本）の出した「FSXの国内開発はエンジンを除いて可能」との答申を受け、FS

Xの機種選定を開始、「国内開発」、「現有機（F−4戦闘機）の転用」、「外国機の導入」の三つを選択肢に掲げた。この時点で、防衛庁や国内航空機メーカーの意向は、第1の選択肢である「国内開発」であったことは間違いない。だが同時に、技術的な弱点を抱えていることも認識していた。それは技本の答申に書かれた「エンジンを除き」という部分だった。

戦後、敗戦国の日本は連合国軍総司令部（GHQ）の命令で、航空機の研究開発の一切を差し止められた。それは日本が占領期を脱する1952年まで7年も続けられ、この間、世界はジェット機の時代を迎えていただけに、日本の技術開発にとっては致命傷となっていた。それでも三菱重工業やIHI（前身は石川島播磨重工業）などは、「空白の7年」で生じてしまった欧米との技術力の差を埋めようと、航空自衛隊が使用する米国製のF−86、F−104、F−4などの戦闘機の改修や国内生産を続けながら技術力を高め、1960年代には戦後初の国産ジェット機となるT−1練習機を開発、その後はC−1輸送機、T−2練習機、F−1戦闘機を次々と自主開発してきた。それでも欧米の技術力と大きく水をあけられていたのが、小型で高出力が求められる戦闘機のエンジン開発だった。

そもそもFSX計画は、敵の艦船による日本への武力侵攻を、空から阻止するF−1支援戦闘機が老朽化したために、新しい戦闘機が必要で、これまでに蓄積してきた国産の技術を結集して開発したい――という意向からスタートした計画だった。純粋な防衛問題であるはずだが、半導体や自動車など日本製品に市場を席巻され、巨額な対日貿易赤字を抱えていた米国は、赤字を減らすために日本の国産化案に猛反発した。87年10月、ワシントンの米国防総省で行なわれた日米防衛首脳会談で、ワインバーガー米国防長官は、現有する米国製戦闘機をモデルに日米で共同開発する方式を提示、日本側は渋々、米国案を持ち帰って検討した結果、米ゼネラル・ダイナミックス社製のF-16戦闘機をベースに日米が共同開発することで政治決着した。

「国内開発」による日の丸戦闘機の夢は潰《つい》えたが、当時、日米協議に加わっていた防衛庁技術研究本部の研究企画官は、その後の筆者の取材に対して、「米側の担当者が発した『共同開発という我々の要求を受け入れなければ、日本にエンジンを供給しない』との言葉を忘れることができない」と話し、実用に耐える戦闘機のエンジンを造ることのできない日本側の足元を見透かした言葉に、「技術力がなければだめだ。悔しかった」と明かしている。(9)

また、米国との交渉に当たった航空自衛隊の幹部も、米側が共同開発のベース機として提示したF-15、F-16、F/A-18という3機種のうち、「航空自衛隊としては、共同開発するのであればF/A-18をモデルにすることを希望した。しかし、米国は『航続距離が短い。この機種は改良しにくい』などと言って、初めから日本に売る気などなかった」と話し、「当時、米国の戦闘機メーカーは、マクダネルダグラス社の一人勝ちで、経営状況が悪かったゼネラル・ダイナミックス社のF-16を押し付けられた」と述懐する。(10)

航空自衛隊幹部が指摘したように、米国が能力の低さを理由に、日本に売る気を見せなかったＦ／A-18は、その後、改良に次ぐ改良を重ね、２０１０年代に至っても米海軍の空母艦載機の主力機であり続けていることを考えれば、ＦＳＸに対する米国側の不誠実ともいえる交渉姿勢は明らかだろう。禍根の残る決着となった。だが、ＦＳＸをめぐる米国の対日圧力はこれだけでは終わらなかった。

日本が共同開発で妥協した日米合意から1年余りが経過した１９８９年2月、米議会からは、累積で５５０億ドルにも達した対日貿易赤字を背景に、日米合意の内容では米国の航空宇宙産業の脅威となるといった意見が噴出、一度は締結された日米合意を蒸し返し、再交渉するという異例の展開となった。最終決着は89年5月で、日米はＦＳＸの共同開発について、①開発における作業分担（分け前）について、生産段階でも米側が40％を確保、②米側が希望する日本の技術をすべて米国に移転する——など、屈辱的ともいえる内容で合意した。そのうえ、ハイテク技術の塊とされる戦闘機の運動性能に直結する飛行制御プログラム（ソース・コード）については、「米国が日本に提供する」としてきた合意は破棄され、日本が巨費を投じて自主開発[11]することとなった。

すでに、東芝機械のココム違反事件で顕在化したように、「貿易と防衛問題をリンクさせない」という米レーガン政権の対日政策の原則は、ソ連という脅威が薄らぐとともに有名無実化していたが、国際政治が専門の東京大学の鴨武彦《かもたけひこ》教授は「日本に対し、米国は安全保障政策における寛大で余裕のある態度を変えようとしている。日米関係で軍事安全保障の分野を聖域とせず、防衛から経済、技術に至るまで政策を一本化する外交戦略態度の変更を試みている」[12]と分析している。

露骨な対日警戒感と同盟漂流

大きく揺らぎはじめた日米関係を象徴する記事が、1990年3月、米『ワシントン・ポスト』紙に掲載された。沖縄キャンプ・バトラー発の特派員電で、在日米海兵隊司令官のスタックポール少将はインタビュー取材に対し、「日本はすでに極めて高い軍事的潜在能力を持っており、もし米軍が日本から撤退すれば、その能力を増強することは疑いようがない。米軍は日本の軍事大国化を防ぐため、少なくとも10年は駐留しなければならない。言ってみれば、我々はビンのふた（a cap in the bottle）なのだ」[13]と発言した。冷戦期には、ソ連を封じ込めるためにも決して顔を出すことがなかった第2次世界大戦直後の「対日抑止戦略」が、半世紀近くが経過してもなお健在であることに、日本国内では衝撃が拡がった。

追い打ちをかけるように、翌4月に米国防総省が公表した『21世紀を見据えたアジア太平洋の戦略的枠組み』と題した報告書にも、対日警戒感は色濃く反映された。それは、米国が戦後初めてアジア地域を対象とした軍事戦略であり、アジア太平洋地域からの米軍の段階的な引き揚げを表明する一方で、「日本が戦力の海外への投射能力を持ち、米軍と補完できないような兵器の開発は差し控えさせる」(14)と指摘した。92年3月には、米国防計画指針の最終草案が米『ニューヨーク・タイムズ』紙にスクープされ、「日本とドイツを米国が主導する集団安全保障体制に組み入れたことは冷戦期の大きな勝利」としたうえで、「新たな超大国の出現を阻止することが米国の重要な目標であり、米国が監視(check)しなければ、日本とドイツは核兵器の保有を目指すだろう」(15)との認識を示し、将来、日本が米国の脅威となり得るという警戒感を示している。

日本をライバル視するような動きは、米国の知識人の間にも浸透していった。91年にハーバード大学のサミュエル・ハンチントン教授は「米国の戦略利益の変化」と題した論文を安全保障問題の雑誌『サバイバル』に発表、冷戦時代を「ソ連を封じ込めるために、軍事力を抑止力として欧州をソ連の覇権から守るという戦略は、その目標を達成した」(16)と振り返り、新たな時代における米国の戦略的利益について「存在する脅威を封じ込めることではなく、新たな脅威の出現を防ぎ、均衡を図ること」(17)と主張した。具体的な目標として、その筆頭に対日政策を掲げ、「日本の経済的挑戦に対抗できるナンバーワンのパワーを持つ米国を維持すること」(18)とした。

ハンチントン教授が論文で主張したように、冷戦が終結したことによって、ソ連の核攻撃を抑止するという冷戦時代に最も重要視された「国防」という目標は、「経済」によって強い国家を維持するという目標に、主役の座を譲ったと言っていい。その米国内の変化を端的に表したのが、1992年の米大統領選だ。レーガン大統領（共和党）から強い米国を引き継ぎ、多国籍軍を率いて湾岸戦争を勝利に導いた現職のブッシュ大統領（同）ではなく、米国民は、クリントノミクスという経済再生策を提示したクリントン氏（民主党）を大統領に選んだことだ。選挙戦でクリントン氏は、ブッシュ大統領陣営に向かって、「必要なのは経済だよ、愚か者」（It's economy, stupid!）(19)などと主張した。必然的に、93年に就任したクリントン大統領は、国内では公共投資を増やして雇用を拡大するなど国民の要望に応じなければならず、国外、とりわけ同盟国である日本に対しては、国連活動への積極的な参加をはじめ財政を絡めた「人とモノの負担」を強く求めることとなった。

90年から91年にかけて発生した湾岸危機とその後の戦争は、こうした米国内で高まる対日警戒感とリンケージし、前章で詳述したように、東西冷戦が終結し、自らの戦力及び軍事費を削減しながら、冷戦の勝者である民主主義国家が集団で脅威に対処しようという新たな戦略を打ち立てていた米国から見れば、日本の危機への対応、すなわち金だけ出して汗を流さないやり方は、まさに米国の新戦略に逆行するように映ったに違いない。

そうした米国内の変化は、直ちに日本の政権中枢を直撃した。93年4月、ワシントンで行なわれた宮澤喜一首相とクリントン大統領との日米首脳会談は、当初90分だった予定が35分に短縮され、しかも共同記者会見で「冷戦後の時代においても、日米安全保障条約が引き続き重要である点を確認した」(20)と語る宮澤首相に対し、クリントン大統領は「日本との関係では経済的側面に特別な関心を払うことが必要だ」と強調、さらに「いまの米国は、日本との貿易赤字を放っておいて、日本とのパートナーシップをうたう気にはならない」(21)とまで言い切った。米国は日本に対し、冷戦時代のように同盟関係を配慮するために、経済の問題を後回しにすることはないと明確にくぎを刺したといえる。

この時期、防衛庁と自衛隊を取材していた筆者も、日米関係の政治的な摩擦が自衛隊と米軍というミリタリー同士の関係にも大きな影響を与えていたことを感じていた。関係悪化が直撃したのは航空自衛隊だった。航空自衛隊は米空軍との相互運用性(インターオペラビリティ)の向上を目的に、冷戦時代の70年代から米空軍の戦術飛行や教育、整備、通信など7種の分野に幹部を派遣していた。例えば、戦闘機部隊であれば、1979年から88年までF-4ファントムの部隊に、88年以降はF-15イーグルの部隊に自衛隊のパイロットを送り込んできたが、94年になって突然、F-15部隊への受け入れを拒否されてしまった。戦術技量の向上が目的の派遣であり、F-15戦闘機を主力機とする航空自衛隊にとって、パイロットの派遣は死活的に重要で必須でもあった。航空自衛隊は何度も受け入れの再開を求めたが、理由もあいまいなまま、米空軍が二度と部隊の門戸を開くことはなかった。

織田邦男・元航空支援集団司令官（空将）は航空自衛隊の機関紙『鵬友』（二〇〇五年十一月号）に書き下ろした「体験的日米同盟論」の中で、「米軍からは『保全上の事由』との説明があったが、同盟国に対して保全上の理由とは何事か。しかし、それが実態なのだ」と述べている。さらに、それまで年に10回以上は行なわれてきた戦闘機同士による日米共同演習も、回数が大きく減らされ、年に2、3回ほどしか行なわれなくなってしまった。冷戦が終わり対ソ包囲網の一翼を担ってきた日本の役割も終わり、地域紛争を解決する手段として、多国間協力に戦略の重心を移しはじめた米国にとって、同盟国であっても一緒に汗を流さない日本に便宜を図るメリットなどない、ということだろう。

ぎくしゃくする日米関係は、自衛隊の国際協力の現場にも影を落としていた。その一例として、前章でも取り上げたザイール（現在のコンゴ民主共和国）のゴマを拠点に行なわれたルワンダ難民支援活動を挙げることができる。ルワンダの内戦で国を追われた人々が難民となって隣国のザイールに逃れ、その悲惨な状況を目の当たりにした政府は自衛隊の派遣を決断したのだが、実は、政府が派遣を決断する最大の理由は、94年7月にクリントン大統領から、当時の村山富市首相に送り付けられた1通の「親書」だった。「大統領から届けられた手紙は、とても総理への親書などと呼べる内容ではなかった。『同盟国なら一刻も早く自衛隊を派遣しろ』という事実上の命令だった」(22)と、陸上自衛隊で派遣準備に奔走することになった幹部は、筆者の取材に対しそう打ち明けている。現地は治安状況が悪化し、それまで駐留してきた仏軍に続いて米軍も撤収することを決断した米国政府は、その穴埋めとして自衛隊の派遣を求めてきたことは間違いない。

しかも、自衛隊の部隊や資機材を現地まで運ぶと約束していた米空軍は、治安の悪化を理由に、直前になって大型輸送機の運航をキャンセルしてきた。このため防衛庁は、急いでロシアの輸送会社との間で、アントノフという旧ソ連軍の大型輸送機を利用する契約を結ぶことになった。自衛隊が数年前まで事実上の仮想敵としていた旧ソ連軍の輸送機を利用すること自体が驚きだったが、この当時の日米関係は、その後「同盟漂流」という言葉で表現されたように、政治や経済、そして安全保障の現場をも巻き込む深刻な事態に陥っていたのである。

日米「冷戦後戦略」の応酬と波紋

米国民が湾岸戦争を勝利に導いたブッシュ大統領ではなく、経済の立て直しを掲げたクリントン氏を大統領に選んだように、日本でも、戦後ほぼ一貫して与党であり続けてきた自民党に代わって、1993年8月、日本新党の細川護熙《ほそかわもりひろ》氏を首班とする非自民勢力の8党を束ねた連立内閣が発足した。

日米とも政治が激動する中で93年7月、訪日したクリントン大統領は早稲田大学で講演し、

「新太平洋共同体」構想を打ち出し、「アジア太平洋地域における安全保障をつなぎとめるイカリ（錨）の役割だ」[23]と発言、在日米軍基地など米軍の前方プレゼンスが、アジアの安全保障の核心であることを強調した。

続いて、米国防総省は93年10月、『兵力見積もり報告』（ボトムアップ・レビュー）を公表、イラクと北朝鮮による侵略行為を民主主義国家への挑戦と定義し、東アジアにおける米国の関与を支えるためには、10万人の前方展開兵力の維持が不可欠と主張、そのうえで「米国は同盟国のリーダーとして戦う。多くの場合、共通の利益を守る必要性は、同盟国に有益な貢献をさせるだろう」[24]と記述し、日本など同盟国に対して、より一層米国への協力を求める内容となった。さらに翌94年7月には米大統領府（ホワイトハウス）は『国家安全保障戦略』を公表、「信頼できる軍事力を前方展開させなければならない」[25]と述べたうえで、日本に対しては「国際的な責任を実行することを信じている」[26]と指摘した。

「新太平洋共同体」構想からわずか1年という短期間に、米国は次々と安全保障の戦略を公表したが、裏を返せば、後にクリントン政権で国防次官補（国家安全保障問題担当）に就任するジョセフ・ナイ氏が、ハーバード大学教授だった92年に発表した『Coping with Japan』の中で、「日本をどう扱うかについて、米国には戦略がなく、組織も貧弱だ」[27]といみじくも指摘していたように、冷戦末期から90年代半ばまで、米国は日本との経済摩擦に足を取られ、腰の定まらない政策を打ち出し続けていたということでもある。

　他方、日本でも非自民連立政権を率いる細川首相は93年10月、陸上自衛隊朝霞駐屯地で行なわれた自衛隊観閲式で訓示し、世界に率先して軍縮する必要性を強調、さらに冷戦後という新しい時代にふさわしい防衛力のあり方を検討することを訴えた。自衛隊の観閲式に歴代の首相が礼服のモーニング姿で臨んでいたのとは対照的に、細川首相は背広姿の平服で出席、しかもハンドマイクで訓示するなど、冷戦後という時代の変革期に加え、39年ぶりの非自民政権であることを意識的に演出、防衛のあり方についても、有識者による懇談会というスタイルで、94年2月、自らの私的諮問機関として「防衛問題懇談会」（座長＝樋口廣太郎《ひぐちひろたろう》・アサヒビール会長）を発足させた。

　懇談会のメンバーは座長以下9人で、委員の選定は防衛庁が主導し、元朝日新聞の記者で、防衛庁担当の経験のある細川首相が承諾する形で進められた。元防衛事務次官の西廣整輝《にしひろせいき》氏と元統合幕僚会議議長（自衛隊トップ）の佐久間一氏が防衛問題の専門家として加わったほかは、大半の委員は中道的な穏健派とされる顔ぶれとなった。懇談会は、ほぼ週二回という過密スケジュールで会合を重ね、20回の会合を経て、同年8月、報告書「日本の安全保障と防衛力のあり方―21世紀へ向けての展望―」がまとめられた。この間、政権は細川首相率いる非自民8党連立内閣から、自民・社会・さきがけの3党連立内閣に変わっていたが、新政権も、湾岸戦争への対応の不手際を自覚しており、冷戦後の安全保障環境の変化に対応する必要性から、懇談会は継続し、座長の名を取って「樋口レポート」と呼ばれる報告書は、村山富市首相へと手渡された。

この当時、筆者は防衛庁記者クラブに所属する担当記者として、同庁内局や陸海空自衛隊の幕僚監部を取材していたが、冷戦が終わり、ソ連の脅威を主な理由として構築してきた日本の防衛計画は拠り所を失った……という意見を多くの幹部らから聞いたことを覚えている。例えば、米第7艦隊との対潜水艦戦[28]の共同演習に参加した海上自衛隊幹部は「ソ連の脅威がなくなり、静粛性に優れた潜水艦を運用する国などどこにもない。想定もあいまいで、何のために訓練しているのか」と話し、陸上自衛隊幹部は「敵がいなくなってしまった」と語っていた。言葉を換えれば、懇談会は、新たな防衛計画や防衛政策の拠り所を見つける作業だったとも言っていい。ところが、公表された報告書の内容をめぐって、米国内から日米同盟に対する大きな懸念が発信されることになる。

報告書は、冒頭の第1章で、冷戦後の世界とアジア太平洋地域を概観し、第2章で報告書の核心となる冷戦後の日本の防衛政策を提示する。その前提として、「日本は、これまでのどちらかと言えば受動的な安全保障上の役割から脱して、今後は、能動的な秩序形成者として行動すべきである。また、そうしなければならない責任を負っている」[29]と、これから目指すべき方向性を示した。続いて、その責任を果たすために「日本は、外交、経済、防衛などすべての政策手段を駆使して、これに取り組まなければならない。（中略）第一は世界的ならびに地域的な規模での多角的安全保障協力の促進、第二は日米安全保障関係の機能充実、第三は一段と強化された情報能力、機敏な基礎対処能力を基礎とする信頼性の高い効率的な防衛力の保持である」という順で論を展開した。報告書は第3章以下も、この第一、第二、第三という三つの柱に沿って、順番通りにまとめられた。

論の展開は、国連による集団安全保障体制を想定しながら、その体制に積極的に参加することが日本の国益に結び付くという主張であり、それは湾岸戦争を機に日本が歩み出した自衛隊による国際貢献を発展させた内容だ。21世紀に向けた日本の安全保障の重点が、国連を中心とする「多角的安全保障協力」に向けられていたことは明らかだった。ところがこの内容について、米国政府や米国内の知日派といわれる防衛問題の関係者から直ちに懸念が示された。「多角的安全保障協力」というキーワードが、「日米安全保障関係の機能充実」という文言より先に掲げられていたからだ。日本は日米同盟を軽視し、地域的・多角的な安全保障に傾斜しようとしている。米国離れの兆しではないか――という懸念であった。(30)

こうした懸念について、懇談会の委員を代表して報告書を執筆した渡邉昭夫《わたなべあきお》氏（当時・青山学院大学教授）は、「報告書の公表以前の段階から、多国間安保協力を日米同盟の前におくという樋口レポートの構成が、ワシントンで米国離れの兆しとして受け取られる危険があるという観測がなされ、懇談会のほうでもそれはわかっていた」と説明。それでも構成を変更しなかった理由について「報告書全体の趣旨は、多国間安保協力と日米（二国間）同盟とは二者択一の関係にあるのではなく、その両者を統一的に把握する論理を構成することによってはじめて、冷戦後の日米同盟の存在理由を示すことができるという点にあったからである」[31]と述べている。渡邉氏は続いて、報告書は日本の米国離れを意味するのではなく、新たな安全保障環境の中で持続可能な同盟であり続けるために、多国間協力という要素を採り入れたという説明も加えている。だが、その説明を読む限りにおいて、あえて多国間安保協力を日米同盟の前に置いた理由としては希薄なように思う。ただし構成の順番は別として、報告書の内容はその後の防衛政策の基本となる要素を数多く含んでおり、批判されること自体が、同盟漂流による不信感の象徴だったと言えるだろう。

2 「危機」に何もせず、何もできない日本

冷戦が終わり、ソ連という共通の脅威を失った日米同盟は漂流した。21世紀に向けた新たな

防衛政策を模索しはじめた日本だが、我が国を取り巻く安全保障環境は、そんな悠長な対応を許さなかった。1993年、アジアの平和と安定はもとより、世界秩序さえも脅かしかねない北朝鮮の核開発問題が浮上したのである。核問題はやがて核危機へと進み、朝鮮半島有事が現実味を帯びはじめると同時に、日米同盟のもろさも露見する。さらに台湾海峡をはさんで、中国と台湾がにらみ合う一触即発の事態も勃発、音を立てて近づいてくる様々な危機に対し、日本は危機管理能力の欠如を問われることになる。

第1次北朝鮮核危機

冷戦が終わったことを象徴するように、1991年9月、韓国と北朝鮮は国連に同時加盟を果たし、韓国の大統領は12月、「現在、わが国にはただ一つの核兵器も存在せず、非核化政策は完全に実施された」[32]と宣言した。朝鮮戦争が休戦（1953年）した以降も、米軍は韓国の米軍基地内に核兵器を配備し続けてきた。それを理由に80年代以降、北朝鮮は核兵器開発を続けてきたが、韓国から核が取り除かれたことで、韓国と北朝鮮は相互に核査察を行なうことで合意するなど、朝鮮半島は非核化に向け、南北の和解が一気に進展するかにみえた。ところが、北朝鮮を経済面で支えてきたソ連が崩壊し、唯一の同盟国である中国も韓国と国交正常化するなど、冷戦後、北朝鮮は政治的にも経済的にも孤立と困窮への道を余儀なくされつつあった。冷戦下の北朝鮮は、ソ連と中国からの援助に頼り、原油を産出しない北朝鮮にとってエネルギー資源のほぼすべてを両国に依存していた。こうした北朝鮮の経済苦境を打破する唯一の手立ては、北朝鮮が国際原子力機関（ＩＡＥＡ）の査察を受け入れて核開発疑惑を払拭させ、その後、日本と米国との関係を改善することによって、財政面での支援や協力を手に入れることだった。

北朝鮮は92年5月、ＩＡＥＡの査察を受け入れ、査察団は北朝鮮北東部にある寧辺の核関連施設を視察、少量のプルトニウムを採取した。ところが、抽出したプルトニウムを分析した結果、「90年に1回だけ90グラムを抽出した」という北朝鮮の主張とは食い違い、89年と90年、91年の3回にわたって抽出作業が行なわれていた可能性が浮上した。疑惑を指摘された北朝鮮は、韓国との間で合意していた相互査察を一方的に拒否、米韓は対抗手段として92年10月、朝鮮半島有事を想定した米韓合同軍事演習（チームスピリット）を93年に再開すると発表した。

さらに93年2月、ＩＡＥＡ理事会の秘密会で、米国の偵察衛星が撮影した寧辺の核関連施設の最新映像が公開され、そこには北朝鮮がＩＡＥＡに申告していない新たな施設や建設中の建物などが鮮明に写し出されていた。北朝鮮の対応に強い疑念を抱いたＩＡＥＡは特別査察を要求、1カ月以内に北朝鮮が受け入れなければ、国連安全保障理事会に問題を付託し、国際的な制裁などの措置をとると勧告した。米韓は3月9日、朝鮮半島周辺の海空域で大掛かりなチームスピリット演習を開始したが、これに対して北朝鮮は、軍の最高司令官となっていた金日成主席の息子である金正日が「準戦時態勢」(33)を指示、12日には核拡散防止条約（NPT）からの脱退を宣言した。ここに北朝鮮の核問題は、疑惑から危機へと変質していった。

このあと北朝鮮の核危機は、北朝鮮がギリギリまで事態を悪化させ、そのうえで自らの要求を国際社会に受け入れさせるという「瀬戸際外交」が繰り返されることになる。94年3月、韓国と北朝鮮は問題解決に向けた実務者レベルの協議を南北国境の板門店で開いたが、席上、北朝鮮の代表団は「ソウルはここ（板門店）からそれほど遠くない。戦争になればソウルは火の海になるだろう」(34)と発言、韓国は国家安全保障の緊急会議を開催するなど朝鮮半島の情勢は一気に緊張が高まった。しかも北朝鮮は、核査察の完全実施を求める国連安保理の議長声明を拒否し、実験用原子炉の核燃料棒を抜き取ると宣言した。燃料棒が抜き取られて再処理されれば、相当量のプルトニウムが抽出される。他方、米国は国連安保理に対して経済制裁の実施を求めたが、制裁の実施に慎重な中国に加え、北朝鮮は「制裁は宣戦布告だ」と主張、暴発を強く示唆するに至った。北朝鮮にとって核開発計画は、米国などからの国家承認に加え、経済的な恩恵も手に入れることができる唯一の交渉カードであり、絶対に手放すことなどできなかった。

膠着状態が続いていた94年5月、ついに北朝鮮は寧辺の核施設から使用済み核燃料棒の抜き取りを開始、核兵器の開発・製造への意欲を鮮明にした。暴走する素振りを見せる北朝鮮に対し、このまま進めば、実際に戦争の起こる可能性は否定できないとして、米国は寧辺の核関連施設などへの爆撃を含め、在韓米軍司令部は「作戦計画5027」(35)に基づく本格的な戦闘を検討するに至った。

米国は直ちに、米海軍第7艦隊の空母打撃グループを日本海に進出させたほか、ソウル駐在の米国大使は韓国政府に対し、「大使館員と米軍人の家族を退避させる」という内容の記者会見を開くと通告してきたという。韓国の金泳三《キムヨンサム》大統領が「絶対にダメだ。会見するとは何事だ。戦争じゃないか」と反発、クリントン米大統領に電話で強く抗議している(36)が、すでに米国防総省は朝鮮半島有事を想定した損害を見積もっており、「最初の90日間で米軍兵士の死傷者は5万2千人、韓国軍の死傷者は49万人。北朝鮮側も市民を含め大量の死者が出る見通しだ」(37)という報告書を大統領に提出していた。

核危機と日本の対応

北朝鮮の核問題から発展した朝鮮半島危機は、日本にとって極めて深刻な問題であるはずだった。ところが、戦争まで想定された事態であったにもかかわらず、93年から94年にかけて、日本の内政は自民党が分裂、代わって誕生した細川首相は突然辞任し、後を継いだ羽田孜《はたつとむ》首相も政権基盤は脆弱で崩壊は時間の問題とみられるなど、日本の政治は機能不全に陥っていた。

政府に北朝鮮の核問題が懸念をもって伝えられたのは、1993年の初頭、米国政府からもたらされた1枚の衛星写真だった。同年2月にIAEA理事会の秘密会でも公開された写真で、北朝鮮の寧辺で核廃棄物施設など大掛かりな核関連施設が建設されている状況を映し出していた。自民党の宮澤喜一首相は「米国からは『少なくとも核兵器1個をつくることができるプルトニウムがある』と説明された」と述べている。[38] しかし、当時の政府には、北朝鮮の核問題の深刻さを、冷静かつ的確に判断する余裕はなかったに違いない。

前章で詳述したように、当時政府は、国際社会から批判を浴びた湾岸戦争への対応を教訓に、国連平和維持活動（PKO）協力法を成立させ、自衛隊の部隊や文民警察官、ボランティアの選挙監視員をカンボジアに送り出していたからだ。自衛隊の海外派遣に手一杯で、しかも、93年4月から5月にかけ、国連選挙監視ボランティアの青年と文民警察官が相次いで殺害される事態に直面し、政府の優先順位は、日本から派遣した41人の選挙監視員の命をどうやって守るかだったにほかならない。

この間、北朝鮮はNPTからの脱退を宣言、さらに5月下旬には、開発中の中距離弾道ミサイル「ノドン」を能登半島沖の日本海に向けて発射させていた。当時、ノドンは射程約1千キロとみられ、核兵器の運搬手段であると同時に、北朝鮮から見れば能登半島の先にあるのは首都東京であり、日本に対する恫喝であることは明らかだった。だが、この事実が明らかになるのは、ミサイル発射から約2週間後の6月11日、〝朝駆け〟と呼ばれるマスコミの早朝取材を受けた石原信雄《いしはらのぶお》官房副長官が、ミサイル発射の事実を各社の記者に漏らしたことだった。石原氏は「ミサイルは目標にかなり正確に当たっている。北朝鮮はさらに射程の長い1300キロのミサイル開発を計画しており、これだと日本全国が射程に入る」(39)と説明。さらに、情報を公表したことについて、「北朝鮮がミサイルを能登半島沖に発射したことは、日本にとって重要で、私の責任でリークした」(40)と打ち明けている。本来であれば、国家の重大事案を官房副長官とはいえ一官僚の独断で漏えいしたことは問題視されなければならないが、それは当時の自民党政権に、対応力も判断力も乏しかった裏返しでもある。

実際、直後の6月18日、宮澤政権は自民党の内紛と衆議院本会議で内閣不信任案が可決されて崩壊し、北朝鮮問題は、93年8月に発足した非自民連立の細川政権に委ねられることになった。政権が代わっても核問題は最優先課題で、細川首相は「94年の初め、米国の情報関係筋から『6月までに北朝鮮が武力侵攻する可能性は50%以上』との情報が入り、限られた安全保障の担当者だけで、難民が押し寄せてきたらどうするか、経済封鎖体制をどうするか、米軍との協力をどうするか、などをめぐって極秘に深夜の検討会議をやった。パニックになるから国民には知らせなかったが、南北国境の北側で高速連射砲がすべてソウルに向いたとか、戦車部隊が動き出したとか、(米国からもたらされる情報は)本当に危機一歩手前だった」(41)と述懐している。

細川首相は94年2月に訪米し、クリントン大統領から、年間600億円とも800億円とも推定される在日朝鮮人による北朝鮮へ送金停止などの措置を求められた。その直後、北朝鮮の政府高官による「ソウルは火の海になる」との発言もあり、細川首相は、国連安保理が北朝鮮に対する経済制裁に踏み切った場合に備え、日本の対応の検討を指示した。政府は順次、現行法での対応が可能な制裁として、10項目に上る「非軍事的強制措置」[42]をリストアップした。それらは出入国管理法などに基づく措置で、①公務員の北朝鮮への渡航見合わせ、②北朝鮮公務員の入国拒否、③北朝鮮からの入国制限、④文化・スポーツ・科学技術の交流規制――などだが、日本国内から北朝鮮への送金については、金融機関を通さない送金（個人や団体による現金の運び込みなど）について把握困難との理由で見送られた。

それでも細川首相は3月19日に訪中、江沢民国家主席に対し、北朝鮮に対する影響力の行使を要請したほか、24日には訪日した韓国の金泳三大統領と会談、北朝鮮問題で日米韓の協力を確認している。しかし、細川政権を支える最大与党の社会党は親北朝鮮という立場で、北朝鮮を制裁で追い詰めた場合に想定される懸念を強調、7党1会派からなる寄せ集めの政権にとって、国家の骨幹である安全保障政策の違いを乗り越えることはできなかった。同年4月、細川首相は自らの巨額借入金問題などを理由に突然辞任、後継は羽田孜首相が務めることになった。だが、細川首相の辞任に合わせて、社会党は連立を離脱、少数与党に転落した羽田政権に北朝鮮の核危機という国難に立ち向かうだけの耐力は残されていなかった。94年6月、羽田政権はわずか2カ月で自壊した。

こうした無能な政府にとって幸運だったのは、米軍の韓国への兵力増強、さらには、韓国政府による市民を動員した大規模な防衛訓練など戦争への備えを強化していた6月15日、クリントン大統領の事実上の特使として訪朝したカーター元米大統領と金日成国家主席が会談、北朝鮮は核開発計画を凍結する代わりに、国連は経済制裁を停止することなどで合意、第2次朝鮮戦争は間一髪で回避されたことだった。

しかし、核危機が戦争へと進んでいれば、いったい日本は、そして漂流する日米同盟はどうなっていたのだろうか。それを考えるためには、日本が核危機によって突き付けられ、積み残してきた様々な課題について検証しなければならない。

朝鮮半島危機の本当の意味

朝鮮半島で戦争が勃発し、米軍が同盟国である韓国を守るために出動した場合、日本はどのようにかかわる必要があるのか。また、日本の安全にも直結する事態に、どのような備えが必要なのか――。当時、防衛庁記者クラブに常駐していた筆者の取材メモや、その後の当事者へのインタビュー取材などから、北朝鮮核危機によって突き付けられた様々な課題について、問題点を浮き彫りにしたい。

最初に動いたのは米軍だった。93年3月、北朝鮮のNPT脱退表明と時を同じくして、朝鮮半島有事の際の対米支援項目が、米太平洋軍から在日米軍を通じて、防衛庁統合幕僚会議（統幕）に送られてきた。具体的には「米軍の艦船が故障した場合の曳航を頼めないか」、「成田空港に到着する米軍スタッフの通関手続きを簡素化してほしい」、「民間空港を（軍用機の離発着に）使用させてほしい」――などで、その内容は翌94年までに1千項目を超える膨大なボリュームとなった。統幕幹部は当時、「自衛隊の駐屯地や演習場を米軍に貸し出すことなどは検討したが、実質的にはほぼゼロ回答だった。米軍から『それでも同盟国か』と質《ただ》されても、とても統幕だけで答えられる内容ではなかった」と語っていた。

「Navy to Navy」の関係で、米海軍第7艦隊司令部から海上自衛隊に直接要望が伝えられることもあった。冷戦時代から米海軍と海上自衛隊は年2回、石狩湾（北海道）などで日米共同機雷掃海訓練を行ない、米海軍は海上自衛隊の能力を熟知しており、機雷掃海や燃料補給、海上封鎖などの協力が求められた。海上幕僚長だった林崎千明氏は「第7艦隊からは『海上自衛隊は一緒に行動してくれるのか』と聞かれたが、ノーコメントとしか言えなかった。有事になれば、空港や港の提供、基地の警備も求められるだろうが、日本が米軍に協力できる法的根拠はなかった」(43)と苦しい胸の内を明かしている。

機雷掃海については、米軍からの要望とは別に、政府としても検討を重ねていた。内閣安全保障室に外務省と防衛庁、警察庁による極秘の「4省庁会議」が設けられ、その席上、「北朝鮮が日本海に機雷を敷設し、公海上で日本の船舶が危険に晒される場合を想定する必要がある」と問題提起されていた。これに対し内閣法制局は、「公海上に北朝鮮が敷設した機雷を取り除けば、戦闘行為とみなされ、北朝鮮から攻撃を受けるかもしれない。米軍への協力として行なうには、集団的自衛権の行使を禁じた憲法9条に抵触し、認められない」との見解を4省庁会議に示した。この話はそれ以上進まなかった。

米軍から政府や防衛庁に求められた要望の多くは、日米安全保障条約の第6条に基づくものだった。第6条は「極東条項」とも呼ばれ、「日本国の安全に寄与し、並びに極東における国際の平和及び安全の維持に寄与するため、アメリカ合衆国は、その陸軍、空軍及び海軍が日本国において施設及び区域を使用することを許される」と定められている。米軍はこの条文にある「施設及び区域」という文言を根拠に、空港や港の提供を要望してきたのだ。だが、日本は戦後、朝鮮戦争（1950〜53年）を機に再軍備し、日米安保条約を結び、自衛隊を発足させたにもかかわらず、再び朝鮮半島で戦火を交える事態となった場合の日米協力については、何一つ決めていなかった。「施設及び区域」が、国内の米軍基地だけを示すのか、自衛隊の基地や民間の空港、港湾も含めるのかについても定義されていなかった。米韓両政府が「作戦計画

5027」に基づき、核危機に対応しようとしていたのに比べ、日米安保の中身は空っぽで、あまりにもお粗末な状況だった。

もちろん突き付けられた課題は、米軍支援だけではなかった。日本からの送金停止に対する北朝鮮の報復、約1万人とされるソウルなど韓国に在留する邦人の輸送、有事の際に北朝鮮で発生する大量の難民、経済制裁に伴う海上での船舶検査（臨検）活動、米軍をはじめ負傷した多国籍軍兵士の入院や加療……なども4省庁会議で話し合われた。そうした事態の中で、最も深刻かつ真剣に受け止められたのが、不法上陸した北朝鮮の武装工作員らによる重要施設に対する破壊活動、いわゆるテロやゲリラだった。

北朝鮮は日本及び日米同盟に対し、93年5月に弾道ミサイル「ノドン」を能登半島沖に発射し、軍事力で威嚇しているが、当時の北朝鮮にはミサイルの弾頭に核兵器を搭載できる能力はなく、通常爆弾を搭載した弾頭であれば、仮に着弾したとしても甚大な被害にはならない。それよりはむしろ、列車転覆や発電所爆破、ダムなどの水源地への毒物混入などによって日本国民を恐怖に陥れ、北朝鮮への制裁に加担しないように仕向けることの方が得策だろう。当時の北朝鮮の狙いや軍事力を冷静に分析すれば、日本に対して直接的な脅威となる可能性があるのは、約10万の兵士で組織されている他国に例のない規模の特殊部隊の一部が日本に侵入し、米軍や自衛隊の基地、原子力発電所などのインフラ施設、新幹線といった重要施設に対する破壊工作を実行することだ。実は、それを阻止するための極秘会議が94年春、東京・赤坂の小料理屋で開かれていた。

会議は、警察庁の菅沼清高《すがぬまきよたか》警備局長（当時）の呼びかけで、警備局幹部のほか、陸上自衛隊は冨澤暉《とみざわひかる》陸上幕僚長（同）以下、陸上幕僚監部の防衛部長や運用課長らが顔をそろえた。真っ先に議論となったのは、原子力発電所や官邸、ダムといった重要施設が、訓練を受けた精強な北朝鮮特殊部隊の襲撃を受けた場合の対応だった。

警察「一番困るのは、北陸地方の原子力発電所が襲撃された場合だ。1人や2人のテロには対応できるが、10人以上の勢力で、しかも機関銃やロケット砲を持っているゲリラには警察では対処できない。その場合、自衛隊は出動してくれるのですよね」

陸自「その時は防衛出動が発令されているのでしょうか」

警察「ゲリラが襲撃しただけでは、今の日本では防衛出動はかからないでしょう」

陸自「それなら治安出動でしょうが、自衛隊は何十年も治安出動の訓練はしていない。政治の意志で訓練をやめさせられた経緯がある」

警察「本当ですか」

陸自「治安出動と言っても権限は警察と同じ警職法（警察官職務執行法）です。何もできません。しかも訓練すらしていなければ、警察より役に立たない」

警察「困りましたな。警察もできない、自衛隊もできないでは……」

会議は結局、「今は何もできないが、その時になれば、自衛隊が出動しなければならなくなるだろう」（冨澤氏）ということで意見が集約され、警察庁と陸上幕僚監部で共同研究することになったという。後日、それぞれの課長レベルで研究会などが開かれ、国民には知らせず、厳戒態勢を敷いたうえで、佐賀県の九州電力玄海原発とその周辺地域を使って、ゲリラに対する警察と自衛隊による共同対処訓練も実施された。(44) こうした緊迫した状況も、94年6月、カーター米元大統領の訪朝で危機が回避されると同時に収束していった。

1年半にわたる北朝鮮の核危機に直面した日本。わずかな救いがあるとすれば、警察と自衛隊という危機を担う組織が、〈現行法や今のシステムでは国民を守れない〉という認識を共有できたことではないだろうか。しかし、4省庁会議で議題となった課題、例えば、大量の難民問題や韓国に在留する邦人の安全を確保する方策などについては、危機が回避されると同時に、課題そのものに向き合うこともなく、議論は雲散霧消してしまった。

そして、危機が回避されるのを待っていたかのように、94年6月末、少数与党の羽田政権に代わって、自民・社会・さきがけ3党による村山富市内閣が発足した。戦後の混乱期を除き、戦後政治において社会党首班の内閣が誕生するのは初めてで、防衛や安全保障など国の骨幹政策をめぐって長く対立してきた自民党と社会党が連立内閣を組織するといった事態も、政治の混迷ぶりを象徴する出来事であった。その混迷期に起きた北朝鮮核危機は、米国などの外交力によって間一髪のところで回避された。だが、年が明けた95年1月、日本は戦後最大の天災に襲われ、国民の前に政治は危機管理能力の欠如をさらけ出すことになる。

無知と無策が被害を拡げた阪神大震災

1995年1月17日午前5時46分、兵庫県淡路島の北端を震源とするマグニチュード7・2の地震が発生した。その後、政府により「阪神・淡路大震災」と名付けられるこの地震によって、神戸市など兵庫県南部を中心に、強烈な揺れと直後の火災により約5500人の命が奪われ、被災後の関連死を含め犠牲者は6300人を超え、負傷者も4万3千人に上るという戦後最大の惨事となった。最大震度7という大きな揺れに、全半壊した家屋は約20万棟、全半焼も約7500棟に達する未曾有の被害をもたらした。(45) NHKのニュースには、神戸市中心部の倒壊、圧潰した建物、橋脚が折れて横倒しとなった阪神高速道路、あちこちで炎上する住宅街が映し出され、その凄惨な状況は誰の目にも明らかだった。

戦後最大、つまり多くの日本人が経験したことのない災害であり、様々な混乱が生じるのはやむを得ないとはいえ、政府と被災地の自治体という救助・救援活動を指揮する立場と責任のある組織の無知と無策、言葉を変えれば、度を越した危機対処能力の欠如が被害を大きくし、犠牲者を増やしたと言っても過言ではない。震災当日の午前9時ごろ、東京・赤坂の防衛庁で取材にあたっていた筆者は、防衛政策課長（当時）の守屋武昌《もりやたけまさ》氏が「この時間になっても兵庫県は自衛隊に災害派遣を要請してこない。要請が来る前に自衛隊を出すべきだ」と、悲壮な表情を浮かべながら叫んでいたことを鮮明に覚えている。

当時、自衛隊の災害派遣は、自衛隊法83条で、都道府県知事からの要請に基づいて出動することになっていた。しかし、兵庫県をはじめ同県内の神戸市など多くの自治体は、自衛隊と防災訓練を実施した経験がなく、派遣手続きの詳細を理解していなかった。しかも、兵庫県は午前8時30分に第1回の災害対策会議を開催しているが、出席できたのは知事や副知事ら7人に過ぎず、災害情報そのものも多くは持ち合わせていなかった。派遣手続きを理解していなかった理由は、兵庫県や神戸市などは、自衛隊側から何度も防災訓練の共同実施を求められていたにもかかわらず、「反自衛隊」色の濃い労働組合などへの配慮から、一度も応じてこなかったからだ。結局、兵庫県からの派遣要請は、地震が発生してから4時間あまりが経過した午前10時で、それも出動要請を強く求める自衛隊からの電話に、担当の係長が「お願いします」と言っただけだった。震災時の行政の対応について検証した五百旗頭真氏（当時：神戸大学教授）は、「おびただしい市民ががれきの下で死にゆく事態から見れば、遅きに失した自衛隊出動要請

阪神・淡路大震災発生当日（1995年1月17日）の政府の主な対応

時　間	首相官邸・中央省庁の動き
5:46	震災発生（官邸は無人）
6:00	NHKニュースで「神戸震度６」の速報 総理は公邸のNHKニュースで地震発生を知る
6:05	気象庁が国土、警察、消防、建設の各省庁に「京都震度５」の地震情報第１号をＦＡＸ（主管官庁の国土庁は当直不在）
6:19	気象庁が国土、消防両庁に「神戸震度６」の第２号をＦＡＸ
6:30	総理が政務担当秘書官に情報収集を指示 警察庁が「地震災害警備連絡室」設置
8:26	総理が官邸に登庁。「だんだん被害は大きくなっているようだし、非常対策本部の設置も考えなくてはいけない」とコメント
8:30	警察庁が「災害警備本部」設置
9:00	消防庁が「地震対策本部」設置
9:20	官邸で「月例経済報告会議」（地震は議題にならず）
9:50	警察庁から官邸に被害の第１報（死者22人）
10:00	兵庫県知事が自衛隊に災害派遣要請
10:04	官邸で定例閣議
10:39	閣議後、総理・副総理・外相・官房長官・防衛庁長官が初めて地震の対策会議を開く
11:00	防衛庁が「災害対策本部」設置 気象庁が「兵庫県南部地震」と命名（被害拡大で後に変更）
11:05	総理は予定通り「21世紀地球環境懇話会」に出席
11:15	国土庁長官をトップとする「非常災害対策本部」設置
12:00	官邸で政府与党首脳会議 （死者203人の報告に、総理が驚愕の声あげる）
14:00	総理と副総理が官邸で施政方針演説（20日）の検討会
14:30	官邸に新聞各紙の夕刊配達「死者1000人以上」の見出し
14:38	国土庁長官ら政府調査団が自衛隊機で入間基地を出発
15:45	総理をトップとする政府の「非常災害対策本部」設置
16:00	総理が大震災対策で初の緊急記者会見

（報道及び各種政府関係資料などから筆者作成）

である。（中略）知事が早朝から重大な危機認識をもって覚悟を決め、危機管理型の指導性を発揮しようと行動した証拠はない」[46]との表現で、兵庫県の対応を痛烈に批判している。

一方、被災地を管轄する陸上自衛隊中部方面総監部（兵庫県伊丹市）では、兵庫県知事からの派遣要請を受ける前に、「緊急時には要請を待たない」、「駐屯地の近傍の災害には出動できる」とした自衛隊法の特例で、午前7時過ぎには偵察ヘリを飛ばし、駅舎が倒壊した阪急伊丹駅での人命救助を実施している。しかし、「正式要請がないと、大部隊を動かすのは難しい」（自衛隊幹部）との判断で、大半の部隊は派遣要請が来るまで待機状態が続き、1千人を超す隊員が現場に入ったのは午後3時を回っていた。ここまで自衛隊が「正式要請」にこだわったのは、過去の山林火災や風水害などの小規模災害で、要請を受けずに自主的に出動した自衛隊が、自治体から「呼んでいない」、「必要ない」と協力を断られるケースが多かったためだ。自衛隊幹部は「自衛隊が先走っているといった批判を受けないかと、臆病になっているのは事実。しかし、要請前に大掛かりな活動をすれば、現場が混乱する」と説明する。[47]

阪神大震災における教訓の一つは、迅速な救助活動のためには、防災訓練などを通じて自治体と自衛隊が、日ごろから災害派遣の手順など綿密な連携を取り合う必要性を認識し、共有したことだ。この震災を境に、全国の自治体は自衛隊との共同訓練に真剣に取り組むようになった。その結果、阪神大震災では、自衛隊が倒壊した建物の中などから生存者を救出することができたのは157人に過ぎなかったが、2011年3月の東日本大震災では、2万人を超す救出者のうち、約1万9千人を自衛隊が救出している。

本来、混乱する被災地の対応を支え、救助活動をリードするのが政府の役割だが、前述した湾岸危機と北朝鮮の核危機という二つの危機における対応を見ても明らかなように、この国は「危機に備える」という体制やシステム、その意志さえも抜け落ちていた。震災発生当日の政府の動きを追った別表「阪神・淡路大震災発生当日の政府の主な対応」からは、村山首相のリーダーシップの欠如はもとより、主管官庁だった国土庁など政府の無策ぶりが鮮明に浮かび上がってくる。

問題点の第一は、24時間体制で首相に情報を集約するシステムがなかったことだ。震災発生をNHKニュースで知ったという村山首相は、午前6時半に秘書官に情報収集を指示。災害対策基本法に基づき震災時の主管官庁は国土庁だったが、信じられないことに、国土庁は当直体制を取っておらず、震度5以上の地震が発生した場合には、夜間の警備を任されている民間のガードマンが、同庁防災局の担当者らのポケットベルを鳴らして非常呼集するというお粗末なシステムだった。同庁の幹部らが集まりだしたのは午前7時を回ってからで、しかも、地方自治体との防災無線すら整備されておらず、情報を収集する能力もなければ首相に報告する情報もなかった。

第二は、首相をはじめ担当閣僚らには、臨機応変に対応する意思も能力もなかったということだ。午前8時過ぎには、テレビのニュースは横倒しとなった高速道路や燃え拡がる神戸の街を映し出しており、被災地は〝戦場〟と化していたにもかかわらず、正午過ぎに「死者203人」との報告を受けるまで、首相官邸では前もって予定されていた会議や会合がいつも通りに開かれており、事態を深刻に受け止めていなかった。村山首相が緊急の記者会見を開いたのは、震災から10時間も経過しており、国民への説明という国家の指導者にとって、危機管理においては最も重要な行動を失念していたことは、首相そのものの資質やリーダーシップの欠如はもとより、首相を支えるべき政権幹部や閣僚らの責任も重大だと指摘せざるを得ない。震災後初めて開かれた1月20日の衆院本会議で、村山首相は「いま振り返ってみますと、なにぶん初めての経験でございますし、早朝の出来事でもございますから、幾多の混乱があったと思われます」[48]と答えている。本来なら、進退問題に発展しても不思議ではなかった。

ここでは、阪神・淡路大震災の初動時における首相と被災自治体の首長らの対応や判断を分析しただけだが、その実態は無残なまでの完敗であった。北朝鮮の核危機という隣国が引き起こした日本にとって深刻な危機にもかかわらず、政府は何ら手立ても講じられず、さらには、戦後最大の災害という国民の生存が脅かされた国難に直面してもなお無策であったというのが、戦後、自国の平和と安全を米国に委ねてきた日本の現実だったのである。

3 軸足のない冷戦後の防衛政策

この時期の日本は米国にとってどのような存在であったのだろうか。湾岸危機とその後の戦争で、協力を要請する米国に対し、日本が下した答えは小切手を切ることだった。すでに日米同盟は、ソ連脅威論に代わって日本が経済的な脅威として米国の国益を脅かすという米国の懸念を背景に漂流しており、この時期、日米双方において、冷戦後になぜ日米同盟が必要なのか、日米両国はこれからどこへ向かおうとしているのか、その道筋はどういうものなのか——について答えを見つけることができずにいた。その転機となったのが、皮肉なことに、日米にとって冷戦時代のソ連に代わる共通の脅威として浮かび上がった北朝鮮の核危機だった。アジアの平和と安定のために米軍は何をするのか、そして日本には何を求めるのか。ここでも最初に動いたのは米国だった。

「同盟漂流」救った北の核危機

作成を主導した米国防次官補ジョセフ・ナイの名前をとって、後に「ナイ・レポート」とよばれる「東アジア戦略報告」(EASR)が1995年2月、米国防総省から公表された。報告書は冒頭、平和と安定のための米国のプレゼンス(前方展開兵力)は「酸素」のようなものだと形容し、なくなりかけて初めてその存在の重要性に気づくと述べ、「東アジアにおける米国もコミットメントを支えるため、約10万人の要員を擁する戦力組織を維持する」と、東アジアにおける現有兵力の維持を打ち出した。また日本に対しては、「冷戦後の実現可能な地域秩序と国際秩序の形成に欠かすことのできないパートナー」、「日米関係ほど重要な二国間関係はない」という表現で、日米同盟の重要性を掲げているのが特徴だ。(49) これは、冷戦が終わった「平和の配当」として、米国は国防費を減らし、欧州やアジアで駐留米軍の削減を進めているが、その一方で、東アジアにおいては現有兵力である10万という数字を出して、削減に歯止めをかけることを宣言した内容だった。

「ナイ・レポート」については、94年にまとめた「樋口レポート」が、日米同盟よりも多国間安保を志向していることに米国が憂慮し、日本政府をけん制する狙いを含めて、日米同盟の重要性を打ち出すことを目的に作成されたという解釈がなされている。しかし、それは的外れではないだろうか。冷戦期から一貫して、米国は日米同盟の目的を、日本防衛という「点」ではなく、アジア太平洋地域という「面」を安定させるために必要な一つのツールとしてとらえており、冷戦後はまず、北朝鮮の「核」に対する脅威の高まりを背景に、朝鮮半島の安定を目指すことを目的に新たな戦略報告を打ち出したとみるべきだろう。

それが証拠に、ナイ氏は「樋口レポート」を読んだが、どこに問題があるのかちっともわからなかった。むしろ、日本の新たな行動主義とグローバルな視野の広さと積極性を感じて、心強かった」(50)と語っているほどだ。さらに後日、米国が戦争まで覚悟した94年の核危機を振り返り、「北朝鮮が韓国攻撃に踏み切り、参戦した米軍に対し、日本政府が『自衛隊基地で燃料供給ができない』『負傷兵の面倒も見られない』と言っていたら、米国世論や議会は納得しなかった。日米同盟は崩壊していただろう」(51)と明言しているように、米国にとって「東アジア戦略報告」は、米国はこの地域へのプレゼンスを維持するが、日本はどのような役割を果たすのか……という論議の出発点にする目的があったと解釈すべきだろう。冷戦の終結に伴って、米国内では日本の経済的な脅威や日米安保条約の片務性などを理由に、同盟の解消論が頭をもたげていただけに、北朝鮮の核危機によって米国は本気になったと言っていい。同時に、日米双方による冷戦後戦略の模索は、日本側の「樋口レポート」と米国側の「ナイ・レポート」で区切りをつけ、「不透明・不確実」という言葉に象徴される冷戦後の新たな安全保障環境を前提に、日米安保体制を再定義する作業が始まることになる。それは、日本の周辺地域（朝鮮半島）で危機的状況が起きた場合に、日本はどのように米国を支援できるのか、その内容を具体化させることでもあった。

ところが、日米による作業が進められていた95年9月、沖縄で小学6年生の女児が、3人の米海兵隊の兵士によって集団暴行されるという痛ましい事件が発生した。この事件は、後に米軍基地の整理縮小など、いわゆる「沖縄問題」の発火点となり、日米間、そして政府と沖縄との間で大きな政治問題となるのだが、当初は、沖縄と東京との基地問題に対する温度差を象徴するように、全国紙など沖縄県以外のマスコミが伝えた事件の一報は、極めて地味な扱いだった。しかし、事件が公になるにしたがって、その卑劣な犯行への怒りは沖縄県内だけでなく、東京そしてワシントンを大きく揺さぶりはじめた。

筆者は9月下旬、沖縄県普天間《ふてんま》市の宜野湾《ぎのわん》小学校で開かれた県民総決起大会（約3千人参加）を取材したが、事件の性質を背景に女性の参加者が多く、「沖縄の人間を何だと思っているのか」と、静かに話す老婆の言葉を今でも思い出すことができる。とりわけ問題となったのは、米兵の犯罪の裁判管轄権などを取り決めた「日米地位協定」で、協定17条によって、米軍人とその家族による犯罪の場合、日本の捜査機関が容疑事実を固めて起訴するまで、米国人の身柄は米軍当局が拘束すると定められている。例えば、警察が事件の容疑者として米兵を取り調べるためには、米軍に容疑事実を示して許可を得て、米兵を一時的に借り受けなければならないという手続きが必要だった。

日本の捜査当局の取り調べは密室で、夜遅くまで続けられ、しかも弁護人も立ち会えないなど、米国の司法制度との違いが協定の背景にはあるとはいえ、過去、米兵は事件を犯すたびに基地内に逃げ込み、中にはそのまま本国に逃亡してしまったケースもあり、沖縄の人々はそのたびに泣き寝入りさせられてきた。それだけに、容疑者の身柄引き渡しの不平等さや被害者の補償問題を解消することは、沖縄にとって積年の課題であった。

結局、この問題は日米両政府が、協定の運用改善で合意し、殺人や婦女暴行（レイプ）など凶悪事件の場合には、「米国は被疑者の起訴前の身柄引き渡しについて、捜査当局の要請に対して、好意的考慮を払う」ことで決着することになった。分かりにくい表現だが、この合意により、重大事件の容疑者は、起訴前でも日本側への引き渡しが可能になった。しかし、問題はそれだけでは終わらなかった。

10月下旬には、主催者発表で約8万5千人が参加した総決起大会も開かれ、参加者の多くは「No Base, No Rape」（基地がなければ、レイプはない）と書いたプラカードを掲げていた。事件後の焦点は、地位協定の見直しから、米軍基地の整理縮小へと移ったことは明らかだった。この問題が進展しなければ日米安保の見直しは頓挫しかねないとの危機感から、日米両政府は翌11月、「沖縄問題に関する特別行動委員会」（通称ＳＡＣＯ）を設立、日米安保体制を再定義する作業と並行して、米軍基地の整理縮小、沖縄に駐留する米海兵隊の削減などが話し合われることになった。

日米両政府が、沖縄問題が同盟の屋台骨を揺るがすという危機感を共有したことは是とするが、本来、この問題で政府（政治）が取り組むべきことは、北朝鮮の核開発など冷戦後の日本を取り巻く厳しい安全保障環境において、日米安保体制を堅持する重要性と、それを支える米軍、及び米軍基地の必要性について、しっかりと国民に示すこと、言い換えれば、沖縄県民だけでなく、すべての国民に向かって、日米安保を再定義する意味と必要性を語りかけ、理解してもらうことであったはずだ。米兵による少女暴行という不幸な事件に端を発したとはいえ、米軍の基地問題を沖縄だけの地域問題とせず、国民全体で考える好機でもあったはずだ。しかし、北朝鮮の核危機によって長く続いた同盟の漂流期を抜け出し、米国との同盟関係の修復を急ぐ政府は、沖縄の怒りを鎮めることだけに精一杯で、基地問題を沖縄に押し付けないとの思いは希薄だった。

防衛大綱に隠されたトリック

日米安保体制を再定義する第一弾は、冷戦時代の1976年に策定された「防衛計画の大綱」を見直し、新たな大綱を策定することだった。当時、防衛庁は、旧大綱の策定から18年が経過し、この間、東西冷戦は終わり、時代にそぐわなくなったことが、見直す主な理由と説明していた。だが、ここに一つのトリックが隠されている。そもそも最初の防衛計画の大綱は、どのような国際情勢の中で、何を目的に策定されたのか——ということをきちんと理解しておかないと、そのトリックを見破ることはできない。

冷戦時代とはいえ、1970年代半ばを振り返ると、米国はベトナム戦争の敗北によってソ連との関係構築に舵を切り、米ソ関係は73年、ソ連共産党のブレジネフ書記長が初めて訪米し、核戦争防止協定に署名したのに続き、74年にはニクソン米大統領が訪ソし、地下核実験制限条約に署名するなど、米ソ間では軍縮交渉が進み、「デタント」と呼ばれる緊張緩和の時代を迎えていた。さらに、中国との間では「国交回復」という歴史的な和解まで成し遂げていた。その一方で、日本は自衛隊を創設して以来、防衛力整備計画に基づいて防衛力の充実を図ってきたが、戦後の日本経済が復興、発展、拡大するのに伴い、60年以降76年までの16年間、防衛費は対前年度比で、年10％以上も伸び続けていた。まさにこうした国際情勢の中で策定されたのが旧大綱だった。

つまり、大綱を策定する最大の狙いは、この先どこまで防衛費は拡大するのか、自衛隊は大きな軍隊になってしまうのか、という国民の懸念を払しょくすることであり、具体的には、大規模な武力紛争が生起する可能性が低くなったデタントの時代に見合った防衛力を整備することを明示することであった。このため、旧大綱が策定（76年10月）された直後の閣議で、「防衛力整備の実施に当たっては、当面、各年度の防衛関係経費の総額が当該年度の国民総生産（GNP）の百分の一（1％）に相当する額を超えないことをめどとしてこれを行なうものとする」という方針、いわゆる「GNP1％枠」という方針を政府が打ち出したのは、防衛費を抑えるという大綱策定の狙いに沿ったものだった。

ところが、旧大綱の策定から3年後の79年には、ソ連がアフガニスタンに侵攻するなどデタントは崩壊、世界は再び東西対立の時代へと逆戻りし、ソ連は日本海に面したウラジオストクを拠点とする極東海軍を大幅に整備し、陸軍も北方領土に機械化された戦闘部隊を駐留させるなど、アジア太平洋地域で軍事力を増強していった。この状況の中で米国は、シュレジンジャー国防長官が「対潜能力と防空能力の強化など、米国は日本に共通の防衛に対する真剣な役割を期待している」(52)と、日本への働きかけを強め、米国防報告は「日本には地域防衛のための軍事力改善を引き続き求める」(53)と注文を出している。

米国は4年に1度、国防計画を見直しているが、日本ではデタントの時代に策定した旧大綱を見直す動きは起こらず、ただひたすら防衛費1%の予算枠だけが踏襲されていった。国際情勢の変化に合わせて大綱を策定したとは思えない対応だ。こうして振り返ると、大綱には防衛力整備という「表の顔」とは別に、防衛費を抑えるという「裏の顔」を兼ねていたことがよくわかる。つまり、旧大綱は東西対立の時代に策定されたとはいえ、その内容は冷戦の対立を反映したものではなく、新大綱策定の理由について「時代にそぐわなくなった」とする政府の説明には違和感を覚えざるを得ない。

その視点で95年11月に策定された「新たな防衛計画の大綱」（平成7年に策定されたために

『07大綱』と呼称される）を読むと、基本的な国際情勢について「世界的な規模の武力紛争が起こる可能性は遠のいた」と分析し、旧大綱の柱となった「基盤的防衛力」（54）についても、「基本的に踏襲していくことが適当である」とまとめられた。世界規模の紛争の可能性は遠のき、基盤的防衛力を踏襲するという旧大綱の基本的な考えを受け継ぐ内容であれば、わざわざ大綱を見直す必要などなかったはずだ。

　では、何のために見直したのだろうか。それは大綱の別表に示された陸海空自衛隊の編成と装備の水準を見れば得心する。陸上自衛隊の編成定数は18万人から16万人へと削減され、その内訳は、常備の自衛官14万5千人と、新たに導入する「即応予備自衛官」1万5千人とした。海上自衛隊は護衛艦を60隻から50隻、作戦用航空機も２２０機から１７０機へと縮小、さらに、航空自衛隊も戦闘機を３５０機体制から３００機体制へといずれも大幅に削り込んだ内容となった。

　新大綱は細川首相が設置した「防衛問題懇談会」の「樋口レポート」を反映した内容であり、策定に携わった当時の陸上幕僚長だった冨澤暉氏は後年、自らがまとめた「防衛計画の大綱の変遷」という論文の中で、大綱見直しの準備作業するにあたって、防衛庁の事務次官から「細川総理は『ともかく陸上自衛隊の人員を半数にしろ』と言ってきた。如何に何でも、一つの大きな組織を一気に半分にすることなど日本ではできませんと答えたが、総理は『それなら陸の空海化を考えろ』と言われた」という話を聞かされたことを明かしている。防衛庁は陸海空の編成装備について、数は減っても戦力は落ちないという意味で、「軍縮」とは言わずに、「コンパクト化」と呼んでいるが、冷戦が終わり、世界規模で軍縮が進む中で、初めから削減ありきの見直しだったと言われても仕方のない内容だった。

削減のほかに特色を探すとすれば、日米安保体制の重要性を強調した点だ。新大綱は非自民の細川政権で準備が始まり、自民・社会・さきがけの3党連立の村山首相の下で内容がまとめられた。かつて「安保反対、非武装中立」という空想的な安全保障政策を掲げてきた社会党政権下で、日米安保が強調されるという皮肉な結果でもあるが、旧大綱には、類義語を含めて3カ所しか出てこなかった「日米安全保障体制」という言葉が、新大綱では13カ所も登場した。「日米安保一色」と言っても過言ではなく、「（新大綱の）策定そのものが、日米安保体制の再確認を含む」(55)と説明した山崎拓《やまさきたく》・自民党政調会長の言葉が、旧大綱を見直し、新大綱を策定した最大の狙いだったと言っていい。

台湾海峡危機に無反応な政府

新しい「防衛計画の大綱」を策定し、80年代後半から漂流し続けた同盟に終止符を打つべく、米国に秋波《しゅうは》を送った政府だが、今度は、米国が最も懸念している朝鮮半島有事において、

「ナイ・レポート」が指摘した「日本はどのような役割を果たすのか」という問いへの答えを出さなければならなかった。それが「冷戦終結以降、日米間で議論をはじめた日米安全保障体制の再確認作業が、この共同宣言によって一つの大きなゴールに達した」と、防衛庁防衛局長（当時）だった秋山昌廣《あきやままさひろ》氏が、自著の中でそう評価した「日米安全保障共同宣言―21世紀に向けての同盟」だった。

共同宣言は96年4月、その3カ月前に村山首相から連立政権を引き継いだ自民党の橋本龍太郎首相とクリントン大統領との間で交わされ、日米関係は歴史上最も成功している二国間関係の一つであり、緊密な防衛協力が日米同盟の中心的要素との認識で一致、そのうえで、1978年に策定した「日米防衛協力のための指針」（ガイドライン）の見直しを開始することで合意した。北朝鮮の核開発に端を発した朝鮮半島情勢の緊張を背景に、見直しの目的は「日本周辺地域において発生しうる事態で日本の平和と安全に重要な影響を与える場合における日米間の協力、政策調整を促進する」[56]こととされた。

しかし、共同宣言直前の96年3月、日本は新たな危機に直面していた。台湾のトップを選ぶ初の総統選挙の実施をめぐって中国と台湾との間では軍事的な緊張が高まっていた。いわゆる「台湾海峡危機」で、中国は総統選挙を阻止し、台湾の人々の独立志向の高まりをけん制するため、台湾海峡など台湾の近海に短距離弾道ミサイルを撃ち込み、うち1、2発は、日本最西端の沖縄県与那国島《よなぐにじま》の西方約60キロの洋上にも着弾した。ミサイルの弾頭は爆薬ではなく、航跡や着弾点などを調べる測定機器を搭載しているだけとはいえ、そこはハマダイやカジキマグロの好漁場であり、同島の漁師たちは、２週間近くも出漁を見合わせざるを得なかった。日本から東南アジア方面に向かう民間航空機も迂回を余儀なくされた。

ミサイル発射にとどまらず、中国は人民解放軍を総動員して上陸演習を実施するなど台湾を威嚇し続けた。高まる危機に、やはり動いたのは米国だった。政治及び軍事の両面で台湾を支援する米国は、台湾海峡に２個の空母打撃グループを出動させた。これ以上ミサイルを撃ち込めば、米空母が反撃するとの意思表示だった。米軍の介入で危機は沈静化することになるが、ミサイル発射が公海上であったことなどを理由に、橋本首相は「重大な関心を持っているが、そこまでだ」[57]と、中国を厳しく批判することはなかった。危機にさらされ続けた与那国島の人々には、政府に対する不信感だけが残った。

筆者は２００４年に与那国島を訪れ、台湾海峡危機の当時に町議を務め、その後町長となった尾辻吉兼《おつじよしかね》氏にインタビュー取材[58]する機会を得た。尾辻氏の口から真っ先に飛び出したのは「我々は国に見放された」との言葉だった。「空には戦闘機が飛び回り、海上には何隻もの軍艦が停泊している。目と鼻の先にミサイルが撃ち込まれた。しかし、その状況を救ったのは日本ではなく米海軍だった」と語った。そもそも与那国島の町議会は、沖縄が本土復帰（１９７

2年）を果たした翌73年に、自衛隊の誘致を決議し、その後も何度も政府に誘致を陳情してきた経緯がある。それは国境の島だからだ。尾辻氏は「東京には何度も足を運んだ。しかし、国は動いてくれない。中国や台湾を刺激するというのが理由だが、国境の守りは国の守りそのものではないのか」と言葉をつないだ。

共同宣言の文言をめぐって、中国をどのように取り上げるのか、日米の間で意見の食い違いがあったことを、当時の防衛庁防衛局長だった秋山昌廣氏は明らかにし、「中国脅威論のようなことを日米両首脳が言及するのは適当ではないという日本側の考えが貫かれた」(59)と述べている。共同宣言の中で、中国については「肯定的かつ建設的な役割を果たすことが極めて重要」、「日米両国は中国との協力をさらに深めていく」という当たり障りのない表現にとどまっている。中国への過度の配慮や事なかれ主義という日本の政治と外交の悪弊そのものと言っていいだろう。結局、政府は、冷戦終結とソ連の消滅、朝鮮半島の緊張という目に見える変化と脅威には対応したものの、将来の情勢を見通すことはできなかった。まもなく日本は、その厳しい現実を突き付けられることになる。

「集団的自衛権」行使できずに批判

日米安保共同宣言で合意した「日米防衛協力のための指針」（ガイドライン）の見直し作業

は、1996年5月からスタートし、日本側は外務省と防衛庁、米国側は国務省と国防総省が中心となって行なわれた。いわゆる「2プラス2」というやり方で、見直しの柱は、①共同訓練や情報収集など平素から行なう協力、②日本に対する武力攻撃事態への共同対処行動、③日本の周辺地域において発生する可能性のある事態で、日本の平和と安全に重大な影響を与える場合の協力……の3点で、最大の焦点となったのは、3番目のいわゆる「周辺事態」であり、①米軍に対する後方支援、②捜索救難など人道的救援活動、③非戦闘員の退避活動、④米軍による施設使用、⑤自衛隊と米軍の運用……の5項目が議論となった。

見直し作業では、主に朝鮮半島有事を想定し、米国側から1059項目に上る支援要求が出された。その中身は、日本国内の主要な民間空港や港湾の使用、公海上での海上自衛隊による機雷掃海活動、米軍と協力して行なう海上封鎖や不審船への臨検など多岐にわたり、憲法9条の解釈で禁じている集団的自衛権の行使に抵触する内容も含まれていた。このため、日本が臨検を行なう場合には、国連安全保障理事会の決議を要件とすることや、偵察行動を伴う情報収集は行なわないといった方針でまとまり、日米ガイドラインは97年9月、19年ぶりに改定された。日米の協力内容は40項目に絞り込まれ、政府は臨時閣議で、国内の法整備を含めて実効性を確保するために必要な措置をとることを決めた。しかし、ガイドラインで重要なことは、日米が政治レベルで合意することではなく、合意後に、米軍と自衛隊が連携して行動するための法律を整備し、共同作戦計画を策定することにある。

そう強調するのには理由がある。政府は1978年に策定した前回のガイドラインで、安保反対を主張する社会党など野党の反発に配慮し、ガイドラインに基づく米軍と自衛隊との研究成果について、「立法、予算ないし行政上の措置を義務づけるものではない」という、いわゆる「義務なし規定」を盛り込み、ガイドラインを事実上骨抜きにした〝前科〟があるからだ。

当時はソ連が極東方面に陸海空軍力を集中していた時期で、想定された脅威は、原子力潜水艦やミサイル巡洋艦を中心とする極東ソ連艦隊が、オホーツク海から千島列島と宗谷、津軽、対馬の3海峡を抜けて太平洋方面に進出する。その行動を支援するため、ソ連陸軍が北海道北部や津軽海峡沿岸に着上陸侵攻する……という内容だった。

米軍との共同作戦研究の研究担当者だった航空自衛隊元空将の織田邦男氏は、前述した『体験的日米同盟論』の中で、「研究が進めば進むほど、両者（自衛隊と米軍）の関係が険悪化していくのを実感した」と振り返っている。日本側の義務なし規定により、ガイドラインは形骸化したとはいえ、日米安保条約第5条（日本有事）については、ソ連軍の北海道への上陸侵攻に備えて、自衛隊と米軍が共同して撃破するという作戦計画「5051」が策定された。しかし、米国が強く計画の策定を求めていた日本防衛以外の極東有事、いわゆる安保条約の第6条事態については、義務なし規定に加え、日本側の法的制約などにより研究は進まなかった。まさに今回のガイドライン改定は、78年のガイドラインで積み残した極東有事の研究そのものだったのである。

閣議決定に基づき政府は、北朝鮮軍が韓国に侵攻して引き起こされる朝鮮半島有事（第2次朝鮮戦争）を、「放置すれば日本の平和と安全に重要な影響を与える事態」、いわゆる「周辺事態」と定義し、日本有事に準じる危機に位置付けた。さらに、新ガイドラインの実効性を担保するため、それまで平時の共同訓練だけが対象だった「日米物品役務相互提供協定」（略称・ACSA）を99年5月、周辺事態にも適応できるように改定し、自衛隊の米軍への協力を可能にする「周辺事態安全確保法」（周辺事態法）を成立させた。

冷戦が終わり、日米が互いに冷戦後戦略を模索する中で、政府は当初、「樋口レポート」によって「多角的安全保障」と「日米同盟深化」という二つの方針を掲げたものの、続く「新たな防衛計画の大綱」では、米国からの反発もあって「日米同盟深化」を中核的な政策に位置付けた。安保共同宣言と新ガイドラインは、日米同盟の深化を定着させための接着剤であり、ガイドラインの実効性を担保する国内法の整備は、同盟に対する日本の姿勢や信頼性を示すバロメーターとなるはずだった。

ところが、憲法9条の解釈で集団的自衛権の行使を禁じる日本は、国内法などの制定過程で、様々な制約を自らに課すことになる。例えば、ACSAは自衛隊と米軍が相互に水や燃料、食糧などの物品や、修理作業などの役務を融通し合う協定だが、米軍に対する提供物品から「武器と弾薬」が除外された。しかも、周辺事態法に至っては、自衛隊の対米協力範囲を「戦闘行為地域とは一線を画されるわが国領域ならびにわが国周辺の公海およびその上空」に限定し、米国に提供する支援内容も、ACSAで禁じた「武器と弾薬」に加え、「戦闘作戦行動のために発進準備中の航空機に対する給油および整備を含まない」としたのである。

放置すれば日本の平和と安全に直結する事態であり、政府は周辺事態を日本有事に準じる危機と位置付けたにもかかわらず、危険を顧みずに出撃する米軍に対し、武器と弾薬だけでなく、「燃料はやらん」、「機体の整備もしない」ということが、果たして同盟国として本当にまかり通るのだろうか――。

その矛盾の一端が、翌2000年11月に行なわれた周辺事態を想定した初の日米共同統合演習で現実のものとなる。訓練は墜落した米軍機の搭乗員を、日米の救難ヘリが共同で救助するという想定で行なわれたが、そのさなかの11月13日午前8時55分ごろ、訓練に参加していた在日米空軍のF-16戦闘機2機（青森・三沢基地所属）が、北海道奥尻島の南方上空で、消息を絶つという本当の事故が起きてしまったのだ。

レーダーから機影が消えてから5分後、海上自衛隊と航空自衛隊は、現場周辺に捜索機と艦艇を出動させた。1時間20分後、墜落直前に脱出したパイロットから発せられる信号をキャッチし、同島の南約60キロの洋上で米兵1人を発見、救助したが、残る1人の発見には至らなかった。事故機の飛行高度が高かったため、捜索海域は広範囲に及び、自衛隊は救難ヘリやP3C哨戒機など航空機10機と艦艇6隻を出動させた。

しかし、これが朝鮮半島有事という周辺事態の発生時であったら、法律の制約に縛られ、このような広範囲を大掛かりに捜索することはできただろうか。周辺事態における自衛隊の捜索救助は、周辺事態法の対米協力範囲が適用され、活動地域は「後方地域、すなわち戦闘が行なわれていない日本周辺の公海」に限定される。しかも、危険が予測される場合には、活動を中断したり見合わせたりしなければならないと規定されている。筆者は当時、自衛隊による捜索活動を取材したが、ある航空自衛隊の幹部は「瞬時に現場が後方地域と判断できるのか。捜索活動は時間との勝負のはず」と、法律と現実とのズレを指摘した。

活動に制約を課すことで、周辺事態であっても、自衛隊の活動は米軍の戦闘行動とは一体化せず、憲法解釈で禁じている集団的自衛権の行使には当たらない、というのが政府（内閣法制局）の説明だ。しかし、それは自己満足に過ぎない。周辺事態は米軍にとっては有事（戦争）だ。朝鮮半島有事となれば、英豪など多くの国々も韓国防衛に参戦しているだろう。自衛隊の救難部隊の幹部は「米軍は日本周辺の海空域の大半を作戦区域として活動するはずだ。自衛隊の活動はその中で行なわれる。自衛隊に委ねられた米兵の捜索救助活動を、戦闘地域に近いからできないとか、危なくなってきたから途中で中断するということが、現実にできるのか」と疑問を呈していた。憲法の制約によって、政府はこの後も、戦闘地域と後方地域のあいまいさを抱え続けることになるが、周辺事態法が成立した当初から指摘されていた矛盾が、早くも露呈し、法律の綻《ほころ》びが明らかとなってしまった。

この時の事故が直接のきっかけではないが、米国からも周辺事態法に対して不満が噴出した。知日派とされるジョセフ・ナイやリチャード・アーミテージら超党派の研究グループがまとめた「米日・成熟したパートナーシップに向けて」(60)と題した報告書がそれだ。

「日本が集団的自衛権の行使を禁止していることは、同盟への協力を進めるうえでの制約となっている。この禁止を解除することにより、より緊密で効率的な安全保障協力が可能となるだろう。これは日本国民だけが決断できることである。(中略)ワシントンは日本がより一層大きな貢献を行ない、より平等な同盟のパートナーとなろうとすることを歓迎する」

報告書は、安保共同宣言や新ガイドライン、周辺事態法の成立を踏まえてまとめられている。静かな言い回しで、集団的自衛権の行使を押し付けているわけではないが、対米協力の地理的な範囲や提供内容に対する不満がはっきりと読み取れる内容だ。しかし日本は、このメッセージを受け止めることはできなかった。

テポドンショック

1994年の北朝鮮の核危機をきっかけに、政府は97年、朝鮮半島有事を念頭に、日米同盟の基本となるガイドラインを見直した。だがその後、北朝鮮危機は沈静化し、脅威認識が薄れるにつれ、「周辺事態」を自らの危機として受け止めることができない〝平和ボケ〟をあざ笑うかのような衝撃が、日本を襲った。北朝鮮は日本を標的に、弾道ミサイルを発射し、工作船事件を引き起こしたのである。

1998年8月、日本海に面した北朝鮮東部のミサイル発射基地・舞水端里《ムスダンリ》で、発射台に弾道ミサイルが据えられ、液体燃料の注入がはじまるようだという米軍の衛星情報が防衛庁にもたらされた。すでに米空軍は、ミサイル観測用のRC−135Sコブラボールを青森県の在日米空軍三沢基地に飛来させており、海上自衛隊も直ちにイージス艦「みょうこう」を北朝鮮に近い公海上にまで進出させ、米海軍の艦艇と共同で洋上での監視活動に当たっていた。この位置まで北朝鮮の沿岸に接近すれば、水上レーダーでも発射直後のミサイルの航跡を探知できるからだ。だが、衛星情報から10日ほどが経過し、発射はないとの判断で米海軍が現場海域から離れた直後の8月31日午後零時7分、「みょうこう」の戦闘指揮所（CIC）では、「ミサイルの発射を感知」との大声が響き渡った。レーダー画面に弾道ミサイルの航跡がはっきりと浮かび上がった。〈筆者はその後、「みょうこう」の乗組員らからミサイル発射当日の艦内の様子について取材し、当時のＣＩＣの状況を『読売新聞』の紙面(61)で詳細に報じることができた。少し長くなるが、ここではそれを引用する〉

「ミサイルの発射を感知」――。ところが次の瞬間、その場に詰めていた幹部たちは色を失った。イージス艦のレーダーが捕捉する弾道ミサイルの航跡が、ＣＩＣに並んだ４枚のスクリーンに映し出されると同時に、３分後の着弾予想地点を示す白色の矢印が、スクリーンに描かれた秋田県北部の地図上に突き刺さっていたからだ。「秋田県にミサイル落下の可能性あり」――。レーダー員を務める海曹の張り上げる声を聞きながら、海上自衛隊の幹部は「まさか……。自分の目と耳を疑った」という。

だが、予測に反してミサイルは速度を増し、上昇し続けている。航跡は北緯40度の線上を移動し続け、コンピューターで解析された矢印は、見る間に、秋田県北部から青森と岩手の県境、陸中海岸へと伸びていった。探知から10分、航跡はスクリーンに描かれた東北地方の地図上を一直線に通過していった。

北朝鮮が発射した弾道ミサイル「テポドン１」(射程約１７００キロ)は、日本列島の東北地方を飛び越え、三陸沖の太平洋に着弾した。しかし、その事実を政府が公表するのは、発射から10時間あまりが経過した31日の深夜で、韓国政府が日本列島を飛び越えたと発表するよりも遅く、しかも「ミサイルは新型のテポドン1と思われ、三陸沖の公海に着弾した可能性がある」という簡単な内容だった。

弾道ミサイルに対する防衛体制は、発射探知―航跡の分析―迎撃といった手順を踏むが、当時は米軍にも迎撃能力はなく、赤道上空約3万6千キロの静止軌道上にある米軍の早期警戒衛星のセンサーが発射時の熱を感知、その情報が米・コロラド州にある北米航空宇宙防衛司令部（NORAD）などを経て、東京・横田の在日米軍司令部から防衛庁に連絡される。情報は米国頼みとはいえ、事前に発射の準備情報を得ていた防衛庁を含めた政府は、発射に備えて情報の速報体制を整えておくことはできたはずだ。しかし裏を返せば、北朝鮮が日本を標的に、初めて能登半島沖の日本海に弾道ミサイル「ノドン」を発射させた93年5月から5年、この間の日本の対応がいかに緩慢だったかを示している。それは、政府は米国が推進している戦域ミサイル防衛（TMD）構想への参加を念頭に、99年度から共同研究をスタートさせる方針だが、そのための技術研究費を、TMD構想に反対する中国への配慮から予算計上していなかったという姿勢にも表れている。

冷戦終結後、核兵器などの大量破壊兵器や、その運搬手段である弾道ミサイルの世界的な拡散が進み、北朝鮮はその急先鋒でもある。今回、北朝鮮が日本全土を射程とするテポドン1を試射したことで、日本にとって、北朝鮮の脅威は現実のものとなった。ミサイルが発射されれば10分以内で日本に着弾する。しかも、ミサイルの弾頭に核や生物・化学兵器が搭載される事態も遠い将来の話ではなくなった。当時はまだ、人工衛星の軍事利用を禁止する国会決議も存在しており、政府に多くを期待することは難しかったが、救いがあるとすれば、ミサイル発射を「テポドンショック」と受け止め、政府が弾道ミサイル防衛の研究開発に重い腰を上げたことだろう。

ミサイルの脅威は顕在化したが、日本にとってより深刻な脅威は、核危機の際にも議論されたように、北朝鮮の特殊部隊が潜入して重要施設を破壊することだった。侵入を防ぐ領域警備の強化は喫緊《きっきん》の課題のはずだったが、翌99年3月、スキを突かれ、醜態をさらす事件が発生した。北朝鮮工作船事件である。

工作船事件で海上警備行動発令

事件の概略をまとめると、99年3月23日、石川県と新潟県の沖合の日本領海内で、日本の漁船を偽装した国籍不明の2隻の不審船が発見されたことが発端だった。不審船は漁に必要な漁具を搭載しておらず、その代わりに通信用と思われる無数のアンテナを林立させていることが特徴だった。海上保安庁の巡視船は漁業法違反などの容疑で追跡するが、能登半島沖を逃走する2隻の不審船に追いつくことができず、政府は海上保安庁の能力(警察力)を超えた事態と判断、自衛隊に初めて自衛隊法82条の「海上警備行動」を発令する。

海上自衛隊は護衛艦とP3C哨戒機で追跡、不審船に対して警告射撃を実施したものの、同行動で自衛隊に与えられた権限は、警察官職務執行法(警職法)に基づき、警告して停船を求めることだけ。正当防衛でなければ、船体を直接狙う危害射撃は認められておらず、逃げるだけの相手には無力だった。結局、2隻の不審船は自衛隊による追跡も振り切り、北朝鮮北部の軍事施設に帰港してしまった。

実は沿岸警備や防備の欠陥は以前から指摘されていた。海上自衛隊では毎年、海上警備行動が発令された場合を想定した訓練が行なわれていたが、訓練後の検討会で決まって議論になるのは、「不審船が停船命令や警告射撃を無視して逃走し続ける場合、どう対処すればいいのか」だった。武器の使用が正当防衛と緊急避難に限定されているためで、相手が攻撃してこなければ、何もできないのと同じだからだ。今回の北朝鮮の工作船も、自衛隊や海上保安庁が警告射撃をするまでは、約8時間にわたって時速20キロ前後のゆっくりとしたスピードで航行し、警告射撃後は50キロ以上に加速させて逃走している。日本の法律の実態を十分に熟知した態度で、自衛隊の現場からは「我々が何も手出しできないことを分かったうえでの行動だ。警告の次は実際に撃たれると思うから停船するんじゃないのか」(62)という憤りの声が聞かれた。

事件を機に、スキだらけの領域警備を強化すべきとの主張が繰り広げられた。それは「領域警備を自衛隊の任務とせよ」といった議論(63)で、工作船事件に限らず、警察力では手に負えない事態は、原子力発電所や空港、港湾といった重要施設への攻撃なども想定された。それらは平時と有事の中間の対応基準であり、まさに、今の尖閣諸島事態など現代の日本が抱える喫緊の課題である戦争に至らない国家危機、いわゆる「グレーゾーン事態」への対応だった。そして何よりも、警察と海上保安庁、そして自衛隊という危機に対応する三つの実力組織を効果的に組み合わせることのできる法整備を検討する好機でもあった。

しかし、政治が危機に向き合うことはなかった。事件の三日後、野呂田芳成《のろたほうせい》防衛庁長官が領域警備など自衛隊の任務拡大について検討する意向を示したのに対し、すぐさま野中広務《のなかひろむ》官房長官は記者会見で、「私はそういう認識には立っていません」と否定し、さらに「この機に乗じて悪乗りするようなことがあってはならない」(64)とまで発言するなど自衛隊の任務拡大を求める声をけん制し、政府の重要閣僚自らが好機の芽を摘み取ってしまった。

工作船事件に限らず、冷戦後の10年間に日本が経験し、直面した危機で浮かび上がったのは、憲法をはじめ現行の防衛法制の歪みであり、そのために現実の危機に対応することができないズレであった。そのゆがみやズレに気がつきながら、それを改めることもせず、日本は21世紀を迎えることになる。

年	月	国際情勢	国内（安全保障・防衛）	アジア情勢
1976年	10月		「防衛計画の大綱」策定	
	11月		当面の防衛力整備（GNP1％枠）を閣議決定	
1978年	11月		「日米防衛協力のための指針」（ガイドライン）を策定	
1985年	11月	米ソ首脳会談で「不戦の決意」を表明（冷戦終結の予兆）		
1987年	4月		東芝ココム（対共産圏輸出統制委）規制違反事件発覚	
	6・7月	米国で「安保ただ乗り」など対日批判強まる		
	10月		日米防衛会談、FSX（次期支援戦闘機）は共同開発で決着	
	12月	米ソ、中距離核ミサイル廃棄条約（INF全廃条約）に調印		
1989年	1月		昭和天皇崩御	

	2月	米議会、対日貿易赤字を理由にFSX決着を白紙に		
	5月		FSX日米再交渉で合意	
1990年 1991年		冷戦後、湾岸危機と湾岸戦争（国際情勢と国内対応の詳細は第1章のクロノロジー参照）		
1992年	5月			北朝鮮、IAEA核査察で疑惑浮上
1993年	1月	米クリントン大統領誕生		
	2月			米国、北朝鮮核施設の写真公開
	3月		日米首脳会談35分に短縮	米韓合同軍事演習 北朝鮮、「準戦時態勢」を指示
	5月		北朝鮮、能登半島沖に弾道ミサイル「ノドン」を発射	
	8月		細川・非自民内閣誕生	
	10月	米国防総省報告書、イラクと北朝鮮を民主主義の敵と表記		
1994年	2月		「防衛問題懇談会」発足	

	3月		日韓、北朝鮮問題で首脳会談	
	5月			北朝鮮、使用済み核燃料棒抜き取り、核兵器開発の意欲鮮明
	6月			核開発凍結で米朝合意
	7月		米大統領、政府に自衛隊のザイール派遣要請の親書	
	8月		懇談会報告「樋口レポート」に米政府から懸念表明	
1995年	1月		阪神・淡路大震災	
	2月	米国「東アジア戦略報告」公表、日米同盟の重要性を指摘		
	3月		地下鉄サリン事件	
	9月		米兵による沖縄少女暴行事件	
	11月		日米、沖縄問題特別行動委員会（通称・SACO）設立 新「防衛計画の大綱」策定	
1996年	3月			台湾海峡危機

	4月	日米安保共同宣言
1997年	9月	日米「新ガイドライン」策定
1998年	8月	北朝鮮の弾道ミサイル、日本列島を飛越（三陸沖に着弾）
1999年	3月	北朝鮮工作船事件、自衛隊に初の海上警備行動発令
	5月	「周辺事態法」成立

（1）「吉田ドクトリン」という言葉は、国際政治学者の永井陽之助氏が、戦後日本の正統教義として継続されるべき外交戦略として、著書『現代と戦略』（文藝春秋、1985年）の中で表記したのが最初とされる。
（2）『読売新聞』1989年4月19日朝刊国際面
（3）『日本経済新聞』1985年11月22日朝刊1面と国際面
（4）『読売新聞』1987年12月7日朝刊1面と国際面。レーガン大統領は条約調印に合わせ、アジア太平洋地域の代表5紙との書面インタビューに応じ、「戦略核兵器の50％削減についても、来年（88年）中には合意できると確信している」と回答している。
（5）東芝機械とノルウェーの商社コングスベルグが共謀して、ソ連に4台の9軸同時制御のプロペラ加工機械を37億円で輸出していた。しかも納品先は、ソ連海軍艦艇を建造する造船所で、告発を受けた警視庁は、東芝機械の担当者2人を外為法違反容疑で逮捕したほか、親会社である東芝の会長と社長が引責辞任する事態となった。
（6）『読売新聞』1987年6月30日朝刊2面
（7）『朝日新聞』1987年6月19日夕刊1面

（８）**Wall Street Journal**, August 11, 1988, pp.1,16
（９）『読売新聞』２００１年８月９日朝刊国際面。連載「日米50年・第２部同盟」の６回目　「ＦＳＸ開発に国産技術の壁」から引用
（１０）筆者による航空自衛隊幹部（空将）へのインタビュー。２０１０年３月25日、７月２日
（１１）日本が自主開発することになった飛行制御プログラムは「ＣＣＶ・運動能力向上機」として研究開発していた作業に改良を加えた「フライ・バイ・ワイヤー」という電子制御装置で、機首を正面に向けたまま機体を空中で上下左右に移動することが可能で、開発費用は３千億円を上回ったが、欧米の能力を超える最先端のシステムを完成させた。
（１２）『読売新聞』１９８９年５月25日朝刊解説面
（１３）**Washington Post**, March 27, 1990, pp. A14, A20.
（１４）U.S. Department of Defense, **A Strategic Framework for the Asian Pacific Rim: Looking Toward the 21st Century**, U.S. Government Printing Office, April, 1990, p.18.
（１５）**New York Times**, March 8, 1992, pp.1,14.
（１６）Samuel P. Huntington, "America's changing strategic interests", Survival, Vol.33, No.1, January/February, 1991, p.5.
（１７）**Ibid.**, p.12.
（１８）**Ibid.**, p.8.
（１９）水沢紀元「ジョセフ・ナイの日米同盟への視覚」『明治大学社会科学研究所紀要』第46巻２号、２００８年、２２８頁
（２０）『読売新聞』１９９３年４月17日夕刊１面
（２１）『読売新聞』１９９３年４月17日夕刊３面
（２２）筆者による陸上自衛隊幹部（１等陸佐）へのインタビュー、１９９４年12月21日。なお拙稿「日米同盟は最後の砦」『海外事情』（拓殖大学海外事情研究所）２０１２年７・８月号、53～54頁にも自衛隊のザイール派遣の詳細を記述。
（２３）『読売新聞』１９９３年７月７日夕刊１、２面
（２４）Secretary of Defense Les Aspin, **Report on the Bottom-Up Review**, U.S. Government Printing Office, October, 1993, p.14, 8f.
（２５）U.S. The White House, **A National Security Strategy of Engagement and Enlargement**: U.S. Government Printing

Office, July, 1994, p.6f

（26）**Ibid.**, p.17.

（27）Joseph S. Nye, "Coping with Japan", **Foreign Policy**, No. 89, Winter, 1992-93, p.96.

（28）軍事用語で、Anti-Submarine Warfare（ASW）と言い、水中に潜む潜水艦をＰ３Ｃ哨戒機などの固定翼機や対潜ヘリコプターなどを使って見つけ出し攻撃する訓練。

（29）内閣官房内閣安全保障室『日本の安全保障と防衛力のあり方』１９９４年８月12日公表、第２章１「能動的・建設的な安全保障政策」

（30）秋山昌廣『日米の戦略対話が始まった』亜紀書房、２００２年、44～46頁

（31）渡邉昭夫「日米安全保障関係の新展開」『国際問題』通号４５６号、日本国際問題研究所、１９９８年３月、24～25頁

（32）『読売新聞』１９９１年12月19日朝刊１面

（33）『朝日新聞』１９９３年３月９日朝刊国際面

（34）『読売新聞』１９９４年３月20日朝刊国際面。韓国ＳＢＳテレビが協議場面の録画を放映して詳細が明らかになった。北朝鮮代表団はこの発言の前に「対話には対話で、戦争には戦争で応える万全の準備ができている」とも述べていた。

（35）１９９０年代初頭に修正された対北朝鮮作戦計画で、「OPLAN5027」とも表記される。米韓連合の大部隊が平壌（ピョンヤン）を制圧して北朝鮮政権を転覆、朝鮮半島の統一まで含めた計画となっていた。その後、作戦計画は「5030」や「5015」などが策定されている。

（36）『読売新聞』１９９９年10月19日朝刊国際面。金泳三大統領が読売新聞のインタビュー取材に対し、当時の緊迫した状況を詳細に語っている。

（37）ドン・オーバードーファー（菱木一美訳）『二つのコリア・特別最新版』共同通信社、２００７年、３６９頁

（38）テレビ朝日「21世紀への伝言―日米同盟が揺れた日―」１９９７年８月17日放送。番組は日米両政府の高官らへのインタビュー取材によって、北朝鮮核危機の対応を再現した。

（39）『朝日新聞』１９９３年６月11日夕刊１面

（40）前掲「21世紀への伝言」の石原信雄氏へのインタビュー取材

（41）『読売新聞』２０１０年６月10日朝刊解説面「日韓を聞く」との企画で、細川護熙元首相が北朝鮮の核危機について語っている。

（４２）『朝日新聞』１９９４年６月４日朝刊総合面（2面）
（４３）筆者による元海上幕僚長・林崎千明氏（海将）へのインタビュー、２００５年10月２２日
（４４）筆者による元陸上幕僚長・冨澤暉氏（陸将）へのインタビュー、２０１６年６月14日
（４５）震災被害のデータは１９９５年12月に消防庁と警察庁が公表。詳細なデータは、朝日新聞社編『阪神・淡路大震災誌』１９９６年2月、６８５～６８９頁
（４６）前掲『阪神・淡路大震災誌』３４４頁
（４７）『読売新聞』１９９５年1月19日朝刊解説面。拙稿「自衛隊と自治体、連携に教訓」の中で、自衛隊の出動が遅れた理由と背景について詳述している。
（４８）山川雄巳「阪神・淡路大震災における村山首相の危機管理リーダーシップ」『関西大学法学論集』第47巻５号、１９９７年、36頁
（４９）前掲『日米の戦略対話が始まった』56～60頁
（５０）船橋洋一『同盟漂流』岩波書店、１９９７年、２６５頁
（５１）『朝日新聞』１９９６年６月28日朝刊政治面
（５２）"**Interview with James R. Schlesinger**", U. S. News & World Report, May 26, 1975, pp.24-27.
（５３）U.S. Department of Defense, **Annual Report F.Y.1978**, U.S. Government Printing Office, January, 1977, p39.
（５４）防衛庁事務次官の久保卓也氏が旧大綱策定時に主導した。国際情勢が安定している中では、《自らが力の空白となって周辺地域における不安定要因にならない》ために、必要最小限の防衛力を備えておくという考え方。仮想敵の防衛力に合わせて自国の防衛力を整備するという「脅威対向型」とは真逆の発想だった。
（５５）『読売新聞』１９９５年11月30日朝刊１面
（５６）『外交青書１９９７年版』外務省、１９９７年5月、２３７～２４０頁
（５７）『読売新聞』１９９６年3月23日朝刊解説面
（５８）筆者の与那国島町長の尾辻吉兼氏へのインタビュー取材、２００４年2月28日。尾辻氏は２００５年に急逝するが、死の直前、政府に対して行なった日本と台湾間の防空識別圏の変更要請は２０１０年に成就している。
（５９）前掲『日米の戦略対話が始まった』２２２～２２３頁
（６０）**The United States and Japan: Advancing Toward a Mature Partnership**, INSS Special Report, October 11, 2000. http://www.ndu.edu/ndu/SR_JAPAN.HTM（２０１６年８月19日に検索）
（６１）『読売新聞』２００３年３月14日朝刊解説面「北朝鮮有事」を想定し、特殊部隊による破壊工作やミサイル攻

撃に対し、現行法制や防衛体制の空白やゆがみを指摘した。
（62）『読売新聞』1999年3月24日夕刊3面
（63）『読売新聞』1999年5月3日朝刊。読売新聞は「領域警備強化のための緊急提言」を発表、①自衛隊に領域警備任務を付与せよ②領域警備における自衛隊の武器使用は、国際法規・慣例に準拠させ、武器使用基準を整備せよ③自衛隊を警戒監視に当たらせよ――など5項目を列挙し、法整備の必要性を指摘した。
（64）『読売新聞』1999年5月3日朝刊3面

第3章　迫る危機、追われる日本——2000年代日本の現実

1　「普通の国」への試行錯誤

対ソ包囲網の一翼を担ってきた冷戦期の日本は過去のものとなり、米国にとって、同盟国であっても一緒に汗を流さない日本に価値はない。湾岸戦争で米国が主導する国際協力への対応に失敗し、しかも、貿易不均衡など経済摩擦を背景に1990年代の日米関係は、「同盟漂流」という言葉に象徴される最悪期に突入していた。しかし、その危機を救った最大の要因は、北朝鮮による弾道ミサイルと核の開発という周辺情勢の大きな変化だった。自らの努力で危機を脱したわけではないが、新たな脅威の出現によって、日本は米国と共同して朝鮮半島有事（周

辺事態）に備えるために動き出した。新たな日米防衛協力のための指針（ガイドライン）を策定し、周辺事態における対処要領なども法制化した。そして、これまでタブーとされてきた「有事法制」についても、法制化に向けた作業がはじまる。〝普通の国〟になるための一里塚とはいえ、その道程では再び、憲法解釈やイデオロギーなどが複雑に絡み合った中途半端な試行錯誤が繰り返されることになる。

ようやく有事法制に着手

筆者が1993年から防衛庁・自衛隊の取材をするようになって驚いたことがある。それは陸上自衛隊の訓練を見たときのことだ。訓練は全国各地に点在する大小の演習場で行なわれるが、常に演習場の中の想定は、国民はすべて避難を終え、法律の制約もなく、自衛隊だけが存在するという仮想空間の中で戦闘訓練だけが黙々と繰り広げられていたことだった。隊員自らも自嘲気味に「我々の戦場は演習場の中だけです」と語っていたが、それは、有事（戦時や非常時）において、国民を避難させるための法律もなければ、陣地の構築や弾薬の貯蔵など自衛隊が行動する際に不可欠ないわゆる「有事法制」がなかったからだ。

それでも98年8月に北朝鮮の弾道ミサイル「テポドン1」が日本列島を飛び越え、99年3月には、自衛隊に初めて海上警備行動が発令された北朝鮮工作船事件が発生するなど、日本の周辺情勢が不安定化するに伴い、有事法制を制定する必要性が高まり、2001年1月、現職首相として初めて、森喜朗《もりよしろう》首相（自民党）が衆参両院本会議における施政方針演説で、有事法制について「自衛隊が文民統制の下で国家、国民の安全を確保するために必要だ。（中略）検討を開始する」[1]と述べ、法制化に向けて準備を進めることを明らかにした。続く与野党の代表質問に対しても、森首相は「平時にこそ備えておくべきもの。憲法の範囲内で行なう」[2]と重ねて表明した。国家として、有事に備えた法整備は当たり前であり、政治の責務のはずだが、日本では長い間、戦争を放棄し、戦力は持たないという憲法の文言に縛られ、普通の国では当たり前のことを議論することさえタブー視されてきた。

これより以前に有事法制が国会で取り上げられたのは、いわゆる「三矢研究」と呼ばれる防衛庁統合幕僚会議事務局が1963（昭和38）年に実施した図上演習について、その内容が取り沙汰されたことがある。正式名称は「昭和三十八年度統合防衛図上研究」で、朝鮮半島有事を前提に、中国と北朝鮮が韓国の主要都市を奇襲攻撃し、それに対して日米が協議して防衛準備態勢に入るという内容だった。三矢《みつや》とは、実施した年度の38と、毛利元就の三本の矢の故事にならい、陸海空という三つの自衛隊が統合して日本を守るという意味から名付けられたもので、具体的な研究の中身は「防衛秘」であったが、研究すること自体は統幕会議が了承し、防衛庁長官も承認して行なわれていた。

選挙で選ばれた政治家による自衛隊の統制を意味するシビリアン・コントロール（文民統制）の観点から瑕疵《かし》はなかったはずだが、国会では社会党議員から「中国と北朝鮮を仮想敵としている」、「制服によって軍国主義が進められようとしている」などと追及され(3)、新聞各紙も「戦時中の思想」などと一斉に報じたことから、これ以降、有事法制について防衛庁と自衛隊が研究すること自体がタブー視されるようになってしまった。その後、76年に最初の「防衛計画の大綱」が策定されたのを機に、77年8月、当時の福田赳夫《ふくだたけお》首相が防衛庁に対して有事法制の研究を指示するまで、政府内における組織的な研究は行なわれてこなかった。しかし、防衛庁の研究にしても、81年と84年に現行法制などの問題点を指摘しただけで、国会は研究に基づいて法制化を目指したことはなく、自衛隊の行動はもとより、住民の保護や避難など所管官庁が明確でない事項についても放置され続けた。

こうした現状を憂慮したのが、栗栖弘臣《くりすひろおみ》統合幕僚会議議長の「超法規的」発言だった。栗栖議長は78年7月に発売された『週刊ポスト』（7月28日・8月4日合併号）の誌上インタビューで、奇襲事態に際して自衛隊の現地指揮官は止むに止まれず超法規的な行動をとることになるなどと発言、記者会見でも「現在の自衛隊法は不備な面が多い。いざという時、自衛隊が超法規的行動に出ることはあり得る」(4)と強調した。有事法制の未整備を問題提起した発言だったが、当時の金丸信《かなまるしん》防衛庁長官は「法律を無視して第一線指揮官の判断で超法規的行動をとることは憲法、自衛隊法の趣旨、シビリアンコントロールの考えに反する」[5]と叱責、栗栖議長は辞表を提出し、事実上解任された。しかし、その後の防衛庁による有事法制研究では、①土地の使用や物資の収用に関する手続きを定めた政令がない、②自衛隊は道路や橋の応急補修ができない、③緊急時の住民避難に関する規定がない——などの問題点が示され、現在では、栗栖議長の発言は当を得た内容だったと評価し直されている。

長い間の紆余曲折を経て、ようやく森首相が検討表明したことで、有事に直面した場合における法的な空白を埋める作業がはじまった。国民の避難はもとより、自衛隊の行動を円滑にするための法整備など対象は多岐にわたるが、重要な視点は、冷戦は終結し、さらにそれから10年が経過する中で、日本が直面する有事へのシナリオが様変わりしたという認識だった。

表向き仮想敵は存在しないというのが政府の立場だったが、冷戦時代は太平洋への進出を企図する旧ソ連軍が、宗谷と津軽の両海峡周辺から日本に上陸侵攻するとのシナリオを描き、戦車や艦艇、航空機による全面戦闘を想定していた。海岸近くや狭隘《きょうあい》な山岳部に陣地を構築し、自衛隊車両の通行を阻害する建築物の撤去、おびただしい数の戦死者や負傷者への対応を考え、防衛庁も84年までに行なった研究の中で、海岸法や道路法、墓地や埋葬等に関する法律の特例措置の必要性などを指摘した。さらに95年に起きた阪神・淡路大震災では、災害現場に向かう自衛隊の緊急車両が、パトカーなどの警察車両の先導がなければ、赤信号を無視して通過することもできないといった矛盾も露呈していた。そうした基本的な枠組みに加え、北朝鮮のテポドン発射や工作船事件などで明らかなように、国内に特殊部隊が潜入して発電所などの重要施設を破壊するといった防衛出動が発令される以前の段階、いわゆる平時と有事の間における自衛隊や警察など諸機関との連携に関する法整備も重要なテーマになるはずだった。

現実無視の反対勢力

筆者は当時、阪神・淡路大震災の後、全国の自治体が自衛隊と共同で震災を想定した訓練を実施し、防災計画の見直しを進めていることを引き合いに、読売新聞紙上で「有事法制研究の分野でも、日本有事に至る様々なシナリオについて、中央省庁や自治体、輸送や通信、電力などの基幹産業は、自衛隊と一緒に図上演習に参加し、自衛隊の行動に対する共通の認識と理解を深める必要がある」(6)と指摘したことがある。その理由は、戦後、わが国では義務教育の期間だけでなく、高校や大学の教育現場でも防衛や軍事に関する教育はほとんど行なわれておらず、少なくとも戦後生まれの大多数の国民は、いったい有事や有事に至る前に、軍事組織である自衛隊はどのような行動を取り、もしくは取る必要があるのか——といった基本的な知識を持ち合わせていないからだ。

例えば、欧米各国には「民間防衛」という言葉がある。国民の避難誘導について、有事をはじめ大きな自然災害時にも適用される仕組みで、ドイツやフランスでは日本の総務省に相当する内務省に民間防衛の専門部局があり、市町村などの自治体が中心となって、軍や警察と連携しながら、住民避難や誘導、救助活動に取り組むことになっている。[7] 永世中立国のスイスでは、憲法は政府に対して「大災害および緊急事態における民間防衛の出動のための法令作成」を義務づけ、すべての家庭には『民間防衛』という冊子が配布され、そこには各家庭で備蓄しておくべき非常食の種類や数量までが記載されている。

日本でも災害などを想定し、小学校の通学区域を単位とする自治会（町内会）をベースにした「自主防災組織」が存在しているが、日ごろ自治会活動の中心となって活動している人は定年後の高齢者が多く、阪神・淡路大震災では、彼らの多くは災害弱者となってしまい、いざという時に機能しなかった組織も多かった。また、陸上自衛隊は被災地の神戸市などにトラックで移動可能な野外手術システムを持ち込み、100日間で延べ約2万5千人の治療に当たったが、厚生省（当時）が特例措置と認めるまで、自衛隊の野外手術システムは、同省から医療法に違反する無届けの違法施設と指摘されていた。被災者が入浴した陸上自衛隊の仮設浴場に対しても、同省からは、浴場内の湯を循環させる装置のない浴場は公衆浴場法違反とのクレームが付けられた。非常時であっても普段と同じルールを適用しようとする役所仕事の典型だが、それは非常時に適用される特例が定められていなかったからだ。

こうした阪神・淡路大震災などの前例があるにもかかわらず、森首相の法制検討発言について、国会では社民党が抗議声明を出したのに続き、共産党の志位和夫《しいかずお》委員長は、「総動員」という戦前の言葉を持ち出し、「周辺事態の際に国民総動員をやろうというのが本質だ」[8]と発言するなど、有事法制そのものを認めない姿勢を示し、一部のメディアも「有事法制をめぐる議論は慎重のうえにも慎重に扱われるべき政治課題である。（中略）すぐに法制化に進めるような状況にはない」[9]といった主張を繰り広げた。

森首相の後に登場した小泉純一郎首相（自民党）は、翌02年2月の施政方針演説で、有事法制に関して「テロや武装工作船の問題は、国民の生命に危害を及ぼし得る勢力が存在することを、改めて明らかにしました。備えあれば憂いなし。平素から、日本国憲法の下、国の独立と主権、国民の安全を確保するため、必要な体制を整えておくことは、国としての責務です」[10]と述べ、改めて国民に理解を求め、関連法案の提出を打ち出した。

しかし、戦後初めて、立法を前提に有事法制審議が続けられたにもかかわらず、本質的な議論もなく、同年の国会は法案を継続審議として閉幕した。反対は共産党と社民党、及びその支持勢力によるもので、一貫して有事法制そのものを認めない立場だった。彼らは国連平和維持活動（ＰＫＯ）協力法にも絶対反対を唱え、周辺事態法では成立阻止を掲げるなど、自衛隊のあらゆる行動を憲法違反と主張、一部メディアも「今なぜ有事法制なのか」との疑問を呈し続けて反対した。こうした状況について、憲法学者の西修《にしおさむ》氏は「今までなぜ有事法制がなかったのか、という疑問のほうがはるかに説得的である。（中略）他国からの武力攻撃を想定したすき間のない法整備と、それに基づく訓練は、ごく当然のことである。このごく当然のことが行なわれてこなかったことこそ、異常である」(11)と断じている。

この閉塞状況に風穴を開けたのは、皮肉にも再燃してきた北朝鮮の核開発とミサイル問題だった。２００３年に入り、北朝鮮は日本や米国が経済制裁に踏み切れば「戦争行為とみなす」などと挑発的な言動を繰り返し、日本海に向けて地対艦ミサイルを発射、弾道ミサイルを再発射する動きも見せるようになっていた。こうした動きに対し、02年11月から北海道や大阪、福井などの各道府県警察と自衛隊は、北朝鮮の特殊部隊が潜入したとの想定で、「治安出動訓練」を実施した。しかしその訓練の中では、有事法制が未整備のために、自衛隊の出動が遅れ、住民は取り残され、警察官におびただしい数の死者が出る場面が繰り返されていた。いずれの訓練でも、警察から提起された問題は「我々が助けを必要としている時に、自衛隊は出動できないのか」(12)という素朴な疑問だった。このため小泉政権は「北朝鮮情勢の緊張などで、有事法制の必要性への国民の理解は深まっている」との判断を示し、継続審議となっていた有事法制の成立を目指した。北朝鮮の動向には国民の関心も高く、政府原案に対して野党第一党の民主党からも対案が提出され、与野党で修正協議した結果、03年6月、「武力攻撃事態等対処法」など有事関連3法案が可決成立した。

日本を守る（本土防衛）という自衛隊の基本的かつ根本的任務を行なう場合における法的整備が、自衛隊の創設からほぼ半世紀を経てようやく成立した。戦後の与野党の対立、イデオロギーをめぐる確執があったとはいえ、有事法制の整備がここまで遅れたのは、政治の怠慢と無責任が原因だ。それでもなお、国会では、安保反対や自衛隊違憲論の残滓が根強く残り、「戦争準備の法律だ」、「人権が制限される」といった反対意見が幅を利かせた。有事法制がなければ、自衛隊は超法規的に行動するしかなく、人権侵害の恐れはむしろ強まる。それでは法治国家ではない、という当たり前のことが成し遂げられたに過ぎない。03年11月、都内で有事法制についてのシンポジウムが開かれ、講師として招かれた栗栖弘臣氏は、かつての「超法規的」発言について「有事法制がないことへの私なりの問題提起だった。四分の一世紀を経て、ようやく一歩前に進みだした」[13]と語った。有事法制の成立は、日本が「普通の国」への一歩を踏み出したに過ぎなかった。ただし、片山善博《かたやまよしひろ》氏（当時・鳥取県知事）が「自衛隊は『住民と敵が混在している地域では戦えない』と言っているように、真っ先に考えなければならないのは、住民の避難だ。（中略）有事や大規模災害では、一時的に（国民の）行動の自由を奪い、私権を制限することもある。そのことの合意を形成することが大事だ」[14]と指摘したように、国民の避難誘導などの手続きを定めた「国民保護法」は先送りされ、翌04年に成立する。

対テロ・ゲリラに舵を切る自衛隊

冷戦後の激変する安全保障環境は、自衛隊の訓練や編成装備などにも大きな影響を及ぼした。象徴的だったのは、海上自衛隊が1980年から参加してきた環太平洋合同演習（リムパック）だ。リムパックは米海軍の新たな戦略構想に基づき、米軍が北大西洋条約機構（NATO）加盟国や環太平洋の主要国の海軍と、ほぼ隔年ごとに行なっている最大規模の軍事演習だが、日米をはじめ、英、韓、豪、カナダなどが参加した2000年5月の訓練に、米海軍は「結束のシンボル」（海上自衛隊幹部）である空母を参加させなかった。リムパックはそれまで、同盟関係が強調され、演習は「敵」と「味方」に分かれる対抗形式で行なわれ、様々な戦闘場面における戦術技量の向上を目的としていた。しかし、90年代半ば以降は、参加各国とも国連平和維持活動（PKO）などを通じた地域の安定化に軍事力の役割の軸足を移しはじめており、訓練内容には、次第に在外自国民の救出や輸送、避難民の保護、船舶検査など平時の軍事的活動が盛り込まれていった。海上自衛隊で作戦行動を指揮する自衛艦隊司令官の長谷川語《はせがわかたる》氏（海将）は当時、「アジア太平洋における海軍の役割や任務が様変わりしてきている象徴だ」(15)と説明していた。

この当時、軍事力の新しい役割として、「戦争以外の軍事作戦」（MOOTW = Military Operation Other Than War）という言葉が拡まり、もてはやされていた。欧米の主要国を中心に、冷戦時代の厳しい軍事的な対峙を前提に構築されてきた戦力の再編と合理化を進める中で、新しい役割を模索しようという動きで、米陸軍ドクトリンはＭＯＯＴＷについて、「戦争に至らない範囲で軍事力の使用を含む作戦。これらの軍事行動は、国家の諸手段の様々な組み合わせを補完するためにとられ、戦前、戦中、戦後に行なわれる」(16)と定義し、具体的な内容として、米統合参謀本部は、軍備管理やテロとの戦い、人道支援、非戦闘員の救出など16項目(17)をあげていた。まさに各国が、新しい世界の安全保障のあり方として、国連ＰＫＯなどを中心とする新たな軍事力の役割を探していた時期だった。

さらに、海上自衛隊に大きな変化をもたらしたのは、朝鮮半島有事を想定した「周辺事態安全確保法」（周辺事態法）の成立だった。同法が成立するまでは、半島情勢が緊迫してくれば、海上自衛隊は米海軍第7艦隊と連携し、日本海に日米の部隊を展開させて訓練してきた。日米の強力な連携こそが北朝鮮に対するメッセージであり、明確な抑止力となっていた。しかし、同法が成立したことによって、同じような場面で、実際に弾が飛んで来たら、その瞬間に日米は二つに分かれ、海上自衛隊は米海軍を残したまま、同法で定めた「後方地域」まで引き下がらなければならなくなってしまったからだ。本当にそんなことが起きれば、日米同盟そのものに大きな亀裂が入る事態だが、当時、筆者は自衛隊を取材していて、海上自衛隊の幹部が「米海軍の連中から『もう一緒に訓練する必要はない。海上自衛隊と一緒に戦う機会はなくなったから』と皮肉られた」と話していたことを覚えている。本来は米軍を支援するために策定した「周辺事態法」ではあったが、ミサイルや航空機もないナポレオン戦争の時代ならいざ知らず、戦闘地域を「前線」と「後方」に分けるという考え方自体が誤りだったという証左でもある。

変化は日米関係にとどまらなかった。99年3月に発生した北朝鮮工作船事件で、海上警備行動が発令された海上自衛隊は、「措置標準」と呼ばれる部隊行動の基準を作成し、逃走する工作船に対応した。措置標準の内容は、工作船への直接射撃を禁じたうえで、逃走航路への妨害や護衛艦からの放水……などだったが、直接射撃を禁じられた状況下で工作船を停船させることはできなかった。政府は事件後、海上保安庁に対しては、工作船のスピードにも劣らない高速巡視船艇の増強配備を指示したものの、海上自衛隊には「人に危害を与えてはならない」という制約をつけたまま船体射撃することが求められた。

工作船事件から1年が経過した2000年3月、筆者は事件の対応に当たった海上自衛隊舞鶴地方総監部（京都府）を訪ね、再発事態に備えた緊急対応策を取材した。事件を契機に、海上自衛隊は、日本海を担当区域に含む舞鶴と大湊《おおみなと》（青森県）、佐世保（長崎県）の3カ所の総監部に「初動対処部隊」を配置し、緊急時には、ヘリコプターを搭載した新鋭護衛艦など2隻が2時間以内に出動できる体制をとっていた。

また、護衛艦の甲板には、陸上自衛隊が使うような機関銃が搭載され、洋上を動く木箱などを標的にした射撃訓練なども行なわれていた。木箱などの標的は、工作船の船尾につけられた舵を想定したものだが、約2メートルという比較的穏やかな波高であっても、1分間に数百発も撃ち出された弾は、その多くが波頭に当たって四方八方に跳ね、船尾の舵を狙ったはずの弾の多くは波間に消えていった。現場で取材した海上自衛隊幹部は「舵やエンジンだけに命中させることは不可能だ。人に危害を与えてはならないという現行法の下では、現実には撃てない」と打ち明けた。このため現場では、武器を使わずに工作船に対処する手立てとして、護衛艦の甲板に置かれた停泊時に使う長さ約600メートルのロープ数カ所に、浮力として長さ2メートルほどの角材を縛り付け、護衛艦の船尾から海面に流し、工作船のスクリューに絡ませるといった涙ぐましい訓練も繰り返されていた。

北朝鮮工作船事件を機に、海上自衛隊も新たな役割を模索していた時期だが、「道を誤った」と述懐する自衛隊幹部は多い。その後海上幕僚長となる武居《たけい》智久《ともひさ》海将もその一人で、「これをやらなければ自衛隊は生き残れない。そうした強迫観念に支配され、当てないための射撃、沈めないための爆弾投下などに訓練時間を費やした。国を守ることをないがしろにし、我々は何のために存在しているのか、という根幹を見失っていた」[18]と話す。しかし、「新たな役割」という言葉を前に試行錯誤していたのは海上自衛隊だけではなかった。

陸上自衛隊も工作船事件を機に、対テロとゲリラ対応に任務をシフトさせていた。当時の日本にとって予測できる危機とは、①特殊部隊や武装工作員、ゲリラの潜入、②自衛隊や米軍基地、原発など重要施設に対する攻撃、③弾道ミサイルによる攻撃、④北朝鮮による生物・化学兵器の使用――などで、２０００年11月には、自衛隊と米軍は初めて、対テロやゲリラ戦を目的とした共同の実動訓練を実施し、東富士演習場（静岡県）には本格的な市街地戦闘訓練施設も建設された。さらに03年度には、対ゲリラ戦闘を前提とした特殊部隊（特殊作戦群）も新設され、九州方面を担当する西部方面隊には、武装ゲリラの急襲などに備え、洋上からの作戦行動も可能とする西部方面普通科連隊が誕生した。だが、急激な任務変化に綻びも露呈していた。２００３年1月、筆者は正月恒例の「初降下訓練」を直前に控えた第一空挺団（千葉県）で本番前の訓練を取材した。その理由は、２０００年から3年間続けてきた対ゲリラ戦を想定した訓練を中止すると聞いていたからだ。第一空挺団は陸上自衛隊の精鋭部隊とされ、99年の工作船事件を機に、真っ先に対ゲリラ戦に取り組んできた。武装工作員が潜伏する山岳部のアジトめがけ、降下した隊員が包囲網を狭めながら突撃する「山地空中機動作戦」をはじめ、朝鮮半島危機などに備え、在外邦人の輸送を任務とする「誘導隊」も編成されていた。

空挺団だけでなく全国各地の駐屯地でも、自衛隊の庁舎や宿舎を市街地の建物などに見立てた戦闘訓練が盛んに行なわれていた。ところが、訓練の主眼を対ゲリラ戦に切り替えたため、「テロやゲリラという言葉に踊らされ、部隊として必要な基本動作、例えば、陣地構築や土嚢積みなどが軽視され、部隊としての戦力は低下してしまった。どこの部隊でも同じような悩みを抱えており、精鋭とされる空挺部隊から基本に戻す」(19)（当時の火箱芳文《ひばこよしふみ》空挺団長）というのが、訓練内容を改めた理由だった。短兵急《たんぺいきゅう》過ぎたということだろう。

ただし、こうした新編部隊や編成は、現在の離島防衛につながる改編で、その狙いは突発事態に対処する「即応力」と「機動力」を向上させるためで、陸上自衛隊にとっては大改革だった。海上自衛隊や航空自衛隊と違って、これまで中央に指揮を集中せず、全国五つの方面隊に分散させてきたが、その限界を示したのが95年に起きた阪神・淡路大震災で、近畿地方の災害は中部方面隊の管轄という意識が強く、陸上自衛隊の中で最も即応力と機動力を兼ね備えた第一空挺団は、中部方面隊の所属ではないために、救助活動の場面に投入されることはなかった。宝の持ち腐れと言ってもいい。こうした反省から、陸上自衛隊は部隊を一元的に指揮する中央司令部の創設を目指すことになった。

2「9・11」テロの衝撃

冷戦終結から10年。政治は日米安保体制を再定義し、同盟強化に向けた動きが緒に就いたばかりであった。他方、自衛隊は「新しい役割」探しに試行錯誤していた。まさに、そうした状況下で発生したのが２００１年９月11日の米同時多発テロ、いわゆる９・11テロ（ナイン・イレブン）だった。イスラム原理主義指導者のオサマ・ビンラーディン率いるテロ組織「アルカイダ」は、４機の米国内線旅客機をハイジャックした。そのうちの２機が米国経済のシンボルであるニューヨークの世界貿易センタービルに突っ込み、１機は米国の軍事力（パワー）を象徴する首都ワシントンの国防総省（ペンタゴン）に激突した。残りの１機は米国内の森林に墜落したが、民間機を兵器として利用するいう常軌を逸したテロ攻撃で、米市民ら約３千人が犠牲となり、邦人の犠牲者も24人に上った。米国にとって１９４１年12月の真珠湾攻撃に匹敵する出来事となった同時多発テロを境に、米国は国防政策を見直し、世界の安全保障環境は激変、テロとの戦いに臨む日本の姿勢も問われることになる。

「湾岸」の轍を踏むな

９・11テロが起きたのは日本時間の午後10時ごろだった。政府（小泉純一郎首相）は直ちに警察庁と防衛庁に対し、都内の米大使館など米国関連施設の警備強化を指示、12日未明には米国を悼む首相声明を発表、同日午前には安全保障会議を開催し、邦人の安否確認や国際緊急援助隊の派遣準備、国内にある米国関連施設の警備強化など６項目の政府対処方針を発表した。

小泉首相は同時多発テロに対し、「極めて卑劣かつ許しがたい暴挙であり、米国のみならず、民主主義社会に対する重大な挑戦であり、強い憤りを覚える」[20]と強く非難、13日夜には、ブッシュ米大統領と電話会談し、「テロと断固戦うとの大統領の姿勢を支持している。必要な援助と協力を惜しまない」[21]と発言、同盟国として米国を支える姿勢を表明した。だが、米国を支持するために日本が具体的に何をするのかまでは明確ではなかった。

まず首相官邸は13日、古川貞二郎《ふるかわていじろう》官房副長官を長とするテロ対応チームを発足させ、外務省や防衛庁の次官、局長クラスを集め、「日本として何をすべきか、政策論で考えよう。そのうえで憲法に照らして考えよう」[22]と指示したという。何でも初めに憲法ありきで、何をすべきかではなく、何ができるかを考える従来の日本型の発想とは逆のアプローチであり、テロ対応に臨む真剣さがうかがえる。だが、この状況に焦りを感じはじめていた組織があった。駐米日本大使館を中心とする外務省のグループだ。

その背景にあったのは、9・11テロ直後の政府の対応だった。英仏など欧米各国の首脳をはじめロシアのプーチン大統領までも、テロ直後にテレビカメラの前で厳しくテロを非難したにもかかわらず、小泉首相が肉声を発する場面（記者会見）は半日遅れで、しかも、ブッシュ米大統領との電話会談が実現したのも、英仏独やロシア、中国など北大西洋条約機構（NATO）加盟国と国連の常任理事国の首脳が優先され、日本は1日遅れだった。すでにブッシュ大統領は、テロを国連憲章51条の「武力攻撃」ととらえ、51条に基づく自衛権の発動を示唆、NATOも12日の理事会で、集団的自衛権発動の用意があることを明らかにしており、外務省にすれば、何をすべきかをこれから考える日本は、危機の時に頼りになる同盟国とはみなされないという焦りであった。その根本にあったのは、湾岸戦争のトラウマだった。

柳井俊二駐米大使は15日、知日派の代表格であり、米政権の対日政策に大きな影響力を持つリチャード・アーミテージ国務副長官と会談、その直後、ワシントン発としてメディアは、米側が「目に見える日本の参加を早く決め、日の丸を見せろ」（ショー・ザ・フラッグ）[23]と要請したと報じている。ショー・ザ・フラッグとは、旗幟《きし》を鮮明にせよとの強い表現で、柳井大使がその後の記者会見で、自衛隊が補給や輸送など米軍の後方支援で協力すべきだとの考えを示したが、強調したのは「米国の未曾有の国難のこの時こそ、信頼に足る同盟国として、米国とともにあるという証を示すことが求められている。日本人の顔が見える協力活動を、できるだけ早く表明することが期待されている」[24]という言葉だった。柳井大使が強調した「信頼に足る同盟国」、「顔が見える協力」、「できるだけ早く表明」という三つのキーワードこそ、国民に増税まで強いて１３０億ドルの資金を提供しながら、国際社会からは「カネだけ出して汗を流さない日本」と非難された湾岸戦争の二の舞だけはしたくないとの思いだった。そしてこのとき、自衛隊派遣の流れができあがった。

すでに米国は、テロの容疑者であるビンラーディンが潜伏し、アルカイダを支援するアフガニスタンのタリバン政権に対し、大規模な軍事作戦に踏み切るという恐怖感を与え続けており、開戦は秒読みとなったいた。ブッシュ大統領はこれを「New War」（新しい戦争）と名付け、アフガンをにらむアラビア海などインド洋には米空母など20隻余りの艦船が展開し、インド南端から約1500キロのインド洋に浮かぶ米軍基地のディエゴガルシア島には、B-52戦略爆撃機などが配備されるなど臨戦態勢に入っていた。

柳井・アーミテージ会談を受け、官邸のテロ対応チームは対米支援策の検討を急ぎ、政府は19日、自衛隊派遣を筆頭に掲げた7項目の支援策を発表した。その内容は、①安保理決議で「国際の平和及び安全に対する脅威」と認定された本件テロに対抗する米軍等に対し、医療、輸送、補給等の支援活動を実施する目的で、自衛隊を派遣するための所要の措置を早急に講じる、②わが国における米軍施設・区域及びわが国重要施設の警備をさらに強化するための所要の措置を早急に講じる、③情報収集のための自衛艦艇を速やかに派遣する――などで、活動の根拠法をどうするかが、次の焦点となった。

駐米大使館を中心とする外務省グループとともに、対米支援に積極的に取り組んでいたのが、自衛隊の中で海上作戦の司令塔となる海上幕僚監部（海幕）だった。当時、筆者が海幕を取材して感じたのは、二つの強い思いだった。その一つは、湾岸戦争が終結した後の機雷掃海活動で、海自が米海軍から受けた数々の恩義に報いたいとの気持ちだった。日本からペルシャ湾までの長い航海中、情報不足の海自掃海部隊に対し、米海軍は寄港地の状況や航海中の天気、さらには、イラク軍がペルシャ湾に敷設した機雷の位置や種類といった貴重な情報を惜しげもなく提供し、活動を支えてくれたからだ。そしてもう一つが、前章で詳述したように、1980年代後半から米国内で吹き荒れた対日批判の中で、米議会の強硬な反対を押し切って海自にイージス艦を供与してくれた米海軍と、それを後押ししてくれた元海軍士官で国防次官補（当時）だったアーミテージ氏への感謝だった。

ところが、この思いの強さが「海自の暴走」や「海幕の独走」という批判を招くことになる。テロから10日後の21日早朝、米空母「キティーホーク」が米海軍横須賀基地を出港、その後方から海上保安庁の巡視船艇などと一緒に、「しらね」と「あまぎり」という2隻の海自護衛艦が随伴していた。この場面をテレビで見た自民党幹部たちは、「海上自衛隊は何を勝手なことをやっているんだ」などと激怒したという。何も知らされていなかったというのが理由だった。これに対し、中谷元《なかたにげん》防衛庁長官は「二日前に防衛政策課長から官房長官秘書官に報告していた」[25]と反論した。しかし、福田康夫《ふくだやすお》官房長官の「少なくとも私の耳には入っていなかった」[26]という冷ややかな一言で、「暴走する海幕」というイメージが拡がった。

随伴とはいえ事実上の「護衛」を、なぜ海上自衛隊は行なったのか――。それは2000年

10月、イエメン沖で米イージス艦「コール」がテロ攻撃を受けて大破して以来、米海軍は極端にテロを恐れていたからだ。このため海幕は、防衛庁設置法にある「所掌事務の遂行に必要な調査及び研究を行なうこと」を名目に、米空母に随伴することを決め、防衛庁内で承諾を取り付け、官邸にも報告されていたはずだった。[27] 中谷長官が反論した通りであれば、官房長官秘書官に重要事項であることを念押ししなかった防衛庁の失策だ。しかも、海幕への批判はそれにとどまらず、7項目の支援策の3番目にあった「情報収集のための自衛艦艇の派遣」についても、当初検討されていた情報収集能力の高いイージス艦の派遣は、理由もあいまいなまま見送られてしまった。ただし、こうした国内のドタバタぶりとは裏腹に、東京湾の中を海自護衛艦が米空母に随伴する映像は、米CNNテレビで何度も放送され、皮肉にも、米国内では日本の協力を高く評価[28]していたという。

一方、自衛隊活動の根拠法についても、対米支援を急ぐ防衛庁は朝鮮半島有事を想定した「周辺事態法」を援用する案を提示、新規立法を主張する外務省と対立した。防衛庁の主張は、周辺事態法は「日米安保条約の効果的な運用に寄与すること」が目的であり、「政府は過去、周辺を地理的概念とは説明していない」というものだった。しかし、かつて小《お》渕《ぶち》恵《けい》三《ぞう》首相が99年1月の衆議院予算委員会で、周辺の地理的範囲について、「中東、インド洋、地球の裏側は考えられない[29]」と答弁していたことがネックとなり、新規立法案が採用された。ただし、新しい法案の中身は周辺事態法を下敷きにしたもので、約2週間後に政府は「テロ対策特別措置法」(30)案を閣議決定し、7項目支援策の2番目に掲げた米軍施設・区域と重要施設警備の強化を目的とした自衛隊法の改正案と同時に国会に提出した。だが、自衛隊法改正案も、自衛隊が米軍基地以外にどこを警備するのかで紛糾した。警察による警備では不十分な場合に限って自衛隊が警備するというのが改正案の趣旨だったが、自民党の幹部からは「日本の警察はそれほど軟弱ではない」、「官邸や国会を自衛隊が守るのは到底認められない」といった感情論に近い意見(31)が飛び出し、結局、改正しても自衛隊が警備できるのは、在日米軍の施設・区域だけとなった。海幕の暴走批判を含め、一部の政治家の自衛隊嫌いが浮き彫りとなった。

それでも両法案は10月29日に可決成立し、テロ特措法は11月2日に公布された。安全保障関連の重要法案としては、審議時間は62時間という短さだった。周辺事態法を下敷きにしたことで論点が出そろっていたこともあるが、国民の意識の変化が、政党行動に直結した。読売新聞社が9・11テロから約1カ月後に実施した世論調査(32)で、83%の国民が、米軍などが軍事行動を開始したことについて、「当然だ」、「やむを得ない」と支持・容認したほか、日本が行なうべき協力についても、「難民への支援」の63%を筆頭に、「米軍などへの医療・輸送・補給などの後方支援」が57%と上位を占めた。こうした国民世論を背景に、野党第一党になった民主党は法整備の必要性を認め、党利党略には走らなかった。

米国さえ予想しえなかったテロリスト集団による「新しい戦争」は、冷戦後の我が国の安全保障政策の想定を大きく超え、そして、国民の間にも大きな意識の変化をもたらしたと言えるだろう。まさに9・11テロの衝撃である。

戦地への自衛隊派遣

自衛隊派遣を中心とする「テロとの戦い」への日本の支援策は、2001年11月9日、「くらま」など3隻の海上自衛隊護衛艦の出港にはじまった。すでに、米英軍などは10月8日からアフガニスタンへの空爆を開始、海上自衛隊は米英海軍艦艇の活動状況に加え、太平洋からインド洋に至る商船航路帯に対するテロ攻撃の危険性などを調査、12月2日からはテロ対策特別措置法に基づき、米英など多国籍海軍艦船に対するインド洋上での燃料補給活動に移行した。その後、米英軍の圧倒的な軍事力の前にアフガニスタンのタリバン政権は崩壊、テロとの戦いの目標は、アフガンやその周辺国に潜伏、移動するテロ組織アルカイダの残存兵掃討作戦に切り替わった。アラビア海などインド洋では、多国籍海軍が小型ボートなどを使って逃亡するアルカイダ兵士の摘発を進めるほか、テロ組織に物資を送り込もうとするのを防ぐための船舶検査などが実施され、これらの艦船に対する海自の燃料給油活動は、開始から10カ月間で、海自の年間消費量に匹敵する21万キロリットルに達した。

インド洋で続けられた燃料給油活動（筆者撮影）

テロとの戦いを主導する米国は2002年1月、ブッシュ大統領が施政方針を示す一般教書演説[33]を行ない、①アフガンでの軍事作戦は成功したが、テロリストは世界中に拡散し、テロとの戦いははじまったばかり、②大量破壊兵器を開発、獲得を目指すイラクと北朝鮮、イランの3カ国を「悪の枢軸」と名指しし、世界平和を脅威にさらしている——などと主張、「悪の枢軸」もテロとの戦いの対象であることを明らかにした。その中でも、湾岸戦争以降、核物質などの保有について国連からの査察要求を拒否しているイラクを念頭に置いていることは明らかであり、直後に初来日したブッシュ大統領は小泉首相との首脳会談で、大量破壊兵器を拡散するテロ支援国家について、「我々はすべての選択肢を排除していない」と述べ、イラクに対する武力行使の可能性を示唆した。小泉首相も「テロとの戦いは短いものではない。米国を支援していきたい」[34]と応じるなど米国への協力姿勢を強調、国内においては、新たな支援策と根拠法の検討が次の焦点として浮上した。

テロ対策特措法は、アフガンやその周辺で展開されている米軍などによるテロとの戦いを支援するための法律であり、イラクと9・11テロを結び付ける直接的な証拠がない以上、米国が大量破壊兵器問題を理由に開戦に踏み切っても、同法を根拠に日本が米国を支援することはできないからだ。その後、国連安全保障理事会は2002年11月、イラクに対して保有する核や生物、化学といった大量破壊兵器の武装解除を求めた決議（1441号）[35]を全会一致で採択、開戦は秒読みとなった。

米東部時間の03年3月19日、「衝撃と恐怖」（Shock and Horror）作戦と名付けられた米英軍による大規模な空爆によって「イラクの自由作戦」が開始された。イラクのフセイン大統領とその一族が居住する宮殿などを40発の巡航ミサイル・トマホークで直接攻撃し、その後の攻撃は、現地協力者らの情報に基づき、首都バグダッドの政権中枢機能やイラク軍の指揮通信施設などに集中した。イラクの軍と政府とを結ぶ指揮系統はずたずたに切り裂かれ、開戦からわずか3週間でバグダッドは陥落し、フセイン政権は終焉した。その攻撃手法について元陸上自衛隊東北方面総監の長谷川重孝《はせがわしげたか》氏は、「フセイン政権の指導部は命令も下せず、第一線の部隊からは戦況さえも報告が上がっていなかったのではないか」(36)と語った。精密誘導兵器をフル活用し、ピンポイントで軍の指揮系統を集中的に攻撃するという衝撃と恐怖作戦は、軍隊同士が互いに対峙し、殲滅戦を行なうというこれまでの戦争観を一変させた。同時に、自軍(米英軍)の死傷者を減らすという成果も生んだ。

戦争はあっけなく終わったが、日本はこれから正念場を迎えることになる。欧米各国に比べ遅れをとった9・11テロ後の対応とは一変、米国のイラク攻撃から約1時間後、小泉首相は記者会見し、「米国の武力攻撃開始を理解し支持する」(37)と語り、また、同じ日の衆参両院本会議においても、ミサイル発射が懸念され、緊迫の度を増す北朝鮮情勢を踏まえ、「米国はかけがえのない同盟国であり、わが国の平和と安全を守るために貴重な抑止力を提供している。米国が国際社会の大義に従って大きな犠牲を払おうとしている時、可能な限りの支援を行なうことは、わが国の責務であり、当然のことだ」(38)と述べ、イラク戦争を支持することへの国民の理解を求めた。さらに、ブッシュ大統領の勝利宣言(5月1日)後に訪米した小泉首相は、首脳会談で「イラク復興支援への自衛隊派遣は、できることをよく検討したい」(39)と述べ、米国が期待するイラク国内への自衛隊派遣へと舵を切った。

政府は水面下で米英両政府に働きかけた結果、国連安保理は5月22日、イラクに対する経済制裁を解除するとともに、国連加盟国に対し、イラクの安定や人道支援を求める決議（1483号）を採択、政府はこの決議を根拠に、6月13日、「イラクにおける人道復興支援活動及び安全確保支援活動の実施に関する特別措置法（イラク特措法）案」を閣議決定、24日から国会審議が始まった。先の「テロ対策特措法」が、9・11テロを国際社会への脅威と位置づけ、日本を含むすべての国連加盟国にテロと戦うように要請した国連決議に依拠して策定されたように、ここでも前例のない海外での自衛隊による軍事的活動の根拠としたのは「国連」という名のお墨付きだった。しかし、戦争は終わったとはいえ、イラク軍の残存兵らによって各所で戦闘が続いているイラクに自衛隊を派遣することは、米国の軍事戦略に巻き込まれるという危惧や、武力の行使を禁じた憲法との整合性、ブッシュ政権の強引な外交姿勢に対する反発、さらには、大量破壊兵器の有無をめぐってイラク戦争そのものが間違っていたのではないかという戦争の正当性への疑義《ぎぎ》が噴き出し、国論は分裂した。法案は1カ月後の7月26日に賛成多数で可決するが、国会審議を混乱させた原因は、法案の成立を急ぐために「武力の行使」を禁じた憲法9条をめぐる論議を避けようと、イラクを「戦闘地域」と「非戦闘地域」に分けたことだった。

政府はかつて、「周辺事態法」の対米協力地域をめぐって、自衛隊の活動地域を「前方」と「後方」に分ける愚を犯し、先に海自と米海軍との共同行動を事例として引用したように、現実離れした内容の法律を成立させている。当時イラクでは、自爆テロが頻発し、イラク軍の残存勢力は武装解除していなかった。主要都市を中心に治安維持に当たる米英軍兵士への襲撃は一向に衰えず、銃声は至る所で鳴り響いていた。もちろん政府も二つの地域を地図で示すことができないことはわかっていた。しかし、自衛隊の派遣先は「非戦闘地域」であり、そこでは武力の行使はあり得ないと説明すれば国民の理解は得られると安易に判断していた。しかし、悪化する現地の治安情勢がそれを許さなかった。国会では「非戦闘地域はどこだ」との答えのない議論が続いた。それでも米大統領との信頼関係を構築した小泉首相の支持率[40]は高く、世論の支持を背景に法案は成立した。防衛庁は8月、成立したイラク特措法の内容を米国に説明したが、主要な戦闘終了後も犠牲者が相次いでいる米国に、「非戦闘地域」という概念を理解させることはできなかった。

憲法9条が「永久に放棄する」とした「国権の発動たる戦争」や「武力による威嚇、武力の行使」とは、かつて日本が行なった昭和の戦争を指すのではないだろうか。であるならば、イラクへの派遣やPKOのように国際社会が協力して平和を構築しようとする活動に、憲法9条を当てはめるべきではない。本来、国会で議論すべきは、石油の大半を中東に依存する日本にとって、この地域の安定は戦略的に極めて重要であるという前提に立って、日本が国際社会と一緒になってイラクの復興に協力することを確認することであり、そのために自衛隊の能力を生かして何をするべきなのか——などであったはずだ。結局、空疎な議論を繰り返した挙げ句、憲法解釈をめぐる混乱を抱えたまま、航空自衛隊はイラクの空を飛び、陸上自衛隊はイラクの人々に対する人道復興支援活動に取り組むことになる。

筆者は当時、「危ないところに自衛隊を出すのか」という派遣を反対する立場の主張について、首相補佐官を務めていた岡本行夫《おかもとゆきお》氏と、元国連事務次長の明石康氏にインタビュー取材[41]した。岡本氏は「日本人の命だけは地球よりも尊いから、危ない場所での活動はよその国にやらせておけということなのか。日本はその果実だけ頂きますでは、湾岸戦争の時と同じだ」と反論、明石氏も「どこの国でも安全を重視する。しかし、日本は米国に擁護され、ぬくぬくとした中にいるため、平和を自分の力で勝ち取らなければいけないという厳しさに欠けている」と指摘している。

派遣の大義をめぐって

「テロとの戦い」に〝参戦〟した自衛隊は、２００１年12月～10年2月まで、海上自衛隊が「不朽の自由作戦における海上阻止行動」に参加する多国籍海軍に対し、インド洋上での燃料給油活動を続け、海自の派遣艦艇は延べ73隻に上り、艦船用の燃料だけでも約52万キロリットルに達した。不朽の自由作戦には04年7月から、イスラム教国のパキスタン海軍も警戒監視に加わった。パキスタンが、国内で根強い反米感情を超えてイスラム過激派組織との戦いに名乗りを上げた背景は、「日本の支援がある」（駐日パキスタン大使館）だった。

一方、陸上自衛隊は04年1月～06年7月まで、イラク南部のサマワで人道復興支援活動に当たった。医療や給水支援、学校などの公共施設の復旧整備などに約6千人の隊員が3カ月から6カ月交代で派遣された。政府は安全な「非戦闘地域」であるとして部隊を派遣したが、砲弾爆発や迫撃砲弾の着弾など宿営地への攻撃は13回を数えた。幸い、隊員が引き金を引くことも、負傷することもなかったが、それは、陸自がイラクの人々の生活に必要なサービスを提供し、柔道や空手、折り紙を教えるなどして交流を続けたからでもある。

しかし、イラク国内では戦闘や自爆テロが相次ぎ、治安の回復や戦後の復興を実感できない人々の不満や怒りは自衛隊の活動にも影を落とした。その一つは05年6月、陸上自衛隊の車両がサマワの幹線道路を通過中、道路わきに設置された仕掛け爆弾が爆発、車1台を破損する被害を受けたことだった。爆弾に用いられた火薬量と殺傷力を高める金属片は少なく、自衛隊への「脅し」だった可能性が高いが、それ以上に部隊が深刻に受け止めたのは、それまで宿営地などへの攻撃は深夜から明け方に集中していたが、仕掛け爆弾は日中に起きたからだった。日中と夜間の違いについて、自衛隊幹部は「爆弾を仕掛け、迫撃砲などで攻撃しようとすれば、準備に時間がかかる。夜間に攻撃するのは、昼間はサマワ市民の目が光っていたからだ。ところが日中に起きたことは、衆人環視の中で自衛隊への敵対行動が可能になったということ」[42]と説明した。実際、その攻撃から10日後には、宿営地の内外に5発の砲弾が着弾、初めてネット上に武装勢力が犯行声明を出したほか、同年12月には、額賀福志郎《ぬかがふくしろう》防衛庁長官の現地視察にあわせて、陸自部隊の軽装甲機動車がデモ隊に取り囲まれ、投石などによって破損する事態にも直面していた。

危険で過酷な任務の連続だったのは航空自衛隊も同じで、C-130の輸送機部隊は、イラクの隣国クウェートを拠点に03年12月~09年2月まで、治安維持を担う米英などの多国籍軍を後方支援した。活動実績を記せば、派遣隊員は延べ2799人で任務運航821回、輸送人員4万6479人、輸送物資673トンだが、イラクの首都バグダッド空港では旧ソ連製の肩撃ち式対空ミサイルによる多国籍軍の輸送機などを狙った攻撃などが相次いでおり、空自部隊は派遣に際し、硫黄島（東京都）の訓練空域を使って、ミサイルを想定した回避戦技の訓練を積み、不時着した場合に備え、衛星無線機を使って米軍に救援を要請する方法なども習得した。

陸自がサマワで活動していた間は、空自の任務は、クウェート―サマワ間の物資輸送が大半で、比較的安全だったが、陸自が撤収し、米英軍が武装勢力の掃討作戦を本格化させた07年以降、任務の多くがクウェート―バグダッド間の輸送に変更され、危険と隣り合わせの状況に陥った。そのとき何が起きていたのか――。当時の筆者の取材メモ[43]から再現する。

「たった今、機長から連絡が入り、バグダッド空港がロケット弾で攻撃されています。着陸の判断を」――07年夏、イラク輸送活動を指揮する空自航空支援集団司令部（東京都府中市）の電話が鳴った。クウェートの現地部隊司令からで、バグダッド空港の上空では、米軍の管制官の指示で空自機など5機の軍用機が上下200メートルの間隔で、旋回し続けているという。危険だからと言って空自機だけが引き返せば、旋回を続ける他国軍機と空中衝突する危険すらある。支援集団司令官の織田邦男空将（当時）は即座に、「機長に任せろ。責任は俺がとる」と命じて電話を切った。

空自のC－130輸送機には、派遣に合わせてミサイルを感知するセンサーが取り付けられ、作動すると警報が鳴り、熱源に向かって飛翔してくるミサイルを誤誘導させるためのフレアと呼ばれる火炎弾が撃ち出される。「警報音には何度もドキッとさせられた」と、イラクの空を飛んだ機長らは口々にそう明かす。特にバグダッド空港に着陸する前の15分間は地対空ミサイルの射程圏内を飛行中で、「警報音が鳴れば機体を大きく左右に切り返した。斜め前方を白煙の渦を巻いてミサイルが飛んで行ったことも一度や二度ではない」と打ち明ける。

1時間後、支援集団司令部に「無事着陸」の報が届いた。現地部隊は多国籍空軍司令部の要請で、米兵や食糧などの支援物資の輸送を担い、常に「戦場」の上を飛ぶ。だが、この活動を受け入れるにあたっては、現地部隊には動揺と反発が拡がったという。

「我々は（サマワで行なわれている）陸上自衛隊の活動を通じて、イラク国民の復興を手伝うことができると思ってきた。しかし、新たな任務は全く違う」――陸自がサマワから撤収した06年7月、任務が変更され、米軍などの多国籍軍への後方支援を求められた空自現地部隊の司令（1佐）はそう振り返った。若い隊員の間には「何のために我々は危険を冒すのか」という動揺が拡がり、織田空将は直ちに東京から現地に飛んだ。現地の部下たちから突き付けられた言葉は「話が違う」だった。階級がすべての自衛隊において、命令は絶対だが、いきなりバグダッドの空を飛べと命じられた現場が納得できる大義を示さなければ、活動は持たない――。

そう判断した織田空将は全隊員をクウェート司令部内の体育館に集めた。

「日本は独力で国を守ることができない。米国をしっかりと握っておくこと必要がある。米国が困っている時に支えてこそ同盟だ。そうした連帯感がなければ、同盟はただの紙切れに過ぎない。お前たちの汗が（中国から）尖閣を守り、（北朝鮮から）日本海を守っているのだ。よろしく頼む」

直前には、北朝鮮が弾道ミサイル7発を日本海に向けて連射するといった暴挙を企てていた。しかも中国の東シナ海での活動も活発化していた。頭を下げる織田空将の耳に、「それなら仕方がない」という言葉が聞こえてきたという。イラクでの任務は4カ月交代だが、C-130を運用する部隊は愛知県小牧市の第1輸送航空隊しかない。1人で4回も5回も派遣された隊員は多く、親の最期を看取ることができなかった隊員は16人を数える。

ところが08年4月、名古屋高裁は判決の主文とは無関係の傍論（裁判官の個人的意見）で、イラクで行なわれている空自の輸送活動は違憲だというコメントを付け加えた。それは、「バグダッドはイラク特措法にいう『戦闘地域』に当たる」と判断し、戦闘地域に多国籍軍の武装兵員や物資を輸送する空自の活動は、憲法上許されない「他国による武力行使と一体化した行動」であるという内容だった。さらに野党第一党の民主党も、イラク活動を即時廃止する法案を提出した。このため、第1輸送航空隊のある小牧基地の周囲では派遣反対のデモが何度も行なわれ、隊員官舎の郵便受けには、「違憲」や「派遣反対」と書かれたビラが投げ込まれた。「国民から支持されないような活動は続けられない」と言い残して、部隊を去っていった若者も少なくなかった。

武力行使との一体化をめぐって、政府は「周辺事態法」や「テロ対策特措法」、「イラク特措法」などの法案審議の中で、自衛隊の活動場所を「前方」と「後方」、「戦闘地域」と「非戦闘地域」に区分けし、「後方」や「非戦闘地域」であれば、憲法が禁じる武力行使との一体化には抵触しないという説明を続けている。だが、ミサイルなど武器の射程が飛躍的に伸びた時代にあって、この線引きが極めてあいまいなことは何度も指摘されてきた。当初から説明は破綻していると言っていい。しかも、国連安保理決議に基づく国際協力活動であっても、多国籍軍や国連平和維持軍（ＰＫＦ）と対立する勢力から見れば、自衛隊の活動場所がどこであろうと、物資や兵員を輸送する活動は、敵対行為とみなされる可能性は高い。名古屋高裁の裁判官のコメントは、政府の説明のあいまいさを逆手に取った内容だった。

イラク活動を終えるに際し、織田空将は次のように締めくくっている。「非戦闘地域であっても決して安全ではない。危険だからこそ自衛隊が派遣されるということを、政府は逃げずに説明してほしい。それなくして国民の支持と理解は得られない」(44)――。そもそも憲法は、国際社会の平和と安定のために、自衛隊を海外に派遣するなどということを想定した内容にはなっていない。海外における武器の使用や武力の行使との一体化について、憲法解釈の変更を避けた堂々巡りの議論は、ピリオドが打たれなければならない。

３　核とミサイル――決断は１分

核とミサイルの開発で幕を開けた北朝鮮の核危機。能登半島沖の日本海に着弾させた１９９３年の弾道ミサイル「ノドン」（射程約１３００キロ）に続き、１９９８年には「テポドン

1」（同1700キロ）を試射、ミサイルは日本列島を飛び越え、三陸沖の太平洋に到達したことで、脅威は「危険水域」に達していた。すでに、北朝鮮は日本の大部分を射程に入れたノドンミサイルを200基前後保有、配備しているとされ、しかも2002年には、核開発の凍結を約束した94年の米朝合意を破棄し、ミサイル発射の凍結を受け入れた99年の米朝合意の破棄も時間の問題とされていた。ソ連の崩壊で経済的な後ろ盾を失った北朝鮮にとって、ミサイル開発の継続は外貨獲得の有力な手段であると同時に、核とミサイル戦力を高め、政治的な危機を煽ることでしか、米国に対する発言力を高める手立てはない。核とミサイルの開発について、「国の自主権に属する問題。他国に是非を問う権利はない」などと居直る迷惑な隣国である北朝鮮に対抗するには、米軍の抑止力に依存するだけでなく、日本自らが実効性のある防衛力を整備しておくことが、決定的に重要となっていた。

北朝鮮ミサイル連射と核実験

米東部時間の2006年7月4日。北朝鮮が米国の独立記念日を狙って強行した弾道ミサイルの発射実験は、日米のミサイル防衛体制の盲点を浮き彫りにすると同時に、北朝鮮の能力の高さも証明して見せた。筆者の手元にある「BMD対応の態勢（18・7・5）」などの防衛庁資料に基づいて、「ミサイル発射のその時」を再現する（時程は日本時間）。

２００６年５月10日、北朝鮮北東部にあるミサイル実験場の舞水端里で、大型トレーラーに搭載された深緑色の弾道ミサイル「テポドン２」が確認された。以後、日米は協同して監視体制を強化、北朝鮮が弾頭に搭載する精密機器の性能試験を実施していることをキャッチしたほか、６月中旬にはミサイルが発射台に立てられ、液体燃料の注入もはじまった。そして７月４日朝からは、ロシア沿岸部の日本海に船舶の立ち入り制限海域が設定され、北朝鮮が自国の船舶に対して航行注意を呼びかけていることが判明した。

７月５日未明。秋田県沖の日本海には、海上自衛隊のイージス艦「こんごう」とヘリ搭載護衛艦の「うみぎり」、米海軍第７艦隊のイージス艦「フィッツ・ジェラルド」と「カーティス・ウィルバー」、さらに、船体中央に大きな丸いレーダードームを備えたミサイル観測艦「オブザベーション・アイランド」の計５隻が展開していた。上空では、コブラボールと呼ばれる米空軍のミサイル発射監視機RC-１３５Sと海自の電子偵察機EP-３が、北朝鮮から発せられる電波などの信号情報を収集していた。また、弾道ミサイルが日本列島を飛び越えた場合に備え、宮城県沖の太平洋上には、日米２隻のイージス艦も配備されていた。さらに、青森県や千葉県、京都府などにある自衛隊と米軍のレーダー施設も準備を進めており、北朝鮮が弾道ミサイルを発射すると同時に、イージス艦などの高性能レーダーが、一斉にミサイルの航跡を追尾する手はずが整っていた。

ところが、最初にミサイル発射時の熱を赤外線センサーで探知する米軍の早期警戒衛星がとらえたのは、舞水端里ではなく北朝鮮南西部の旗対嶺《キッテリョン》付近だった。5日午前3時32分に発射された弾道ミサイルは北東方向に約500キロ飛翔し、6分後、ロシアと北朝鮮の国境付近の日本海に着弾した。不意を突かれた形となった日米の監視体制は、航跡を突き止めるのに時間を費やした。約30分後の午前4時4分、同じ旗対嶺付近から2発目のミサイルが発射された。1発目より大きな弧を描いて飛翔するミサイルを、こんごうのレーダーは3分後の4時7分に探知、しかし、艦のはるか前方を左から右方向に横切るように飛翔する航跡は追尾が難しく、40秒で失探《ロスト》、20秒後に再探知したものの直後に見失ってしまった。その後、このミサイルはノドンと推定され、約860キロ飛翔して、ロシア沿岸部の公海上に着弾したと発表された。

発射情報は、防衛庁A棟地下3階の中央指揮所に集められたが、その大半は米軍が解析したミサイルのデータで、コンピューター画面には、航跡を示す矢印と落下予想地点がバツ印で表示されていた。午前4時59分、3発目となるミサイルが舞水端里から発射された。こんごうのレーダーはミサイルの航跡を探知できなかったが、米軍の情報で、ミサイルは発射から42秒後に失速、落下したと推定された。偵察衛星の画像によって、舞水端里の発射台からミサイルの姿が消えており、発射されたのは、最大射程約6千キロとされ、米アラスカ州まで到達可能とされたテポドン2だった。

この日、北朝鮮は午前8時過ぎまでに6発の弾道ミサイルを発射、さらに午後5時22分にも7発目となるミサイルを発射させた。発射場所はテポドン2以外の6発は、いずれも旗対嶺付近で、短中距離弾道ミサイルのノドン（射程1300キロ）やスカッドC（同600キロ）などとみられるが、そのすべてが大型トレーラーを改造した移動式の発射台から発射されていたことが偵察衛星などの画像情報で判明した。


北朝鮮が1998年8月に実施したテポドン1の試射を境に、政府は弾道ミサイル防衛体制の構築に本腰を入れることとなった。同年12月には安全保障会議と閣議で、日米がイージス艦のミサイルで迎撃する「海上配備型上層防衛システム」に関する共同技術研究を開始することを決定、99年度の政府予算案に、迎撃ミサイルの弾頭強化などの研究費として約9億6200万円が盛り込まれた。(45) その後は、米国が弾道ミサイル防衛（BMD＝Ballistic Missile Defense）システムの配備を決定したことを受け、政府は2003年12月にBMDシステムの導入を決定、05年12月には、それまで共同技術研究のレベルだった日米の連携について、実際に迎撃ミサイルを製造する共同開発の段階に移行することを決めていた。

これにより日本のBMDシステムは、飛来する弾道ミサイルを、海上のイージス艦が発射する迎撃ミサイル（SM－3）が、ミッドコースと呼ばれる大気圏外で、さらに地上に配備する迎撃ミサイル（PAC－3）が、ターミナルと呼ばれる落下前に、それぞれ迎撃する多層的なシステムを採用することとなった。07年度から4隻のイージス艦は順次BMD対応艦に改修され、PAC－3も07年度から首都圏に置かれた高射群から配備されることになった。

7発のミサイルを連続発射させた翌日の6日に開かれた衆議院安全保障委員会で、額賀福志郎防衛庁長官は「監視体制は努力しているが、迎撃体制では今、国民を守る術を持っているわけではない」と語ったが、北朝鮮のミサイル連続発射に際し、この時点で日米にできることは、ミサイルの航跡をレーダーで追尾することだけで、迎撃システムは配備前だった。

ただし、航跡の追尾や発射の兆候をつかむことに関しても課題は多かった。その一つは、何度も追尾に失敗したことだ。イージスレーダーは、焦点を1点に絞れば、数百キロまでの距離まで捕捉することが可能だが、それは自艦に向かってミサイルが飛翔してくるようなケースだけ。今回、旗対嶺付近から発射されたミサイルはいずれも、自艦の前方を横切るように飛翔していたため、レーダーを1点に絞ることができず、満足に探知することはできなかった。仮に北朝鮮が、沖縄や北海道など日本列島の南北を狙った場合には、イージス艦を事前に配置する場所が重要となるだろう。二つ目は、旗対嶺付近からの発射を事前に想定していなかったように、ミサイルが移動式の発射台から撃たれれば、事前に前兆をつかむことは難しく、しかも発射後に移動されてしまえば、発射基地を攻撃することも困難だ。

それにも増して深刻なのは、北朝鮮のミサイル技術が向上していることだった。テポドン2の発射は失敗したが、射程の異なるノドンやスカッドなど6発のミサイルすべてが、事前に北朝鮮が設定していた航行禁止海域に落下し、その後の日米の検証で、着弾地点は30キロ四方の範囲に集中していた。日米で北朝鮮のミサイル能力を分析してきた防衛庁は「日本を射程に収めるノドンとスカッドの命中精度は高く、実戦配備の段階にあることが実証された」[46]と発表した。今回の連射で北朝鮮は、韓国にはスカッド、次にノドンで日本を狙い、最後にテポドン2で米国を攻撃するというシナリオに基づいて訓練した可能性がある。北朝鮮が弾道ミサイルを移動式の発射台から日本を狙って発射した場合、果たして日米のＢＭＤシステムで迎撃することは可能なのだろうか。

ミサイル連続発射から3カ月後の10月9日、北朝鮮の朝鮮中央通信は「すべての人民が強盛大国の建設で一大飛躍を想像している。わが国の科学研究部門は２００６年10月9日、地下核実験を安全かつ成功裏に行なった」[47]と発表、北朝鮮の朴吉淵《パクキルヨン》国連大使は「米国に対する核抑止力の強化が目的」[48]と主張、国連安保理などによる制裁についても「我々は恐れない」と強調した。第1次北朝鮮核危機から12年、国際社会は北朝鮮の核開発を止めることができなかった。

核実験の直後、訪韓中の安倍晋三首相は「北朝鮮の核兵器保有は北東アジア地域の安全保障環境を大きく変容させる。我々はより危険な新しい核の時代に入る」(49)と、国内外の記者に向かって、北朝鮮の核実験がもたらす危機の深刻さを世界に訴えた。北朝鮮はすでに、日本全土を射程に収める弾道ミサイルを多数保有しており、日本にとって〈北朝鮮による核ミサイル攻撃〉は、もはや仮定の話ではなくなった。

容易ではない敵基地攻撃

「北朝鮮が瀬戸際外交をエスカレートさせ、使用済み核燃料棒の再処理など核兵器の製造や保有への動きに出れば、米国は日本海に空母やイージス艦などを展開、青森・三沢基地やグアム島などに配備している戦闘爆撃機を増強して武力で威嚇する。同時に、北朝鮮の外貨獲得の柱になっているミサイル輸出を封じ込めるため、国連安保理に経済制裁の決議を提出。採択を待って北朝鮮関連船舶に対し強制力を伴う臨検を実施。北朝鮮に軟化の兆しが見えなければ、米軍が核施設や弾道ミサイル発射基地を限定攻撃する」(50)

これは2002年12月、ワシントンで開かれた外務・防衛担当閣僚による日米安保協議委員会(通称2プラス2)で議論するため、政府が作成した内部文書の一部だ。表題は「北朝鮮に対して確固たる態度で臨むにあたっての基礎」とされ、朝鮮半島有事を想定した内容だった。万が一、想定したような事態になれば、日本はまず「周辺事態法」に基づいて周辺事態を宣言し、米軍に対する後方支援を実施する。具体的には、民間空港や港湾の使用、空軍機や艦船に対する燃料補給などだが、日本は米軍の発進基地となるため、北朝鮮は米軍の攻撃に対する報復として、日本に対して弾道ミサイルのノドン（射程1300キロ）や、スカッドC（同700キロ）を発射することが確実視される。もちろん、北朝鮮がミサイル発射を準備した段階で、政府は自衛隊に「防衛出動」や待機を命じることになるだろう。しかし当時、弾道ミサイルに対し、有効な対処手段を持たない日本は、米国が保有する巡航ミサイルなどの各種爆撃能力に依存するしかなく、ワシントンの会議では、米軍が「矛」、自衛隊が「盾」という日米同盟の役割が確認されたという。

しかし、その半年後の03年6月、超党派でつくる「新世紀の安全保障体制を確立する若手議員の会」（当時の代表世話人は武見敬三《たけみけいぞう》氏）は、「専守防衛の考え方を再構築し、日本に対する攻撃が切迫している場合には、必要最小限の相手基地攻撃能力を保有する」という緊急声明を発表した。国際的な常識やルールが通用しない北朝鮮に対し、米軍の抑止力がどこまで働くか、不透明感がぬぐえないからだ。そして、その万が一を想定した日米共同指揮所演習（キーン・エッジ）が04年2月、自衛隊と米軍約2400人が参加し、次のようなシナリオで防衛庁と在日米軍司令部（東京都福生市）などで行なわれた。

〈北朝鮮が日本に多数のノドンミサイルを発射した。自衛隊と在日米軍はミサイル防衛システ

ムで迎撃したが、東京など主要都市に一部のノドンが着弾。自衛隊は防衛出動し、米軍は北朝鮮に反撃を開始した〉

演習は実際の部隊を動かさないコンピューターを使った図上演習だが、日米の共同訓練で、ノドンが着弾するシナリオは初めてだった。それだけ日米両国が北朝鮮の弾道ミサイルを深刻な脅威と受け止め、その対策に本気で取り組もうとする表れでもあるが、シナリオの段階でも迎撃成功率は100%ではない。さらに、北朝鮮が初の核実験を強行した直後の07年1月に行なわれた日米共同指揮所演習でも、北朝鮮のミサイル攻撃が想定され、北朝鮮は数日間で150発の弾道ミサイルを発射、そのうち約1割が迎撃できずに着弾、日本国内の被害は瞬く間に拡大するといった状況だった。

実際、弾道ミサイル攻撃を受けた場合の被害とはどれほどなのだろうか。軍事専門家の推定によると、ノドンの弾頭に搭載できる爆薬量を1トンとすれば、高性能火薬を搭載した通常弾頭1発の威力は、ビルや橋を半壊させる程度で、犠牲者は最大100人前後と見積もられるという。だが、弾頭に搭載可能な核爆弾が開発できれば、犠牲者は一気に10万人超まで跳ね上がると指摘する。(51) こうしたミサイル攻撃による甚大な被害といった新たな脅威の出現によって、わが国の防衛政策の基本である「専守防衛」(52) 原則を継続しながらも、ミサイル発射の兆候があった段階で、いかなる防衛行動ができるのかといった議論が行なわれるようになった。いわゆる「敵基地攻撃能力」を持つか持たないかの議論である。

この議論をめぐっては、半世紀以上前の1956年2月、衆院外務委員会で船田中《ふなだなか》防衛庁長官が鳩山一郎首相の答弁を代読して「誘導弾等による攻撃が行なわれた場合、座して自滅を待つべしというのが、憲法の趣旨とは考えられない。他に手段がないと認められる限り、誘導弾等の基地をたたくことは自衛の範囲に含まれ、可能である」(53)と述べている。つまり「法理的には可能だが、その能力がない」というのが日本の現実だった。

議論の先鞭《せんべん》をつけたのが、防衛庁防衛研究所が2004年12月にまとめた「大量破壊兵器を搭載した弾道ミサイルの脅威下における専守防衛のあり方」と題した報告書だ。当時の石破茂《いしばしげる》防衛庁長官の指示で極秘に検討したもので、報告書は、弾道ミサイル・ノドンの移動式発射装置を攻撃目標に想定し、「トマホークなど巡航ミサイル」と「戦闘機による空爆」の2種類の攻撃方法を比較検討した。その結果、時速20キロ程度で移動するミサイル発射装置の攻撃には、①発射後の目標変更に制約のある巡航ミサイルでは困難、②パイロット自らが攻撃目標を確認できる戦闘機による精密誘導弾が有効——と分析した。報告書の作成に携わった関係者は筆者の取材に対し、「大量破壊兵器や弾道ミサイルが日本の脅威となった以上、敵基地攻撃の具体的な選択肢を検討するのは当然だ」と語っている。この報告書は、半世紀以上も積み残してきた問題を、政府機関が本格的に検討した点で画期的だが、実際に日本が敵基地を攻撃することは可能なのだろうか。

現職の幹部自衛官やOBらで組織する陸戦学会戦史部が、公刊資料などを基に99年に編集した『湾岸戦争』（非売品）や、防衛省が作成した資料に基づき、イラクが多数の弾道ミサイルをイスラエルやサウジアラビアに発射した湾岸戦争で検証してみる。

当時米軍は、イラクが発射する弾道ミサイル・スカッド（射程約500キロ）の発射基地を破壊するため、ミサイルの発射熱を感知する早期警戒衛星と、15センチ四方の物体を判別できる画像偵察衛星などでイラクを監視していた。しかし、スカッドは大型トレーラーを改造した移動式の発射台に搭載されており、衛星で探知してから巡航ミサイルや航空機で爆撃しても、発射台は別の場所に移動した後で効果は上がらなかった。窮地を救ったのは、イラク国内に潜入し、移動する発射台を発見すると同時にレーザーを照射、米軍が放つ精密兵器を発射台に誘導した英軍の特殊部隊だったという。(54)

これを北朝鮮の状況に当てはめてみる。日本を標的とする弾道ミサイル・ノドンは、発射する際は大型トレーラーを改造した移動式の発射台に搭載され、残りは強固な岩盤をくりぬいた半地下式の掩体やトンネル内に貯蔵、保管されているとされる。移動する発射機を攻撃する難しさは湾岸戦争で証明されており、岩盤を破壊するにはバンカーバスターと呼ばれるような強力な地中貫通爆弾が必要となる。しかも、目標をピンポイントで破壊するには、特殊部隊の潜入も考えなければならない。難題ばかりであり、とても日本が自前で敵基地攻撃力を持つことは難しいだろう。

こうした現実を踏まえれば、日本が攻撃を受けた時点で、米国が集団的自衛権に基づいて必ず報復攻撃することを確認すると同時に、米国の報復攻撃を前提とした日米の共同作戦計画を策定することが重要だ。そして、その過程において、攻撃力を米軍に100%頼るのではなく、状況によっては、一部の攻撃力を自衛隊が補完するなどして同盟の連帯感と信頼性を高めることが、敵基地攻撃力の保有について日本が取り得る手立てではないだろうか。

ミサイル防衛の現状と課題

日本が核とミサイルによる北朝鮮の恫喝に屈しないために、現時点で取り得る最良の選択肢は、弾道ミサイル防衛（BMD）システムの整備を急ぎ、その精度を高めることだ。迎撃率を100%にすることは難しいとしても、発射した弾道ミサイルの8割が撃墜され、その報復として、米軍から容赦ない反撃を受ける以上、北朝鮮は発射ボタンを押せない……というレベルまで、日米の強固な連携によって抑止力を高めるしかないだろう。

2005年12月以降、海上発射型のSM-3と、地上発射型のPAC-3という2種類の迎撃ミサイルによる多層的な防衛網の構築を選択した政府は、07年度から海上自衛隊のイージス艦

東シナ海上空を警戒する航空自衛隊の通称ガメラレーダー。沖縄・与座岳に設置（筆者撮影）

の改修に取り組み、10年度までに「こんごう」「ちょうかい」「みょうこう」「きりしま」の4隻はレーダー能力を強化するなどBMD対応艦に改められ、SM-3の発射試験を繰り返してきた。また、PAC-3についても、10年度までに航空自衛隊に所属する全国16個の高射部隊に順次配備された。両ミサイルの迎撃精度を上げるセンサーについては、11年度までに、下甑島《しもこしきじま》（鹿児島）、佐渡（新潟）、大湊（青森）、与座岳《よざだけ》（沖縄）の4か所のレーダーサイトに、レーダー反射面積の小さな弾道ミサイルに対応可能な通称ガメラレーダーと呼ばれるFPS-5レーダーを装備し、脊振山《せふりさん》（佐賀）や加茂《かも》（秋田）など7カ所のレーダーサイトのレーダーも能力向上型への換装が終了した。これらセンサーと迎撃ミサイルは、航空自衛隊の自動警戒管制システム（ＪＡＤＧＥ）をはじめとする「指揮統制・戦闘管理・通信システム」に連接され、一元的に運用されることになった。

北朝鮮がミサイルを発射すれば、日本に着弾するまで最大でも10分という短い時間しかなく、極めて迅速な部隊行動が必要になること、さらに、発射されてから安全保障会議を開いて対応を協議していたのでは手遅れになることから、政府は06年3月から陸海空自衛隊を一体的に運用する「統合運用体制」をスタートさせた。ミサイル防衛については、航空自衛隊の航空総隊司令官が、陸海空自衛隊を束ねたＢＭＤ統合任務部隊の指揮官として対応することが決まった。自衛隊法に「弾道ミサイル等に対する破壊措置」（82条の2）が追加され、発射の兆候が確認された時点から準備を進め、発射に備えてあらかじめ防衛相が「破壊措置」を命じておく――という対処方法に変更され、07年3月、「緊急対処要領」(55)が閣議決定された。

では、実際に北朝鮮が弾道ミサイルを発射した場合、迎撃はどのような手順で行なわれるのだろうか。一連の流れと動きのシミュレーションは以下のようになる。

〈北朝鮮が弾道ミサイルを発射。①静止軌道上（高度約3万6千キロ）にある米軍の警戒衛星が発射時の熱を感知、②米軍の早期警戒情報（ＳＥＷ）が航空総隊司令部（東京都福生市）の日米統合運用調整所に入電、③ＳＥＷのほか国内各地のセンサーなどからも航跡情報が続々と入電、④日米統合運用調整所で航跡情報をコンピューターで解析、⑤航空総隊司令官が「迎撃

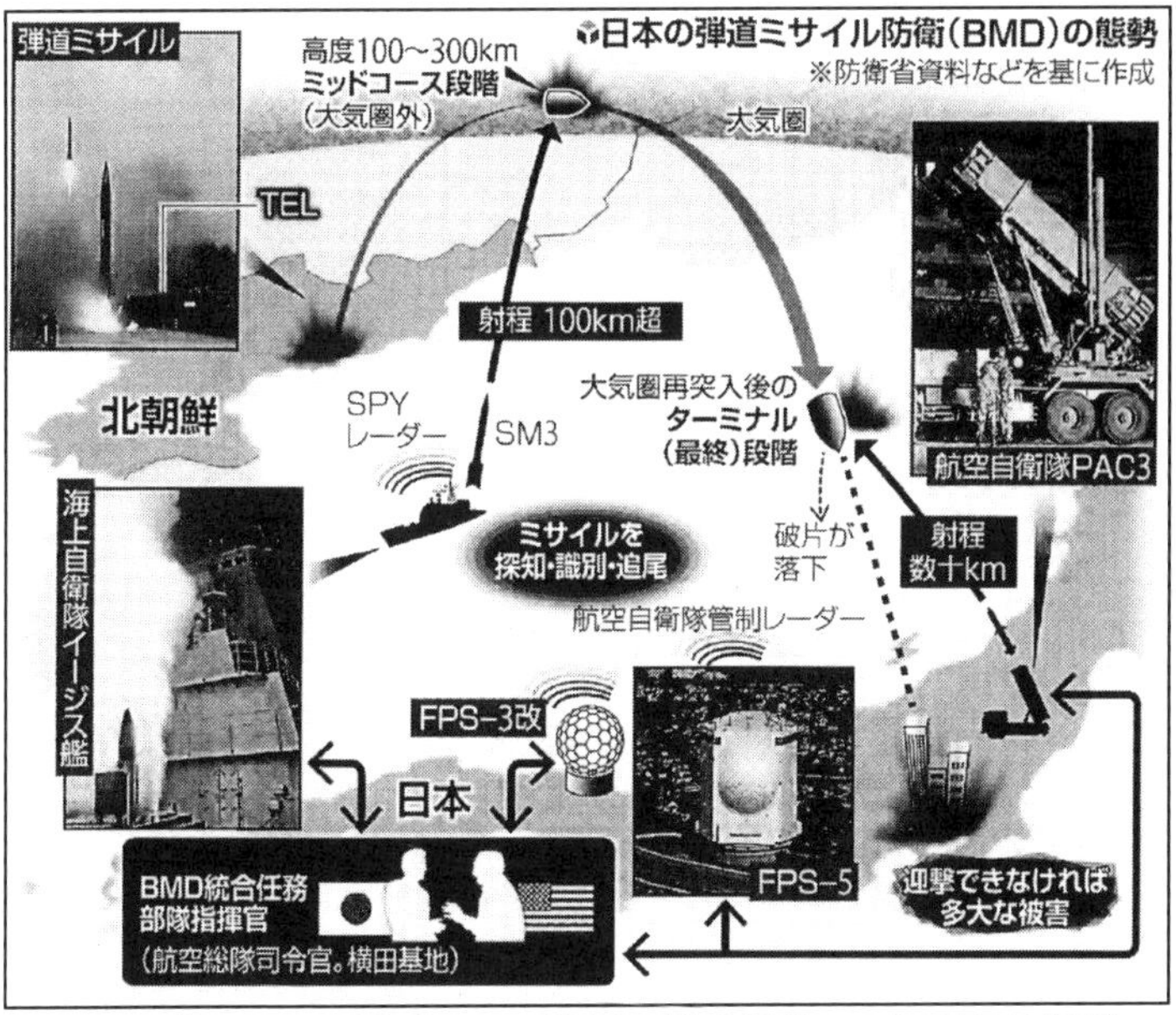

日本の弾道ミサイル防衛（BMD)の概念図（読売新聞2016年9月13日朝刊）

ミサイル発射」を命令、⑥日本海に展開中の海上自衛隊イージス艦が迎撃ミサイルSM-3を発射、⑦2分後に弾道ミサイルの予測飛行コース上（高度約150キロ以上の大気圏外）で、SM-3が弾道ミサイルの弾頭を直撃……〉

BMDを担当する防衛省幹部によると、弾道ミサイルが発射されてから③段階の航跡情報の入電までが2分30秒から3分、「多くの情報を解析し、迎撃命令を下すまで、総隊司令官に与えられた時間は1分しかない」という。仮に北朝鮮が九州方面を狙えば、ミサイルは8分で到達し、首都圏でも10分しかない。SM-

ハワイ沖の訓練海域で弾道ミサイルを迎撃するSM-3を発射する海自イージス艦（海自撮影）

3の飛行時間を考えれば、発射から4分後には、イージス艦の発射ボタンが押されなければ間に合わないからだ。

筆者は07年12月、米ハワイ沖の太平洋上で行なわれた海上自衛隊のイージス艦「こんごう」による初の弾道ミサイル迎撃実射訓練を取材した。カウアイ島の米海軍太平洋ミサイル射場から、標的となる弾道ミサイルが発射され、「こんごう」は標的弾の探知、追尾を開始し、発射から4分後、迎撃ミサイルSM-3を発射、SM-3はその約3分後、高度100キロ以上の宇宙空間で標的弾の弾頭に直撃した。ミサイル射場内にある監視室には、米軍事衛星の赤外線カメラがとらえた映像が映し出され、標的弾を示す光点とSM－3の光点が画面上で交差するやいなや、一気に光の輪が四方に拡がった。「HIT、HIT」（命中、命中）――室内では歓声と拍手が沸き起こった。弾道ミサイルと迎撃ミサイル、それは2台の10トントラックが、時速1千キロの超高速で正面衝突した威力に相当するとされ、自衛隊BMD担当幹部は「弾頭に核兵器が搭載されていたとしても、命中時の運動エネルギーによって、二つのミサイルは、衝突すると同時にほぼ消滅する」と説明する。

米海軍と海上自衛隊のイージス艦が搭載するSM－3（正式名称はSM－3ブロックIA）が迎撃する高度は、70キロ～200キロとされ、「こんごう」の実射訓練を含め、米軍は2015年12月までにSM－3による37回の迎撃試験を実施し、31回が標的弾に命中している。(56) 命中精度を上げるため、日米は現在、3段式ミサイルであるSM－3の2段目と3段目をひと回り太くして、推進剤を増量し、迎撃速度や到達高度を向上させたSM－3ブロックⅡAを共同開発しており、2018年度以降、順次「あたご」型のイージス艦2隻に搭載される計画だ。

ただし、「こんごう」の実射訓練に立ち会った河野克俊《かわのかつとし》海上幕僚監部防衛部長（当時）は「ミサイルは人間が作った道具。いくら精密兵器であっても、完成品には当たり外れがある」と指摘したように、08年11月に実施したイージス艦「ちょうかい」による実射訓練は、迎撃に失敗した。標的弾の発射時刻を知らせないなど前回より難度を上げた試験で、海上自衛隊幹部は「命中直前にコースを外れた。SM－3の弾頭に何らかの不具合があった可能性が高い」(57)と話すが、まさしく河野氏が指摘していた通りだ。こうした不具合の問題に加え、06年に北朝鮮が7発のミサイルを連続発射したように、同時に複数弾を発射された場合には撃ち漏らす可能性は高くなる。SM-3が撃ち漏らした場合、PAC-3は射程が短く、防御できる範囲は狭く、日本全土を守るにはSM-3の命中精度を上げるしかない。だからこそ、政府は迎撃に失敗するケースなどをきちんと国民に説明する必要がある。過信は禁物だ。

見過ごされた落とし穴

ミサイル防衛は、北朝鮮が弾道ミサイルの発射に向けて動き出したという事前の兆候はもとより、端緒となる発射情報から迎撃ミサイルに至るまで、日本は米国の軍事力と技術力に多くを依存している。日米が一体となった共同防衛システムであるにもかかわらず、2005年に「破壊措置」を命じる自衛隊法の改正に際し、防衛庁幹部が「北朝鮮が弾道ミサイルを発射するような事態に至って、『これは米国を狙ったミサイルだから対応できません』と言って済むのだろうか」(58)と問題提起し、さらに「見過ごせば同盟は破綻する」とまで言及していたが、政府はそうした危惧を正面から受け止めず、憲法解釈で禁じている集団的自衛権の行使をめぐる議論を封じ込めてしまった。

日本が日米同盟の重要性に言及すればするほど、米国からは同盟の現状に対する不満の声が上がる。北朝鮮のミサイル発射から3カ月後の10月、日本記者クラブで会見したトーマス・シーファー駐日米国大使は日本政府の対応を厳しく批判した。シーファー大使は「米国にはミサイルの標的が日本であれ、米国であれ、撃ち落す義務がある。だが、日本は米国に対して同様の義務を負っていない。ミサイル防衛に関する決断は数分間で下さなければならず、この問題に対する答えは将来に持ち越さず、今出しておくべきだ」(59)と注文を付けた。集団的自衛権の問題を放置し続ける日本政府へのいらだちである。翌07年2月には、元米国務次官補のジョセフ・ナイ氏らによって将来の日米同盟に関するレポートが公表され、その中でナイ氏らは「日本は自国の防衛のために必要なより多くの分野に十分な貢献をすることで、同盟を対等な関係にしなければならない」(60)などと、穏やかな言い回しながら同盟のあり方への不満を指摘した。

そうした中、政府が衝撃を受けたのは08年10月、米国が突然、北朝鮮の「テロ支援国家」指定を解除したことだった。日本は北朝鮮の核の脅威が最も切実な国として、政府は米国に対し、指定解除は認められないと訴えていた。ところが、政府は蚊帳の外に置かれ、ブッシュ大統領から麻生太郎《あそうたろう》首相に指定解除の通告があったのは、発表のわずか30分前だった。米国への信頼が大きく揺らぐと同時に、日本が気付かないうちに北朝鮮に対する日米の温度差が拡がっていたことを突き付けられた場面だった。(61)

こうした米国の不満や北朝鮮に対する温度差の違いを抱えたまま直面したのが、09年4月に強行された北朝鮮による弾道ミサイル・テポドン2の発射と、翌5月に繰り返された二度目の核実験だった。筆者が執筆した当時の解説記事[62]などから状況を再現する。

「至急、ロシアの偵察機を追い払ってくれ」――。北朝鮮の弾道ミサイル発射が迫った09年4月、ロシア沿海州に近い日本海北部の公海上に展開する米海軍のイージス艦から、在日米軍司令部（東京都福生市）を通じて防衛省[63]に要請が伝えられた。ロシア空軍の偵察機が接近を繰り返しているため、ミサイルを探知、追尾する時に発する信号やレーダー波、通信などイージス艦の能力や情報を傍受される恐れがあるからだ。

ところが、事は急を要するにもかかわらず、防衛省は逡巡せざるを得なかった。「自衛隊の戦闘機を出動させるには、根拠があいまいだった」（航空自衛隊幹部）からだ。航空自衛隊の戦闘機が平時に緊急発進（スクランブル）できるのは、外国機が日本の領空を侵犯する恐れがある時だけ。米海軍のイージス艦の情報収集が目的の偵察機が、日本の領空まで飛行してくる可能性は低い。出動させれば、メディアや野党などから「自衛隊法の拡大解釈」との批判を浴びるかもしれない。だが、「どうしよう」、「我々に何ができるのか」……などとためらってい る間にも、ロシア軍機は偵察を続けていた。

1時間後、防衛省は「米艦と日本の領空との距離は、それほど遠くはない。自衛隊法84条の対領空侵犯措置で大丈夫だ」と判断。すぐさま航空自衛他千歳基地（北海道）のF-15戦闘機に出動を指示した。だがその時、決断のあまりの遅さにしびれを切らした米軍は、すでに米空軍三沢基地（青森県）からF-16戦闘機を発進させていた。「目の前で助けを求める米軍に何もしてやれない。本当に情けなかった」と自衛隊幹部は打ち明ける。

テロとの戦いやイラク支援を通して、密接であったはずの自衛隊と米軍の関係にもすきま風が吹き始めていた。それ以上に政府を驚かせたのは、米国のゲーツ国防長官が発した一言だった。ミサイル発射が迫っていた3月29日、「北朝鮮の弾道ミサイルが米国本土を狙ったものでない限り迎撃は行なわない(64)」と表明したからだ。しかも、ミサイル発射の直前には浜田《はまだ》靖一《やすかず》防衛相に電話をかけ、「冷静な対応」を促している。4月3日、麻生首相が「ロケットもしくはミサイルが日本の頭上を飛び越えていくことは我々にとって大きな話。地域の平和と安定を損なう」と非難し、中曽根《なかそね》弘文《ひろふみ》外相も「発射された場合は、国連安保理の開催を要求し、決議を念頭に強いメッセージを出す(65)」と発言していた。こうした日米の政治レベルでの温度差は、北朝鮮が弾道ミサイルのテポドン2を発射した4月5日の日米のイージス艦配置にも如実に表れている。

海上自衛隊はBMD対応艦となったイージス艦の「こんごう」と「ちょうかい」の2隻を秋田沖の日本海に配置したのに対し、米海軍は北海道東方沖のオホーツク海と、ハワイに近い太平洋上に配置した。仮に北朝鮮がアラスカなど米本土を狙えば、ミサイルはオホーツク海の上空を通過する。日本海とその上空の追尾は自衛隊、米軍はハワイとアラスカ方面に専念するという明確な日米の役割分担だが、自衛隊幹部は「自分のことは自分でやれ、という米軍からのメッセージと受け止めた」と説明する。

ミサイル発射から50日後の5月25日、北朝鮮は二度目の核実験を強行する。防衛省を取材した筆者は、核実験の直後に自衛隊幹部の口から飛び出した言葉を忘れることができない。それは「北朝鮮のミサイルや核を巡って、事前に米軍から自衛隊に何の情報もなかったのは初めてだ」——という内容だった。日本にとって北朝鮮情報は米国と韓国が頼りだ。自衛隊は年に数回、在韓米軍の幹部と韓国軍の幹部と別々に情報交換しているが、同盟関係にない日本に対して韓国軍が重要な情報を明かすことはない。その代わり、韓国は米国としっかりと連携しており、これまでは「韓—米—日」というルートで情報が流れてくることが多かった。二度目の核実験について北朝鮮は、米国と中国に事前通報したとされる。前述の自衛隊幹部は「韓国は数日前から核実験の兆候をつかんでいたとみられる。米軍も同じで、双方は緊密に情報交換していたと考えるのが妥当であり、今回、日本は韓米日の情報ルートから外された可能性がある」と打ち明けた。(66)

北朝鮮の弾道ミサイル発射と核実験を巡って、日米の対応は微妙にすれ違った。テポドン2は「人工衛星の打ち上げに成功した」と主張する北朝鮮の思惑とは裏腹に、人工衛星が地球を周回するために必要なスピードには達せず、発射から12時間後、米コロラド州の北米航空宇宙防衛司令部は「ミサイルは太平洋上に落下し、地球周回軌道を回るいかなる物体も確認できない」との声明を発表した。米本土まで届かないようなミサイルは脅威ではないとの認識だろう。弾頭に搭載することができて初めて脅威となる核兵器についても同じで、09年に就任したオバマ大統領は4月、チェコのプラハで「核兵器のない世界を目指す」と演説したにもかかわらず、その顔に泥を塗るかのように1カ月後に強行された北朝鮮の核実験に対し、大統領の口から厳しい言葉は発せられなかった。同盟の根幹である「脅威認識」が微妙に狂いはじめ、「役割分担」においても対等にはほど遠い日米の現状に、米国の不満は次第に蓄積されていた。テロとの戦いとイラク支援……。政府は、世界を揺るがした2000年代前半を小泉首相とブッシュ大統領の個人的な信頼関係で乗り切ってきたことに安住し、そうした同盟の根幹のズレを見過ごしてしまったことで、90年代に直面した同盟漂流の悪夢がよみがえってきた。そして、それはまもなく国内政治の混乱によって現実のものとなる。

４巨龍（中国）出現、東シナ海波高し

２００９年1月まで2期8年の任期を全うしたブッシュ大統領の回顧録「Decision Points」（米ＣＲＯＷＮ社）には、９・11テロの直後、小泉首相が電話で「同時多発テロは米国への攻撃ではなく、自由と民主主義に対する攻撃だ」と語ったと高く評価しているほか、米テネシー州にあるエルビス・プレスリー記念館で撮った二人のツーショット写真が掲載されている。過去、一線を退いた米大統領の回顧録は数多く出版されているが、日米のトップ同士がこれほどまで親密な関係として登場するケースは、おそらく初めてだろう。90年代後半に漂流期を脱した日米同盟を、２０００年代に強固な姿へと導いた功績は大だった。しかし、それは長くは続かなかった。小泉首相が退任した06年以降、国内政治は短期政権が続いて混迷、自民党は国民の支持を失い、09年8月、親中に軸足を置く民主党の鳩山由紀夫政権が誕生した。そうした国内政治の混乱に歩調を合わせるかのように、「韜光養晦《とうこうようかい》」(67)に倣って蓄えてきた経済力と増強に転じた軍事力を背景に、東シナ海に巨龍（中国）が出現、日本固有の領土である沖縄県の尖閣諸島に対する執拗な威嚇と挑発がはじまった。

揺れる日米同盟

日米関係が悪化する伏線は２００７年７月の参議院選挙にさかのぼる。年金の記録漏れ問題や閣僚の不祥事が相次ぎ、小泉首相の後を継いだ安倍晋三首相率いる自民党は惨敗、自衛隊のイラク派遣やテロとの戦いの継続に反対する立場の民主党が参院の第一党となった。それでも同年９月の日米首脳会談で、安倍首相はブッシュ大統領に「海上自衛隊による（インド洋での）補給活動は継続が必要であり、最大限努力する」と約束、ブッシュ大統領も「日本の支援はテロとの戦いに参加している国際社会のメンバーにとって不可欠」[68]と応じたものの、海上自衛隊がインド洋で補給した米艦船への燃料が、他国軍の艦船に別の目的で転用されていた疑いが浮上、さらに自衛隊最高指揮官でもある安倍首相が、体調不良を理由に突然辞任するなどしたため、政府は約束を果たさずに補給活動の根拠となっていた「テロ対策特措法」は期限切れを迎えた。

輸出入のうち、物量ベースで99・７％を海上輸送に依存する日本にとって、中東からインド洋、東南アジアを貫く海上交通路（シーレーン）は、日本の生存と繁栄にとって死活的に重要な「命綱」であることに疑いはない。しかも04年４月には、日本郵船の大型タンカー「ＴＡＫＡＳＵＺＵ（高鈴）」（28万トン）が、ペルシャ湾内で自爆テロの標的となって被弾し、自爆テロを阻止しようとした米兵３人が犠牲となっていた。にもかかわらず、テロとの戦いという各国の連携の輪から離脱する日本は、米国をはじめ多くの国々を失望させた。「日本にはこの地域の安定に利益があり、安定させる義務がある」(69)と語ったのはパキスタン海軍のハシャム准将だが、その声は民主党や同党を支持する国民には届かなかった。

それから2年、09年8月に民主党の鳩山政権が誕生した。政権発足直後の10月、日中韓首脳会談で、鳩山首相は中国の温家宝《おんかほう》首相に対し「今まで、ややもすると米国に依存し過ぎていた日本だった」(70)と語りかけ、中国との関係を重視する方針を打ち出した。翌11月には、民主党の小沢一郎幹事長が同党の国会議員ら600人を超えるメンバーを引き連れて北京入りした。小沢幹事長は中国の胡錦濤《こきんとう》国家主席と会談したが、その時の様子について同席した山岡賢次《やまおかけんじ》国会対策委員長は、「日中米が正三角形の関係であるべきだと確認された。日米関係は基地問題で若干ぎくしゃくしている。まず日中関係を強固にし、米国との問題を解決していくのが現実的なプロセスだ」(71)と説明した。こうした民主党の考え方は、日米同盟を基軸としてきた戦後の日本の安全保障政策の根幹にかかわる内容であるにもかかわらず、国民には何の説明もなく、自民党との違いを際立たせるための振る舞いでもあった。

その最たるものが、日米同盟そのものに亀裂を生じさせることになった沖縄の米海兵隊普天間飛行場をめぐる鳩山首相の思慮のない発言だ。鳩山首相は就任当初から、何の見通しも腹案もないまま、日米両政府と地元(沖縄県と名護市など)が合意していた名護市辺野古《へのこ》への移設を翻し、移設先について、グアム島という国外案を持ち出したほか、「最低でも県外」などと繰り返し公言し続けた。ところが、日米合意の白紙化を懸念するオバマ米大統領に対し、11月の日米首脳会談で、鳩山首相は「トラスト・ミー」(私を信頼して)と約束した。それは、移設先は辺野古に戻ると解釈されたが、首脳会談の翌日、「日米合意を履行するため、迅速に動くことで合意した」と語ったオバマ大統領に対し、鳩山首相は、移設先は日米合意が前提ではないなどと言い出したため、オバマ大統領は不快感をあらわにした。日米のトップ同士に信頼感がない関係は、日米双方にとって極めて不幸なことだが、そうした首脳同士のすれ違いを最も懸念していたのは沖縄だった。

そもそも普天間飛行場の移設問題は、1995年に起きた米海兵隊員による少女暴行という痛ましい事件を機に、沖縄県が過重に負担し続けてきた米軍基地を、国民全体で分かち合う必要があるとの考えに基づき、日米両国が基地の整理縮小に向き合ってきた。そのための協議機関として両国は「沖縄に関する特別行動委員会」(SACO＝Special Action Committee on Okinawa)を設置、紆余曲折を経て、2006年5月までに、①宜野湾市の住宅密集地に位置し、住民が墜落の危険性に直面している普天間飛行場を、早急に名護市辺野古のキャンプ・シュワブ周辺に移設する、②嘉手納《かでな》基地を離着陸する米軍機の訓練を、九州や本州などにある全国の自衛隊基地に移転する、③米海兵隊員約8千人がグアム島などに移駐することに伴い、嘉手納基地以南の米軍基地の大半（約１５００ヘクタール）を返還する——などの内容で、日米両政府と沖縄県や名護市などが合意していた。

09年当時、沖縄県の仲井真弘多《なかいまひろかず》知事の懐刀として普天間問題で知事を支えてきた仲里全輝《なかざとぜんき》副知事は筆者のインタビュー取材に次のように語った。

「知事だって『国外、県外』と言いたい。しかし、じっと我慢している。もし知事も『県外』と言えば、鳩山政権はどうするつもりなのか。移設先の選択肢はなくなり、危険な普天間飛行場は今のまま放置されてしまうだろう。実現性がなくても『国外、県外』と叫ぶのは簡単だが、その結果に誰が責任を取るのか。現実的で可能な道を選択するのが政治であり、行政の長の仕事だ。同盟は沖縄が支えていると言っても過言ではない。しかし、住宅密集地に囲まれた普天間飛行場は危険すぎる。一日も早く移設しなければならない。これ以上県民に（県外移設を）期待させて、結局、辺野古しかないとなれば、これまでの数倍の反対運動が巻き起こる。そうなってからでは取り返しがつかない」(72)

残念ながら、仲里氏の言葉は現実のものとなってしまった。その直後、那覇市内で開かれた自衛隊幹部と米海兵隊幹部との会合で、海兵隊の訓練日程をめぐって次のようなやり取りがあった。海兵隊のパラシュート降下訓練が、基地反対集会の日程と重なることを懸念した自衛隊幹部が「火に油を注ぐようなものだ。日程を変更したら……」と発言したところ、海兵隊幹部は発言を遮り、机を揺らしながら「イラクとアフガニスタンで、我々の仲間（沖縄の海兵隊）は２００人も命を落としている。訓練するのは当たり前だ。こうした我々の活動が日本の安全に結びついていることを忘れないでもらいたい」と言い切ると同時に席を立ったという。言葉と行動のあまりの激しさに、自衛隊幹部は「彼らのいら立ちは凄まじかった」と述懐する。

しかし、その後も迷走は続いた。地域統合的な色彩を濃くした「東アジア共同体」構想に熱心な鳩山政権の岡田克也《おかだかつや》外相は「（共同体の構成メンバーに）米国を含める構想にはなっていない」(73)などと何度も発言したほか、テロ特措法が途切れた後に「補給支援特措法」を成立させ、08年から復活していた海上自衛隊のインド洋での燃料補給活動についても、10年1月、「野党時代から活動に反対してきた」、「給油ニーズが減少している」などを理由に打ち切り、テロとの戦いという国際協力に終止符を打ってしまった。政権を担当してから半年。ここまで脱米、排米の姿勢を強調すれば、米国が失望するのも当然だろう。

忍び寄る中国の脅威

不祥事などを理由に国民の信を失った自民党政権、続いて登場し、中国寄りの姿勢を示す民主党政権という時代の中で、米国では日米同盟の将来を懸念し、危惧するレポートが相次いで発表された。その一つが「Managing Unmet Expectations」（満たされない期待をどうする）と題してアジアの地域研究を専門とするシンクタンクがまとめた報告書だ。(74) 台頭する中国から見た日米同盟論は強烈で、「日米関係は仕組みとしては強い。でもその現実の働き方は弱い」と指摘したうえで、「弱い米日同盟こそ、自国の利益にかなうと中国は断じているかもしれない。弱い同盟とはほかでもない。中国から見てここぞという絶好の瞬間、間違いなく倒壊すると確信できる類の同盟をいう」(75) と結んでいる。

こうしたレポートの背景には、軍事力を増強し近代化を進める中国の存在があった。すでに中国は、2006年版の国防白書である「中国の国防」の中で、海軍の役割である「近海防御戦略」を詳述し、海軍の任務として①海洋権益の保全、②領海における主権の保全――を打ち出し、08年10月には、中国海軍の最新鋭駆逐艦が津軽海峡を通過したほか、12月には中国の治安執行機関の公船2隻が、沖縄県尖閣諸島の魚釣島の領海内に侵入、9時間半にわたって周回する挑発行為を強行した。中国外交部の報道官は「パトロールをいつ行なうかは中国の内政事項。非難される余地なし」と主張。さらに09年10月には、中国は建国60周年を記念した大掛かりな軍事パレードを10年ぶりに実施、米国東海岸まで到達可能な大陸間弾道ミサイル(ICBM)など核戦力である弾道弾を100基以上も登場させ、その中には、日本を射程に収める弾道ミサイルや巡航ミサイルも次々と並べられた。このほか、戦闘機から水陸両用車両まで様々な最新国産兵器を披露するなど、軍事力の増強と近代化を誇示し、自ら「中国脅威論」を演出したような内容となった。

音を立てて近づいてくる中国の脅威が現実となったのが、10年9月7日に起きた中国漁船による海上保安庁の巡視船に対する衝突事件だった。尖閣諸島の領海内で違法操業する中国のトロール漁船が、巡視船「よなくに」と「みずき」の即時退去命令や停船命令を無視したうえで、何度も船体を巡視船に衝突させて逃走を企てた事件である。海上保安庁はトロール漁船の中国人船長を公務執行妨害の容疑で逮捕、送検するが、中国政府は直ちに、精密機器などの製造に欠かせないレアアース（希土類）の対日輸出を制限するとともに、日本企業の社員をスパイ容疑で拘束することで対抗した。これに音をあげた民主党政権（菅直人《かんなおと》首相）は、船長を処分保留のまま釈放してしまった。中国にすり寄る民主党政権を揺さぶり、ギクシャクしている日米関係の足元を見た中国の巧妙な挑発だった。ところが、そうした中国の傲慢なやり方に対し明確な意志を示したのは米国だった。

戦後、尖閣諸島の領有権についてあいまいな態度を繰り返してきた米国政府だったが、この時の衝突事件では、直後にクローリー米国務次官補は「日米同盟はアジアの安全保障と平和のための礎石だ」(76)と明言。歩調を合わせて、演習中だった米海軍第7艦隊の空母「ジョージ・ワシントン」打撃グループは、南シナ海から母港である神奈川県横須賀基地に帰投する際、米国政府からの指示で台湾とフィリピンの間のバシー海峡を抜けた後で、針路を西寄りに変更し、わざわざ遠回りして尖閣諸島の近海を航行して戻ってきた。海自幹部は筆者に対し、「帰港するなり、7艦隊の幹部から『米海軍は中国に対し明確なプレゼンスを示してきた』と告げられた」と明かした。9月21日には、米海軍の掃海艦が沖縄県宮古島の平良港《ひららこう》に入港した。1972年の沖縄返還後、米海軍の艦船が沖縄の民間港に入るのは3回目であり、極めて異例な行動だが、記者会見したレイモンド・グリーン駐沖縄総領事は「我々の存在感を示すことは大事だ」(77)と語った。さらに、事件から2週間後の日米外相会談で、クリントン米国務長官は「尖閣諸島には（米国の日本に対する防衛義務を定めた）日米安全保障条約第5条が適用される」(78)と述べ、強硬姿勢を崩さない中国を牽制した。

こうした異例とも思える米国の行動は、腰の定まらない民主党政権に対し、中国の脅威をきちんと認識させ、不要な対中配慮を思いとどまらせるメッセージだったと言える。民主党政権発足と同時に防衛相となった北澤俊美《きたざわとしみ》氏は11年1月、都内で開かれた民間団体主催のシンポジウムで講演し、(79)「民主党政権となって日米関係がズタズタになったとの批判は甘んじて受ける」と、民主党の安全保障政策を謙虚に反省したうえで、「日米同盟はわが国の平和と安全に不可欠だ。在日米軍のプレゼンスは安心感をもたらし、我々には同盟を堅持する責任がある」と締めくくった。政権発足から1年半、この時になってようやく、民主党政権は、日米同盟を深化させる必要性について認識したと言えるだろう。

中国軍の増強と尖閣奪取の狙い

ここで少し時計の針を戻してみよう。中国はなぜ、尖閣諸島の領有について極めて執拗かつ強い執念を見せるのか――。その発端は、国連のアジア極東経済委員会（ＥＣＡＦＥ＝現在のＥＳＣＡＰ）が１９６９年５月、「台湾と日本との間にある大陸棚は、世界で最も豊富な油田の一つとなる可能性がある」[80]という内容の報告書を公表したことだった。２年後の71年、台湾と中国は、当時日米で合意していた「沖縄返還協定」の中に、米国から日本に返還される施政権の対象に尖閣諸島が含まれていたことに抗議し、領有権を主張しはじめた。中国と台湾が尖閣諸島の領有権を主張したのは、この時が戦前戦後を通じて初めてで、日本が領土に編入してから76年目のことだった。

翌72年の日中国交正常化をめぐる首脳会談の席上、中国の周恩来《しゅうおんらい》首相は「尖閣諸島は石油が出るから問題になった。石油が出なければ問題にしない」[81]と発言したように、中国は膨大な石油資源の獲得に目がくらんだと言っていい。領有権の主張に合わせ、中国はそれまで発行してきた地図や教科書、人民日報の記事などに表記されてきた日本の呼称である「尖閣諸島」や「魚釣島」の名前を中国表記に書き換えはじめた。その後、鄧小平《とうしょうへい》副首相（当時）が訪日した78年10月、日本記者クラブでの会見で、記者の質問に答えて「（尖閣諸島の問題は）一時棚上げにしても構わないと思います。10年棚上げにしても構いません」[82]と述べ、一方的に領有権の棚上げを提案した。

その後しばらくは、この問題が日中間の懸案として浮上することはなかったが、局面が変わるのは、経済成長によって中国が石油の輸入国となった1992年からだ。92年は日中国交正常化20年の節目でもあり、秋には天皇皇后両陛下が初めて中国を訪問することが決まっていた。他方、国内では自衛隊の初の国連平和維持活動（PKO）への参加をめぐって、世論が「賛成」と「反対」に二分されるなど激しい議論が続けられており、外交政策はPKO一色となっていた。こうした状況を見透かしたように、中国は2月、「領海及び接続水域に関する法律」（領海法）を制定させ、同法が管轄する地理的範囲について尖閣諸島を含むと規定した。事実上の一方的な国有化宣言であり、同法14条には「許可なくこれらの海域に侵入してくる外国軍艦を実力で排除する権限を軍当局に付与する」といった身勝手な内容も定められていた。しかし、当時の政府（自民党・宮澤喜一政権）は、日中友好を理由に、北京にいる日本大使に口頭で簡単な抗議をさせただけだった。

両陛下の初訪中という歴史的な祝典を控え、日本政府は絶対に事を荒立てないと読み切った中国のしたたかさには驚かされるが、中国は祝典終了直後の10月、共産党大会で、江沢民《こうたくみん》国家主席が初めて「領土領海の主権と海洋権益の防衛」を軍の重要任務として打ち出したのに続き、翌93年3月には、東シナ海の日中中間線沿いに点在する天然ガス田の開発に乗り出した。

尖閣諸島・魚釣島（2009年、P3C哨戒機から筆者撮影）

96年からは、日本の排他的経済水域（ＥＥＺ）を含めた東シナ海の全域で、潜水艦など海軍艦艇の行動に備えて、測量などの調査船などを繰り出し、海洋の水温分布や塩分濃度などの調査活動を活発化させていった。

２０００年5月には、中国海軍の情報収集艦が東シナ海から日本海を経由して津軽海峡を往復するといった露骨な示威行動を展開、日本のＥＥＺ内を事前通知もなく無届けで調査する国連海洋法条約違反行為も頻発していた。このため政府は01年、中国との間で海洋調査に関する相互事前通報の枠組みを構築し、08年には、天然ガス田の採掘に関しても日中が共同開発することで合意した。しかし、いずれの枠組みや合意も、中国政府は一方的に反故《ほご》にしてしまった。

こうした中国の動きに対し政府は、２０００年版の『防衛白書』で、中国の軍事力増強に初めて懸念を示し、01年版以降も中国の軍事情勢に多くのページを割いてきたが、防衛上の課題や優先すべき懸案事項は、北朝鮮の核とミサイル開発、テロとの戦いに振り向けられ、中国対応は後手に回ってしまっていた。正直、中国の軍事力を侮っていたと言っていい。中国は「領土領海の主権と海上権益の防衛」を軍の重要任務とした92年以降、国防費の大幅な増加に転じ、同年からロシアの最新鋭戦闘機スホイ27を導入、海軍も93年にキロ級潜水艦、96年にはソブレメンヌイ級ミサイル駆逐艦などを購入するなど装備の近代化にも積極的で、２００７年には、中国政府が公表した国防費だけで、初めて日本の防衛予算を上回る約5兆3千億円という規模にまで膨れ上がった。

中国の軍事戦略は、防衛と侵攻を織り交ぜた「積極防衛」という独自の方針に基づいており、中でも海軍は「近海防衛戦略」を採用、日本の本州から沖縄・南西諸島、台湾、フィリピン、インドネシアのボルネオ島を結ぶラインを「第1列島線」と規定し、中国が敵の接近を阻止（Anti-access）し、領域への侵入を拒否（Area Denial）[83]する作戦海域とした。さらに２０20年を目標に、近海の範囲を第1列島線の東側に位置する西太平洋まで拡げ、小笠原諸島とマリアナ諸島、そしてカロリン諸島に至るラインを「第2列島線」とし、さらなる作戦海域と規定した。筆者の手元にある『中国海軍の近代化と海洋進出』という防衛省海上幕僚監部が２

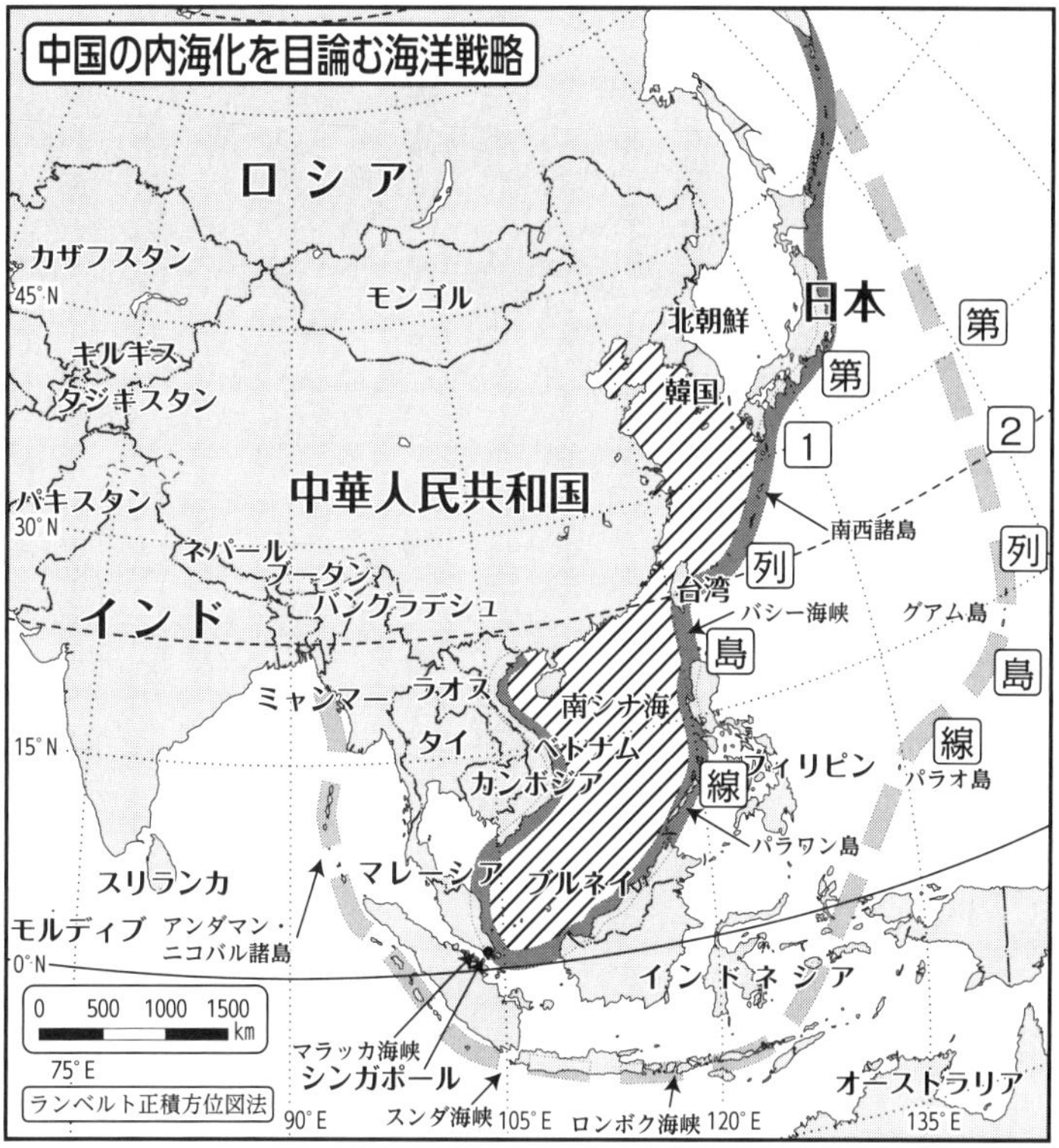

010年に作成した内部資料では、「中国は太平洋をはじめとする遠方の海域において作戦を遂行する能力の向上を目指している」と分析、08年以降、海軍艦艇が艦隊規模で南西諸島を通過して西太平洋に進出、戦術訓練を実施する行動が常態化している。

中国の「近海防衛戦略」を完成させるうえで欠かすことのできない戦略的要衝が、かつては石油資源の獲得が目的だった尖閣諸島だ。同諸島は五つの島と三つの岩礁から構成され、最も大きな魚釣島でも面積は３・６平方キロしかなく、個々の島の陸地面積は極めて小さいが、同諸島周囲の領海面積は約２万平方キロ、領海の外側に拡がるＥＥＺまで含めれば、その広さは約17万平方キロに達し、日本の国土面積の約４割にも匹敵する広大な面積となる。しかも、狭いと言っても魚釣島には戦前、漁師ら数百人が暮らしており、３００人規模の守備隊を配置するには十分な地積がある。しかも同島は、最大標高約３５０メートルの丘陵地帯で、対空及び水上レーダーを設置すれば、対艦、対空ミサイルの発射基地としての価値は極めて高く、その他の久場島や南小島、北小島などにも通信施設やレーダーなどを配置すれば、尖閣諸島は東シナ海に浮かぶ「要塞」と言っても過言ではない。

筆者の取材に対し自衛隊幹部は「尖閣諸島が中国の手に落ちれば、周辺海空域における自衛隊や米軍の行動は著しく制限される。南西諸島は喉元に銃口を突き付けられたも同然で、少なくとも沖縄本島にいる在日米軍は、すべての機能をハワイやグアムなどに引き下げてしまうだろう」(84)と話し、戦略的かつ戦術的な価値の高さを指摘している。

中国漁船が企てた海上保安庁の巡視船に対する衝突事件こそ、中国にとって戦略的要衝に手を伸ばした第一弾だった。日米関係を悪化させ続ける民主党政権を見透かしたように、中国は09年12月、「海島保護法」を成立させた。この法律は、中国が領海法で自国領と宣言した尖閣諸島などの島々について、軍や政府機関が共同して管理、保護することを定めた内容で、同法が施行された10年3月以降、中国は東シナ海で何を企ててきたのか——。それらを時系列でまとめてみる。

・3月…①海洋調査船「海監」が天然ガス田と尖閣諸島周辺で監視活動を開始
②最新鋭艦6隻で編成した海軍艦隊が南西諸島から西太平洋に進出

・4月…①キロ級潜水艦を含む10隻の海軍艦隊が南西諸島から西太平洋に進出。海上自衛隊の護衛艦に中国海軍の艦載ヘリが異常接近

・5月…①日中中間線の日本側海域で、「海監」が中国の管轄権を主張し、海上保安庁の測量船に調査活動の中止を要求

・8月…①尖閣諸島の領海内で70隻を超す中国漁船が違法操業

ここに示した事例は一部に過ぎないが、これらの延長線上で発生したのが2010年9月の衝突事件だった。「海島保護法」が制定された当時、海上自衛隊幹部は筆者の取材に対し、「中国が無人島の保護や管理を名目に、海軍はもとより文民や漁民らを島に近づかせ、それらを保護するためという理由で、中国の政府公船がパトロールを実施するといった行動が懸念される」(85)と語っていたが、中国の動きは懸念した通りの展開であり、漁船が海上警察である海保の巡視船に衝突を繰り返しながら逃走を図るという悪質さもさることながら、時系列で示した中

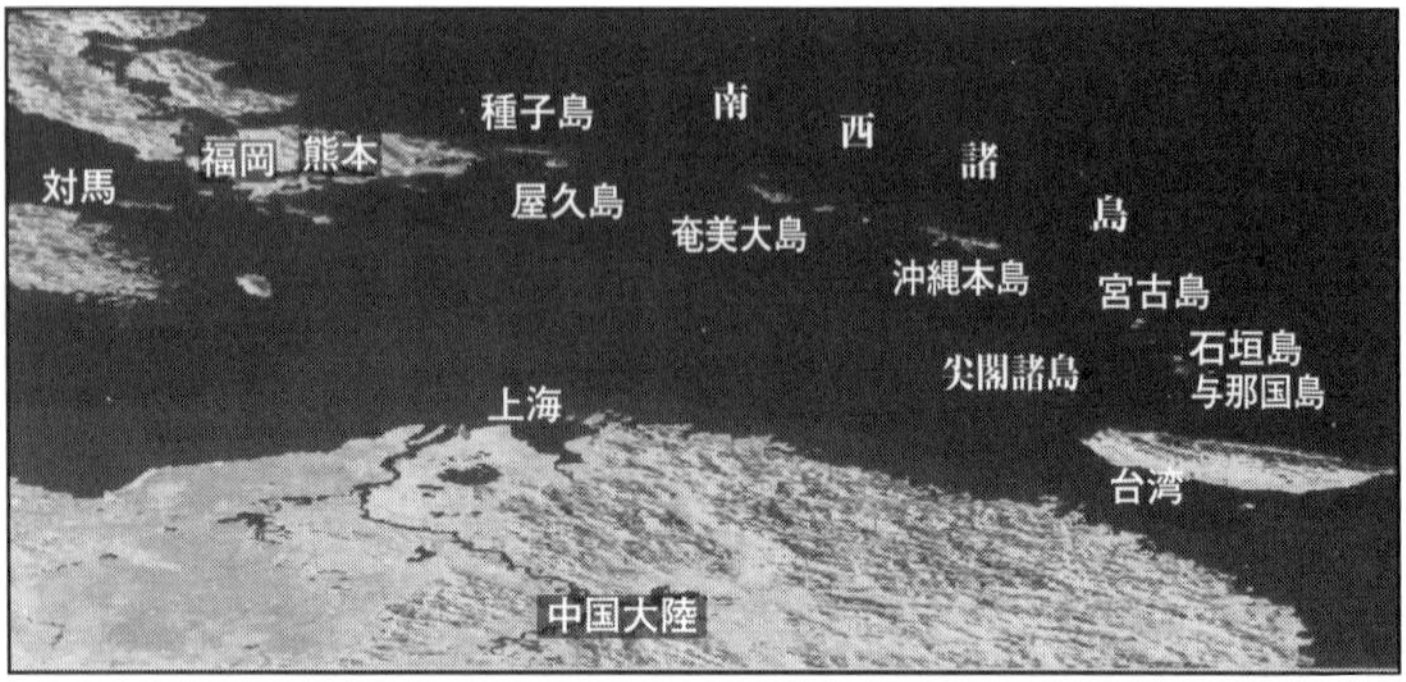

中国大陸から見た九州・南西諸島

国の行動をみれば衝突事件が偶発的に起きたのではないことは明らかだ。

貧弱な離島防衛態勢

東シナ海における中国の攻勢に対し、日本の防衛態勢は、極めてお粗末で貧弱な状態が続いてきた。東シナ海を中国はどのように見ているのか。『防衛白書』などに掲載される日本列島とそれに連なる南西諸島を、中国大陸側から眺めた地図を見れば明らかだ。九州から日本最西端の沖縄県与那国島までは約1600キロで、これは青森から下関までの距離に等しく、この間に2522の離島が点在している。このうち人が暮らしている有人島は190だが、沖縄本島以西の南西諸島には、宮古島に航空自衛隊のレーダーサイトがあるだけで、2016年に日本最西端の与那国島に沿岸監視隊が新編されるまで、陸上自衛隊の部隊は常駐していなかった。まさに〝防衛の空白域〟が連なっていたと言っていい。戦後、沖縄は米軍に接収され、返還後も旧日本軍に対する沖縄県民の悪感情は根強く、新たに自衛隊の部隊を配備することなど検討することさえタブー視される時代が続いてきたからだった。

潮目が変わりはじめたのは、２００１年の９・11テロと中国の海洋進出だった。当時、日本にとって予測される危機は、離島や沿岸から侵入した工作員やゲリラが、原発などの重要施設をテロ攻撃で破壊することだったが、尖閣諸島の領有権をめぐって東シナ海で中国との関係が緊張することも想定されはじめていた。裏付けるように、２０００年版の『防衛白書』には、初めて中国国防費の急激な伸びを示すグラフを掲載し、中国海軍や海洋調査船の活発な行動も詳述されている。そうした状況下で、01年12月に自衛隊法が改正され、治安出動の発令前であっても、自衛隊が武器を携行して情報収集や警戒監視に就けるようになった。この改正を機に、陸上自衛隊は02年3月、沖縄方面の離島防衛を担当する西部方面普通科連隊（西普連）を長崎県に新編させた。ただし、部隊を新編する過程で、沖縄本島に駐屯させたいという自衛隊側からの政府への要望は却下された。さらに、沖縄の航空自衛隊に最新の対空ミサイルPAC－2を導入したのは、全国のミサイル部隊では最も遅く、主力戦闘機のF－15が那覇基地に配備されるのは09年1月まで待たなければならなかった。

沖縄への配慮よりは、むしろ中国への配慮と言ってもいいだろう。こうしたなか〝防衛の空白域〟の解消に動いたのは陸上自衛隊だった。01年から将来の部隊展開を念頭に、与那国島などの離島を巡回しながら「音楽まつり」を開催、04年には初めて沖縄県総合防災訓練に参加し、「石垣島で震度5強の地震が発生した」との想定で、ヘリなどによる上空からの被害状況の偵察、離島間に通信施設を仮設、食料など救援物資の搬入——といった内容の訓練を実施した。それでも04年12月に策定された「防衛計画の大綱」には、ミサイル防衛と並んで「島嶼部侵略への対応」が重点項目に掲げられてはいるものの、具体的な地域には触れず、内容も乏しかった。07年版の『防衛白書』でも、中国の軍事力の動向について、「わが国の安全保障に与える影響について、慎重に分析していく必要がある」との表現にとどまっている。

自民党時代に続いた対中配慮に加え、中国の進出と挑発が続く東シナ海を「友愛の海」と言ってはばからない民主党の鳩山政権が誕生し、離島防衛はますます停滞する。それでも警戒監視を任務とする自衛隊は、海自が「南西諸島行動」として、常時3隻の護衛艦とP3C哨戒機を出動させ、連日、尖閣諸島を含む南西諸島周辺で警戒監視活動に当たったほか、空自も那覇基地に配備されているF-15戦闘機部隊に加え、本土の基地からF-2戦闘機やF-15部隊をローテーションで移動させ、東シナ海の空域特性に慣熟させるとともに、米空軍との共同訓練なども積み重ねていた。また、海上保安庁も第十一管区海上保安本部（那覇市）を中心に、2隻の巡視船が24時間態勢で、尖閣諸島の周辺海域で警戒を続けていた。

こうした状況の中で発生したのが、中国漁船の衝突事件だった。事件の悪質さと居丈高な中国政府の姿勢に加え、民主党政権の弱腰な対応に国民は反発、政府は10年12月、中国の国防費の増大や東シナ海での活動を「懸念事項」と位置づけ、南西諸島の防衛力強化を柱とする「新たな防衛計画の大綱」を策定した。大綱の策定は76年、95年、04年についで四度目となるが、皮肉なことに、親中を標榜してきた民主党政権が、中国にこれまでで最も厳しい政策を打ち出さざるを得なくなったのである。

新大綱の特徴は、まず従来の「基盤的防衛力」という考え方に代えて、機動性と即応性を重視した「動的防衛力」(Dynamic Defense Force)という方針を取り入れ、「常時継続的な情報収集と警戒監視」を、防衛力の役割の最上位に位置づけたことだ。次に、大綱の表記では初めて、沖縄・南西諸島や東シナ海を意味する「南西方面」という具体的な地域を示し、日本として防衛態勢を強化する重点(戦略正面)を明確に示したことだ。具体的には、平素から陸海空自衛隊は米軍と連携し、役割分担しながら、中国への抑止力を強化するという内容だ。大綱を策定する目的の一つは、脅威に対してきちんとしたメッセージを発信することで、日本の領土主権に手を掛けようとするかのような中国の振る舞いに対し、新大綱が示した方向性は妥当だった。与那国島を想定した沿岸監視隊の新編が記述され、1個飛行隊だった那覇基地の戦闘機部隊を、2個飛行隊に増強することも打ち出された。しかし、ここでもまた、民主党政権はメッセージを鈍らせるような判断をすることになる。

新大綱の策定を受け、陸海空自衛隊は10年12月、米軍との共同作戦として、大分県の日出生台《ひじゅうだい》演習場で初の本格的な離島防衛と奪回作戦を訓練する予定だった。しかし、訓練の内容がメディアで報じられるようになると、防衛省や自衛隊の幹部に対し、菅政権から「中国を刺激しないように」との政治的な意向が伝えられたという。訓練は大幅に修正され、演習場を無人島に見立てた離島作戦は実施されず、海自の輸送艦を使って対艦ミサイルを鹿児島県の奄美大島《あまみおおしま》に運び入れる訓練も、奄美大島が離島という理由だけで中止となった。筆者の取材に対し、防衛省幹部は「何のために南西諸島重視の大綱を策定したのか。政治の指示には逆らえないが、中途半端な訓練を続けているうちに、自衛隊は戦えなくなる」(86)と警鐘を鳴らしていた。

尖閣諸島で増長する中国

沖縄の基地問題に象徴される民主党政権の未成熟な安全保障政策は、米国を失望させ、同盟は再び危機に直面した。だが、90年代の同盟漂流を救ったのが、北朝鮮の核とミサイル開発だったように、今回の危機を救ったのも、軍事力を背景に、尖閣諸島をめぐって威嚇と挑発を繰り返す中国の出現という日本を取り巻く安全保障環境の大きな変化だった。

２０１１年の日本は、東北地方を襲った3月11日の東日本大震災の対応に翻弄された。しかしそれは、新大綱で掲げた日米の連携と役割分担を実践する場ともなった。地震発生・大津波の襲来と同時に、自衛隊は東北地方の太平洋沿岸に災害派遣としては過去最大となる10万人を動員した。だが、自衛隊が被災地での救援活動に集中することができたのは、「トモダチ作戦」と名付けられた米軍の戦略的な支援を抜きにしては語れない。壊滅した仙台空港を、一カ月足らずで物資の輸送拠点として復旧させ、孤立したリアス式海岸の気仙沼地区の集落には、海兵隊が洋上から駆けつけてきた。約2カ月にわたった「トモダチ作戦」に、米軍は人員1万6千人、艦艇約20隻、航空機約40機を投入し、自衛隊に欠落している機動力と水陸両用作戦能力の必要性を示した。同時に、沖縄の基地問題をめぐって国内世論も反米・嫌米へと揺れ動いた時期もあったが、米軍の「トモダチ作戦」によって、国民も民主党と同様に、日米同盟が基軸であることを確認し、軌道修正していった。

死者、行方不明者などあわせて約2万人が犠牲となった東日本大震災。日本が戦後最大の危機に直面していた3月11日以降、中国は東シナ海で何をしていたのか。その実態は次ページの「東日本大震災を利用した中国の狡猾な海洋進出」が示す通り、凄まじいものであった。

軍による東シナ海への影響力の行使と、海監などの法執行機関を使った尖閣諸島の主権侵害を繰り返す中国の行動に対し、海上自衛隊は12年3月以降、東シナ海を警戒監視海域とする佐世保基地に配置する護衛艦の総トン数を、海自の全艦艇の三分の一に相当する約10万トンとし、イージス艦など23隻の艦艇を集結させ、警戒監視を強化、7月からは中国海軍の行動を追

東日本大震災（3月11日）を利用した中国の狡猾な海洋進出

日付	内容
2011年3月	中国海軍、尖閣周辺でミサイル駆逐艦などによる艦隊演習 国家海洋局のヘリ、海自護衛艦に異常接近（1回目）
4月	国家海洋局のヘリ、海自護衛艦に2度目の異常接近
5月	国家海洋局、福島原発の放射能測定を名目に海洋調査船が関東、東北沖に展開
6月	中国海軍、11隻の艦隊が沖縄本島と宮古島間の「宮古水道」を抜けて西太平洋で大規模な射撃訓練 国家海洋局、宮城県金華山沖の日本のEEZ内で調査船による海洋観測を実施
7月	国家海洋局、「海監」が尖閣諸島の接続水域を航行
8月	国家海洋局の漁業監視船「漁政」2隻が尖閣諸島の領海侵入
11月	中国海軍、6隻の艦隊が宮古水道を通過
2012年2月	中国海軍、4隻の艦隊が宮古水道を通過
3月	国家海洋局、尖閣諸島の監視活動実施を宣言。「海監」が尖閣領海内に侵入
4月	国家海洋局の哨戒機が海自護衛艦に異常接近
5月	中国海軍、ミサイル駆逐艦など8隻の艦艇が宮古水道と与那国島南方から西太平洋に進出。無人機の飛行を確認。
6月	中国海軍、3隻のミサイル駆逐艦が鹿児島・大隅海峡から西太平洋に進出、洋上給油訓練など実施
7月	国家海洋局の漁業監視船「漁政」4隻が尖閣諸島の領海侵入

尾、監視する3隻の「特別任務艦」を指定して対応に当たっていた。

　さらに8月には、自称・香港の活動家らが乗った小型船が魚釣島の浅瀬から上陸、中国国旗の五星紅旗を翻す事態が発生した。上陸した活動家らは先回りして待ち受けていた沖縄県警の警察官と入国管理局の職員らに取り押さえられ、「出入国管理及び難民認定法」の不法入国の容疑で逮捕された。海上保安庁は10隻の巡視船を出動させており、上陸を阻止することは難しいことではなかったが、政府（民主党・野田《のだ》佳彦《よしひこ》首相）の判断は、尖閣諸島で日本の国内法を執行することにより主権の行使を示すことが優先された。

まさにこうした状況の中で、東京都の石原慎太郎知事（当時）が4月、東京都として尖閣諸島に残る民有地を買い上げ、魚釣島に漁船の避難施設を設置する計画を公表した。これに対して、都知事の独走によって中国との関係悪化を危惧した民主党の野田首相は7月、民有地を国が買い上げることを決断、9月に地権者との間で売買契約を結ぶことが合意された。この間、5月に北京で開かれた日中首脳会談[87]で、中国の温家宝首相は、尖閣諸島を念頭に「中国の核心的利益と重大な関心を尊重することが大事だ」と牽制、野田首相は「尖閣を含む海洋での中国の活動の活発化が日本国民の感情を刺激している」と応酬した。それでも中国の反発を鎮めるため、野田政権は漁船の避難所を設置することも、灯台を建設することも見送った。だが、「平穏かつ安定的に維持管理していく」と唱えるだけで、中国の脅威から尖閣を守り抜くために、日本は何をするのか——というグランドデザインを描くことはできなかった。

政府（民主党・野田政権）は2012年9月10日、関係閣僚会合で尖閣諸島（沖縄県石垣市）の魚釣島、南小島、北小島の3島を国有地化する方針を正式決定し、地権者から20億5千万円で購入することを決めた。以後、政府やメディアは、こうした経緯を尖閣諸島の「国有化」もしくは「国有地化」と表現するが、これは実態を正確に言い表してはいない。正しくは、「明治時代に政府が民間人に払い下げた土地を再取得した」と表記しなければならない。

これに対し中国は同日、温家宝首相が「主権と領土問題で政府と人民は絶対に半歩も譲らない」(88)と反発、楊潔篪《ようけつち》外相は丹羽宇一郎《にわういちろう》駐中国大使を呼び付け、「ツケは日本が負うことになる」と報復の可能性を示唆。中国国内にある日系企業の店舗や工場などが破壊され、焼き打ちにあう反日デモが50都市に拡大する中、14日、国家海洋局の監視船「海監」6隻が尖閣諸島の領海に侵入した。この日を境に、尖閣諸島の周辺海域では、海上保安庁の巡視船が警戒監視を続け、中国国家海洋局の公船が接続水域や領海への侵入を繰り返すという厳しいせめぎ合いがはじまった。領海侵入した隻数（延べ数）だけでも、12年は9月13隻、10月19隻、11月15隻、12月21隻と続き、13年に入っても、4月25隻、8月28隻、9月22隻と大量投入されている。

中国の執拗な行動は、国家海洋局の公船にとどまらず、次ページの「尖閣民有地の再取得後から続く中国の威嚇と挑発行動」が示すように、政府公船の動きに合わせ、海軍と空軍の動きも活発化している。海軍はほぼ毎月のように宮古水道から太平洋に進出しているほか、東海艦隊（司令部・寧波《ニンポー》）からは常時3～4隻の駆逐艦が出動し、尖閣諸島の北方60～120キロの東シナ海で訓練を繰り返している。防衛省が確認しただけでも、13年1月以降15年4月までに、宮古水道を通過した回数は8回にわたり、合わせて23隻が南西諸島周辺海域で訓練などを行なっている。

また、日米が沖縄周辺海域で共同訓練するたびに、海軍は複数の潜水艦や情報収集艦を派遣することが常態化しており、13年5月には、沖縄本島に近い接続水域内に、中国の「元」級潜

尖閣民有地の再取得後から続く中国の威喝と挑発行動

日付	内容
2012年9月	国家海洋局、監視船「海監」６隻が尖閣領海侵入
10月	海軍と国家海洋局、尖閣諸島北方60キロの海域で「他国の巡視船に衝突され、乗組員が海中に転落」との想定で共同訓練 海軍、７隻の艦隊が宮古水道を通過し太平洋に進出、その後、与那国島から尖閣諸島周辺を航行
11月	海軍、４隻の艦隊が宮古水道を通過し太平洋に進出
12月	海軍、ミサイル駆逐艦など４隻の艦隊が宮古水道を通過し太平洋に進出、与那国島の接続水域を航行 国家海洋局、双発の哨戒機が尖閣諸島の領空を侵犯
2013年1月	海軍、フリゲート艦が海自護衛艦に火器管制レーダーを照射 国防部、東シナ海上空の警戒監視飛行の定例化を発表
2～6月	海軍、２～４隻の艦隊で宮古水道を通過、太平洋に進出（６回）
7月	海軍、７隻の艦隊が対馬海峡から日本海に進出 空軍、早期警戒機が宮古水道の上空を飛行
8月	海軍、３隻の艦隊が屋久島周辺海域から大隅海峡を航行
9月	空軍、２機の爆撃機が宮古水道の上空を飛行
10月	空軍、早期警戒機と爆撃機の計４機が、３日連続で宮古水道の上空を飛行
11月	尖閣諸島を含む東シナ海に「防空識別区」（ＡＤＩＺ）を設定 ＡＤＩＺ設定から１カ月間に、戦闘機や情報収集機など延べ87機を出動させてパトロールを実施

水艦が潜航したまま情報収集していたことなどが判明している。海軍や公船の動きだけでなく、13年以降は「防空識別区」（中国版ＡＤＩＺ）の設定に合わせて空軍の活動も活発化している。中国軍の機関紙『解放軍報』は13年1月14日付けの記事で、共産党の指示として軍総参謀部が全軍に対し「戦争の準備をせよ」との号令をかけたと報じており、特に11月の防衛識別区の設定では、尖閣諸島を含む空域を飛行する外国機に対し、中国国防部の定める事前通報などの規則を強制させ、これに従わない場合には「防御的緊急措置」をとると発表した[89]。このほか13年6月からは、共同開発の日中合意を無視し、中国は日中中間線付近のガス

田開発を加速させ、掘削用とみられる海洋プラットホーム16基が完成し、うち数カ所には洋上監視を目的とした水上レーダーを設置するなど軍事施設化も進められている。

対中脅威をめぐる日米の連携

中国の設定した防空識別区に対し、政府は、固有の領土である尖閣諸島が含まれるため、断固撤廃を求めると同時に、米国も核兵器搭載可能な戦略爆撃機B-52をグアム島から離陸させ、同諸島を含む東シナ海を飛行させ、防空識別圏を認めないという強いメッセージを発信した。さらに13年10月、日米両政府は1997年に策定した「日米防衛協力のための指針」（ガイドライン）の見直しで合意した。78年と97年の過去二度のガイドラインは、米国からの要請に応じて策定されたが、今回は政府から米国に強く求めて日米協議がスタートすることになった。その目的は、尖閣諸島の領有権などをめぐって東シナ海で挑発を繰り返す中国を牽制するためで、そのためには平素から日米が警戒監視などの分野で共同オペレーションを実施し、共同演習などを繰り返す必要があるからだ。

しかし、米国では2001年の9・11テロ以降、アフガニスタンとイラクでの戦争に資源を集中させてきた反動で、国防費の大幅削減を迫られ、しかも、日本との防衛協力を推し進めることで、米国経済を国債の保有や輸出入で下支えしている中国との関係を悪化させたくないという本音も見え隠れしていた。

このため政府（自民党・安倍晋三首相）は米国に日本の本気度を示すため、13年12月、安全保障の司令塔となる「国家安全保障会議」を設置すると同時に、戦後の防衛政策の基礎となってきた「国防の基本方針」を廃止し、新たに「国家安全保障戦略」を閣議決定した。戦略は「積極的平和主義」と名付けられ、「わが国の安全及びアジア太平洋地域の平和と安定を実現しつつ、国際社会の平和と安定及び繁栄の確保に、これまで以上に積極的に関与していく」という内容が掲げられた。これまでの「孤立主義に近い平和主義」から、「国際協調を基調とした平和主義」への変革で、戦略の策定に併せて、民主党政権時代に策定した「防衛計画の大綱」も改定した。戦略と新大綱の柱は、日米同盟の抑止力と対処能力の強化で、そのためには「いかに米国の関心をアジアに向けさせるか」(90)（西正典《にしまさのり》・防衛事務次官）が最大の焦点となった。

ガイドラインの見直しを求める日本にとって追い風となったのは、13年11月、フィリピンのレイテ島を襲った巨大台風だった。洪水や土砂崩れによって甚大な被害がもたらされていたが、偶然にも、陸上自衛隊の岩田清文《いわたきよふみ》陸上幕僚長（当時）は、米海兵隊第3海兵師団（沖縄）司令官のウィスラー中将と沖縄の演習場を視察中で、ウィスラー司令官から、まもなく海兵隊の先遣隊がフィリピンに向けて出発するとの情報が提供され、岩田陸幕長も直ちに防衛省の統合幕僚監部に連絡、防衛省も即応して準備を進めた。台風被害の発生から5日後には、陸海空自衛隊は1千人を超す統合部隊を編成してフィリピンに入り、約1カ月にわたって米海兵隊とともに災害救援に当たった。この間、現場で活動する日米双方の部隊間だけでなく、防衛省とハワイの米太平洋海兵隊司令部の間では、常に情報が共有されていた。岩田陸幕長は「米軍と自衛隊、すなわち日米同盟は、アジア太平洋地域を安定させる公共財であることを、日米双方が確認した」(91)と語った。

さらに14年5月には、オバマ米大統領が日本と韓国、マレーシア、フィリピンの4カ国を訪問し、帰国したのを見計らって、中国は係争中の南シナ海で一方的に石油掘削を開始するという暴挙に出た。中国はベトナムと領有権を争っているパラセル（中国名・西沙）諸島の沖合に大型の掘削船を持ち込み、掘削船の周りには海軍艦艇や法執行機関の警備艇など100隻余りが警護する態勢で、抗議するベトナム船に故意に衝突し、沈没させるといった威嚇や示威行動を繰り返した。オバマ大統領のアジア歴訪は、シリア内戦やウクライナ問題への対応で弱腰と批判され、信頼を失いかけていた米国が、アジアの同盟国や友好国から信頼を取り戻すことが目的だったが、中国は、米国の弱さとアジア太平洋重視を試すかのように、帰国直後というタイミングで大統領のメンツをつぶす行為を強行したと言っていい。

防衛省幹部の言葉を借りれば、「米国は、中国が南シナ海を支配し、自国の海とする野望を突き付けられた。これでようやく本気になった」という。15年4月、日米安全保障協議委員会が開かれ、三度目となる新ガイドラインが策定された。策定の過程で日米は初めて、尖閣諸島や東シナ海の危機を想定した離島作戦、海上交通路の安定を維持するための作戦など四つの場面について、自衛隊と米軍を中心とする図上演習を繰り返し、同省幹部は「実態に即した内容に近づけた」と自画自賛する内容となった。

証明するように、策定直前の14年12月に行なわれた陸上自衛隊と米陸軍、米海兵隊による日米共同方面隊指揮所演習（ヤマサクラ）では初めて、日米の指揮官と幕僚が同じ作戦画面（COP＝Common Operating Picture）に向かって訓練に集中していた。共同訓練であっても、米陸軍と陸上自衛隊とでは、情報収集力と打撃力だけを比べても圧倒的な開きがあり、集団的自衛権の行使をはじめ行動に法的な制約を抱える自衛隊とは、同盟国であってもCOPを使って訓練することは難しかった。しかも、COPが映し出した戦略目標は、日米の陸海空戦力を結集した離島奪回の場面だった。日本側指揮官を務めた磯部《いそべ》晃一《こういち》陸将（当時）は「ヤマサクラの演習シナリオは日本の防衛だ。演習を自衛隊がリードし、米軍がサポートするのが基本。ようやくその基本にたどり着いた」(92)と語った。これが18年ぶりに改定された新ガイドラインが目指す同盟の姿なのだろう。しかし同時に、日本の防衛力だけで、中国の軍事的脅威を取り除くことができないことも明らかであり、日本にとって、米国との同盟の目的は、強大な中国の出現によって、米国のプレゼンスを東シナ海はもとよりアジア太平洋に維持し続けることに変質した。

尖閣諸島を守る

南西諸島と中国大陸のほぼ中間に位置する尖閣諸島は、領土的には小さいが、日本の戦略環境を一変させるほど大きな存在だ。その奪取をもくろむ中国は今、海警局（2013年に海監などの法執行機関を統合して名称が改められた）が中心となり、巡視船などの政府公船を接続水域や領海内を航行させている。これは中国が考え出した非軍事的な行動によって領土や領海、海洋資源を奪い取るという戦術であり、海軍の活動とは一線を引き、海警という法執行機関が警戒監視活動を常態化させることによって、自国の主権を行使していると主張するためでもある。この戦術を駆使して、中国は南シナ海の西沙（英語名・パラセル）諸島や南沙（同・スプラトリー）諸島をベトナムやフィリピンから奪い取ってきたが、決して自分たちから軍隊を使わず、国際社会から批判されることを避けるために編み出したやり方でもある。そして、こうした中国の挑発や威嚇に対し、政府が自衛隊の出動に踏み切れば、すぐさま中国は「日本が先に軍事力を行使した。軍国主義の復活だ」などと国際世論に訴え、自らの挑発行為は棚に上げ、日本を一方的に非難することは間違いない。

12年9月に民有地を再取得した以降、政府は中国の術中に陥らないよう、法執行機関である海上保安庁が、24時間体制で冷静な警戒警備を続けている。継続して外洋活動ができる1千トン以上の大きさの巡視船の数は、約60隻を保有する海保に対し、中国は増強に次ぐ増強を重

離島防衛を想定し、洋上に降下する陸自空挺隊員（鹿児島・佐多岬、陸自提供）

ね、12年9月時点で40隻だった大型巡視船は、15年末現在で120隻を数え、3年後の18年には135隻に達するとみられている。台風などの荒天になると、中国の巡視船は警戒監視活動を中止して帰港することも多いとされるが、巡視船は次第に大型化し、しかも15年12月には、海軍のフリゲート艦を改造し、明らかに機関砲を搭載した巡視船3隻が尖閣行動に加わるなどしており、中国は数だけでなく威力でも海保を圧倒しようとしている。

これに対し海上保安庁は、尖閣諸島警備の専従体制を整え、沖縄県石垣島の海上保安部に巡視船14隻を配置し、常に中国が繰り出してくる公船よりも数のうえで上回る隻数を出動させて対応に当たっている。日本の実効支配という現状は何とか維持しているが、限界に近づいているのも確かだろう。

一方、海保による尖閣警備を下支えするため、海上自衛隊は尖閣諸島の周辺海域に展開し続けている中国海軍の動きを24時間体制で監視している。具体的には、複数の護衛艦が中国海軍の動きを把握し、上空からは那覇と鹿屋《かのや》（鹿児島県）の両基地に所属するP３C哨戒機がパトロールしている。こうした日常の行動に加え、陸上自衛隊の第一空挺団は13年9月以降、尖閣諸島の魚釣島などに緊急展開することを想定し、演習場を島に見立てた夜間降下訓練や、鹿児島県佐多岬沖などで洋上への降下訓練などを実施している。

政府は現在、中国が政府公船に続いて海軍の軍艦が尖閣諸島の領海内に侵入してきた場合には、自衛隊に海上警備行動を発令し、海上自衛隊は護衛艦を派遣し、領海からの退去を促す方針を決めている。しかし、海上警備行動は「警察官職務執行法」に基づく活動であり、国内の治安維持を目的とする警察権は、外国の軍艦や公船に適用することはできない。海上警備行動が発令されても、海上自衛隊にできることは海上保安庁と同じで、領海からの退去を要請することだけ。すでに中国との間では、〈弾を撃たない戦争〉がはじまっており、尖閣諸島を中国の威嚇や挑発から守り抜く具体的な方策について、海保や警察など法執行機関の増強や法整備を含めて、早急に手立てを講じておく必要がある。

▼第3章を理解するためのクロノロジー

年	月	国際情勢	国内（安全保障・防衛）	アジア情勢
1965年	2月		国会、統幕の「三矢研究」を追及、有事法制研究を封印	
1977年	8月		福田首相、防衛庁に有事法制研究を指示	
1978年	7月		栗栖統幕議長、「超法規的」発言で事実上の解任	
1998年			北朝鮮の弾道ミサイル発射と工作船事件（２章参照）	
1999年				
2001年	1月		森首相、国会で有事法整備を表明	
	9月	米同時多発テロ	小泉首相、米国主導の「テロとの戦い」を支持	
	10月	米英軍、アフガンへの空爆開始	「テロ対策特措法」成立	
	12月		海自、インド洋で多国籍海軍に燃料給油活動を開始	

2002年	1月	米大統領、イラクと北朝鮮、イランを「悪の枢軸」と非難		
	11月	国連安保理、イラクに大量破壊兵器の武装解除を決議	警察と自衛隊、「治安出動」訓練を実施	
	12月			北朝鮮、核開発凍結の米朝合意を破棄
2003年	3月	米英軍、イラクを空爆。イラク戦争はじまる		
	5月	米大統領、イラク戦争勝利宣言		
	6月		「武力攻撃事態法」など有事関連3法が成立	
	7月		「イラク特措法」成立	
	12月		空自、イラク空輸活動を開始 弾道ミサイル防衛（ＢＭＤ）システムの導入決定	
2004年	1月		陸自、イラク復興支援活動開始	
	6月		「国民保護法」など成立	
	11月			中国原潜、日本領海を潜没航行
	12月		新「防衛計画の大綱」策定	

2006年	3月		陸海空自衛隊、統合運用開始	
	7月		陸自、イラク復興支援活動終了	北朝鮮、「テポドン2」など弾道ミサイル7発を連続発射
	10月			北朝鮮、初の地下核実験
2007年	3月		空自、迎撃ミサイル「PAC―3」を初配備	
	12月		海自イージス艦に迎撃ミサイル「SM―3」の配備はじまる	
2008年	10月	米政府、北朝鮮の「テロ支援国家」指定を解除		
	11月			中国海軍艦艇、宮古水道を初通過、西太平洋に進出
	12月			中国公船、尖閣諸島領海侵入
2009年	2月		空自、イラク空輸活動終了	
	4月	オバマ米大統領、核兵器のない世界を目指すと演説		北朝鮮、弾道ミサイル「テポドン2」発射
	5月			北朝鮮、2度目の核実験

	8月		民主党政権誕生	
	12月			中国、尖閣諸島の保護管理を含む「海島保護法」成立
2010年	1月		海自、燃料補給活動終了	
	9月			中国漁船、尖閣諸島領海で海保の巡視船2隻に衝突
	12月		新「防衛計画の大綱」策定	
2011年	3月		東日本大震災	
2012年	8月			香港の活動家、尖閣諸島に上陸（沖縄県警が逮捕）
	9月		政府、尖閣・魚釣島などの民有地を再取得（国有地化）	中国、日本の尖閣国有地化に反発、公船の領海侵入はじまる
	12月		安倍首相誕生（自公政権）	中国機、尖閣領空を初侵犯
2013年	1月			中国海軍、海自艦に火器管制レーダー照射
	2月			北朝鮮、3度目の核実験
	11月	フィリピン台風災害、米軍と自衛隊が共同救援活動		中国、東シナ海にADIZ（防空識別圏）設定

	12月	国家安全保障会議設置、「国家安全保障戦略」を閣議決定
2015年	4月	日米「新ガイドライン」策定

（1）『読売新聞』２００1年1月31日夕刊１面
（2）『朝日新聞』２００1年2月7日朝刊２面
（3）「三矢研究」が国会で厳しく追及されたのは、研究から2年後の１９６５年2月10日の衆院予算委員会で、国会の爆弾男との異名を持つ社会党の岡田春夫議員が追及した。当時の自衛隊幹部は旧軍の出身者が多く、国民世論の旧軍嫌悪を背景に、社会党は「二・二六事件の軍部と同じ」などと主張した。
（4）『朝日新聞』１９７８年7月20日朝刊２面
（5）『朝日新聞』１９７８年7月25日朝刊１面
（6）『読売新聞』２００１年2月9日朝刊解説面
（7）ドイツやフランスの民間防衛については、防衛法学会編『防衛法研究』（通巻25号、２００１年10月）で両国の事例を特集している。
（8）『朝日新聞』２００１年2月2日朝刊政治面
（9）『朝日新聞』２００１年2月19日朝刊社説
（10）２００2年2月4日第１５４回国会における施政方針演説。小泉首相は「テロとの闘い」に臨む日本の立場と姿勢を明確にした。
（11）西修「有事関連三法案について」『有事法制の現況』内外出版、２００2年9月、24頁
（12）『読売新聞』２００３年3月14日朝刊解説面
（13）シンポジウムは11月15日、星陵会館（千代田区永田町）で開催され、栗栖氏の発言は、出席した筆者の取材メモから引用。
（14）『読売新聞』２００３年5月13日朝刊解説面。筆者の片山善博鳥取県知事へのインタビュー取材
（15）『読売新聞』２０００年5月25日朝刊解説面
（16）宮坂直史「低強度紛争への米国の対応」『国際安全保障』第29巻2号（国際安全保障学会、２００1年10月）68頁
（17）日本戦略研究フォーラム（ＪＦＳＳ）政策提言「新たな国軍のあるべき姿」（２００５年10月）18～25頁
（18）筆者の武居智久海上幕僚長へのインタビュー取材（２０１５年2月2日）

（19）筆者の火箱芳文空挺団長（当時）へのインタビュー取材（2003年1月9日）
（20）『読売新聞』2001年9月12日夕刊特別面
（21）『読売新聞』2001年9月14日朝刊2面
（22）伊奈久喜「9・11の衝撃―そのとき、官邸は、外務省は」、外交フォーラム編集部編『新しい戦争時代の安全保障』都市出版、2001年11月、177頁
（23）『朝日新聞』2001年9月18日夕刊1面
（24）『朝日新聞』2001年9月19日夕刊2面
（25）『朝日新聞』2001年9月29日朝刊2面。連載「同時テロ　危機と日本　第1部の3」
（26）『朝日新聞』2001年9月28日朝刊2面。連載「同時テロ　危機と日本　第1部の2」
（27）筆者は2005年10月、元統合幕僚会議議長（海将）の佐久間一氏にインタビュー取材した際、佐久間氏は「同時多発テロの直後、米空母が出港する際、護衛艦が東京湾を随伴したことに批判が集中したことは、寂しく感じました。もちろん、自衛隊が独走することがあってはいけないし、厳に戒めなければならない。しかし、91年に海自の掃海部隊がペルシャ湾で活動し、無事に戻ってこられたのは、掃海作業中の周辺警備も含め米海軍の様々なサポートがあったからです。残念ながら、私が現役の時には、その恩返しができなかった。しかし、9・11の直後、米海軍は本気でテロを恐れていた。外洋に出れば自分たちで何でもできるが、東京湾や日本の領海内はそうはいかない。せめて東京湾の中ぐらいは警護が許される見識があってもよかったのではないかと思います」と語っていた。
（28）読売新聞社と米ギャラップ社が2001年10～11月にかけて共同で実施した世論調査で、米国民の66％が、日本政府の対応を「評価する」と回答した。詳細は『読売新聞』2001年11月22日朝刊2面
（29）『朝日新聞』1999年1月27日朝刊1面
（30）「平成一三年九月一一日のアメリカ合衆国において発生したテロリストによる攻撃等に対応して行なわれる国際連合憲章の目的達成のための諸外国の活動に対して我が国が実施する措置及び関連する国際連合決議等に基づく人道的措置に関する特別措置法」というのが正式名称で、異常に長い名称とともに、「米国追従」との批判を避けるため、「国際連合」という表記を二度も使っているのが特徴。
（31）『日本経済新聞』2001年9月22日朝刊2、4面
（32）『読売新聞』2001年10月23日朝刊1、2面（調査は10月20、21日に実施）
（33）**The President State of the Union Address**, The United States Capitol, Washington, D.C. January 29, 2002

（34）『読売新聞』2002年2月19日朝刊1面
（35）安保理決議1441は、国連広報センターのHPを参照（2016年9月10日アクセス）
http://www.unic.or.jp/news_press/features_backgrounders/1164/
（36）『読売新聞』2003年4月11日朝刊解説面
（37）『読売新聞』2003年3月20日夕刊1面
（38）『読売新聞』2003年3月21日朝刊1面
（39）『読売新聞』2003年5月24日夕刊1面
（40）イラク特措法案を審議中の7月12、13の両日に行なわれた『読売新聞』の世論調査では、小泉内閣の支持率は52・2％と過半数を超え、取り組んでほしい政策も、「景気対策」や「雇用対策」に次いで、「北朝鮮・イラクなど外交問題」が37％に上っている。
（41）『読売新聞』2003年10月7日朝刊解説面「論陣論客」
（42）『読売新聞』2005年6月25日朝刊解説面
（43）『読売新聞』2008年12月18日朝刊1面。「揺れる同盟・戦場の5年」と題した5回連載（12月24日朝刊まで）のうち、筆者が執筆した3回分から要約。
（44）『読売新聞』2008年12月23日朝刊1面
（45）『読売新聞』1998年12月28日朝刊2面
（46）『読売新聞』2006年8月6日朝刊1面
（47）『読売新聞』2006年10月10日夕刊3面（朝鮮中央通信の報道全文）
（48）『読売新聞』2006年10月10日夕刊3面
（49）『読売新聞』2006年10月11日朝刊1面
（50）拙稿「先制行動をめぐる日本の対応」『国際安全保障』第31巻4号、国際安全保障学会、2004年3月、72頁
（51）『読売新聞』2004年3月5日朝刊。連載「日本の守り」第2部の1回目
（52）「専守防衛」について『防衛白書』（2015年版）は「相手から攻撃を受けたときにはじめて防衛力を行使し、その態様も自衛のための必要最小限にとどめ、また、保持する防衛力も自衛のための必要最小限のものに限る」と説明している。ただし、高辻正巳内閣法制局長官は1970年2月と3月の衆院予算委員会で、「自衛権発動は相手が武力攻撃に着手したときです」と答弁し、着手した時期については「武力攻撃による現実の侵害があってから後ではない」と説明している。

（53）第24回国会衆議院外務委員会会議録、昭和31年2月29日、1頁
（54）筆者が防衛大学校総合安全保障研究科（修士課程）に在籍中の1998年2月、イスラエル国防軍の戦史部長だったミハルソン予備役大佐が防大で講演。ミハルソン大佐は、イラクが撃ったスカッドミサイルについて、「Tumbling Missile」（軌道が定まらずに回転するミサイル）との表現で、性能の低さを指摘した。それでもイスラエルは18回のミサイル攻撃を受け、14人が死亡、200人以上が負傷したが、500人を超す市民がミサイルの恐怖によって精神障害を引き起こしたと語っていた。
（55）緊急対処要領については、「弾道ミサイルなどへの対処の流れ」と題して、『防衛白書』（2015年版）の巻末に、資料51（380頁）として収録されている。
（56）Missile Defense Agency, "Fact Sheet, Aegis Ballistic Missile Defense Testing"（https://www.mda.mil/global/documents/pdf/aegis_tests.pdf）2016年9月17日にアクセス
（57）『読売新聞』2008年11月22日朝刊解説面
（58）『読売新聞』2005年2月12日朝刊解説面
（59）Ambassador J. Thomas Schaeffer, "Speech and Question-and-Answer Session", 2006年10月27日、日本記者クラブ（http://www.jnpc.or.jp/files/opdf/242.pdf）2016年9月17日にアクセス。
（60）Richard L. Armitage, Joseph S. Nye, **"The U.S.-Japan Alliance: Getting Asia Right through 2020"** CSIS Report, February 2007, p.20.
（61）『朝日新聞』2008年10月12日朝刊2面
（62）『読売新聞』2009年12月29日朝刊解説面
（63）内閣府の一機関であった「防衛庁」は2007年1月、任務や役割に増大などを理由に、主要国と同じように「防衛省」に格上げされた。
（64）『読売新聞』2009年4月7日朝刊1面。連載「揺れる同盟」㊤
（65）『読売新聞』2009年4月4日朝刊3面
（66）『読売新聞』2009年5月26日朝刊1面。連載「核の脅威」第8部㊤
（67）「韜光養晦」とは「才能を隠して、力を蓄える」という中国の外交姿勢を表した言葉。国家主席だった鄧小平氏の演説から引用したとされる。
（68）『読売新聞』2007年9月8日夕刊1面
（69）『読売新聞』2007年10月1日朝刊3面

（70）『読売新聞』2009年10月11日朝刊政治面
（71）『朝日新聞』2009年12月15日朝刊政治面
（72）筆者の仲里全輝副知事（2010年退職）へのインタビュー取材（2009年11月27日）
（73）『朝日新聞』2009年10月9日朝刊3面
（74）Translated from Michael Finnegan, "Managing Unmet Expectations in the U.S.-Japan Alliance" NBR Special Report, no. 17, November 2009.
（75）谷口智彦編訳『同盟が消える日』（ウェッジ）2010年2月、179～181頁
（76）『読売新聞』2010年9月15日朝刊2面
（77）『読売新聞』2010年9月22日西部本社版・朝刊社会面
（78）『読売新聞』2010年9月24日朝刊1面
（79）『読売新聞』2011年1月22日朝刊特集面（安全保障シンポジウム）
（80）外務省「尖閣諸島について」2012年11月、7頁、石油埋蔵量は約250億トンと推定
（81）前掲「尖閣諸島について」9頁（1972年9月27日・外交記録公開済み）
（82）日本記者クラブ会見記録「鄧小平・未来に目を向けた友好関係を」1978年10月25日
（83）「接近阻止・領域拒否」（A2AD＝Anti-access/Area Denial）戦略を単純化すれば、中国は、沿岸から第1列島線までの東シナ海と南シナ海の制海権（シー・コントロール）を確保し、さらに、その外側の第2列島線までの海空域において、米軍の行動を抑えることが戦略目標とされる。
（84）拙著『自衛隊、動く』（ウェッジ）2014年5月、82頁
（85）拙稿「尖閣衝突の先にある東シナ海十一月危機」、『中央公論』2010年11月号、56頁
（86）拙稿「南西重視の防衛態勢へ」、『WEDGE』2011年4月号、16頁
（87）『朝日新聞』2012年5月14日朝刊1面
（88）『朝日新聞』2012年9月11日朝刊3面（楊外相の発言も同じ紙面）
（89）前掲『防衛白書（2015年版）』118頁
（90）西正典「新防衛大綱について」、『新国策』（公益財団法人・国策研究会）、2014年7月号、6頁
（91）筆者の岩田清文陸上幕僚長（陸将）へのインタビュー取材（2015年8月18日）
（92）筆者の磯部晃一東部方面総監（陸将）へのインタビュー取材（2014年12月11日）

第4章　危機の壁——問題山積の2010年代

東西冷戦の終結という戦後最大の転換点から四半世紀が経過した。ブランデンブルグ門を塞いでいたベルリンの壁が取り除かれ、人々が嬉々として自由に行き交う姿は、世界中の人々に対立のない穏やかな時代の到来を予感させた。だが、そんな期待に反して脅威は多様化し、東アジア、とりわけ日本を取り巻く安全保障情勢は激変してしまった。迷惑な隣人そのままに暴走を続ける北朝鮮は核兵器という恐怖の道具を手に入れ、経済力を背景に大国化した中国が海洋秩序を乱し、沖縄・尖閣諸島という日本の領土主権を脅かす事態を誰が予測し得ただろうか。本章では、そう遠くない将来において、北朝鮮と中国によって引き起こされる可能性のある冷酷な現実を示すとともに、日本がそれら直面する危機を乗り越えるために取り組むべき多くの課題を提示する。それは同時に、日米同盟を深化させる道筋でもある。

1 核の脅威

核武装の悪夢

北朝鮮は2016年9月9日、朝鮮中央テレビを通じて「核弾頭の威力判定のための核爆発実験が成功裏に行なわれた」と発表した。核実験は同年1月以来で、通算5回目。北朝鮮北東部にある核実験場を震源とするマグニチュード（M）5〜5・3の人工的な揺れを観測。爆発規模は過去最大級で、TNT火薬に換算して10キロトン程度と見積もられ、その威力は「広島型」の原爆に匹敵するという。北朝鮮は「標準化、規格化された核弾頭の構造と動作特性、性能と威力を最終的に検討、確認した」とも主張した。これは弾道ミサイルに核兵器が搭載可能になったことを意味するという。もちろん真偽のほどは不明だが、核兵器の小型化に成功したとの主張について、米国防総省のデービス報道官は「言葉通りに真実だと見る必要がある。（小型化に成功したとの）前提に立って、防衛できるようにしなければならない[1]」と述べ、北朝鮮が核弾頭を搭載した弾道ミサイルの実戦配備に近づいたことを示唆した。

北朝鮮の発表直後、日米韓の首脳は電話会談[2]し、安倍首相は「今までとは異なるレベルの脅威になっているとの認識で一致した」と話し、オバマ米大統領は「拡大抑止を含め、米国の日本の安全保障に対するコミットメント（関与）は揺るがない」と強調した。そのわずか数カ月前まで、核の先制不使用まで検討[3]していたとされるオバマ大統領が、米国の同盟国に対する「核の傘」を表す「拡大抑止」という言葉まで使って、北朝鮮の脅威に対する認識を一にしたといえるだろう。すでに政府は、2016年版の『防衛白書』で、「過去4回の核実験を通じた技術的成熟などを踏まえれば、北朝鮮が既に核兵器の小型化・弾頭化の実現に至っている可能性も考えられる[4]」と明記してはいたが、米報道官の言葉に裏打ちされるように、北朝鮮が核武装するという〝悪夢〟は、日本にとって現実のものとなったと考えなければならない。

北朝鮮の核とその運搬手段となる弾道ミサイルが、日本の脅威として浮上したのは、第1次北朝鮮核危機と呼ばれる1993年から94年にかけてのことだ。しかし、第2章で詳述したように、弾道ミサイルが能登半島沖の日本海に向けて発射され、米クリントン政権が戦争まで想定したのに比べ、政府の対応は緩慢だった。その後、98年に弾道ミサイルが日本列島を飛び越え、2006年にはスカッド、ノドン、テポドンという3種類のミサイルが連続発射され、初の核実験まで強行される事態に至り、日米韓はもとより国際社会は連携して北朝鮮の核武装阻止に取り組んできた。しかし、10年に及ぶ核武装阻止の取り組みは功を奏さず、今回の核実験は、

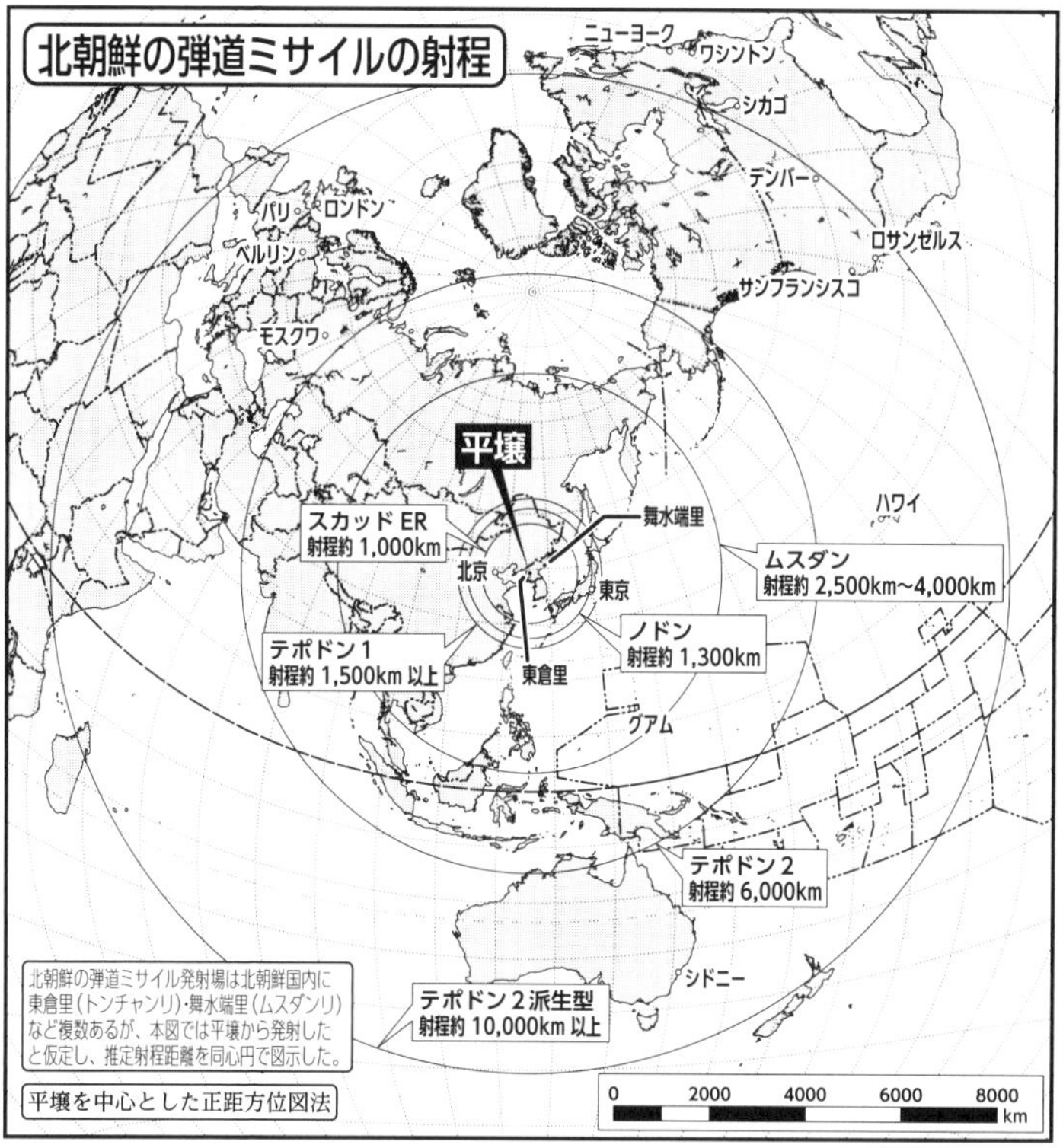

北朝鮮が保有・開発を進める弾道ミサイルの射程（『防衛白書』2015年版などを元に作図）

国連という組織の無力さ、そして世界の指導者たちの無力さが白日の下にさらされてしまったと言っていい。

06年に強行された一度目の核実験以降、国連安全保障理事会は、北朝鮮が核実験や弾道ミサイルの発射を行なうたびに、核やミサイルの関連物資の北朝鮮への輸出禁止、金融制裁を決議し、実行してきた。そして日米韓の3カ国は、それぞれ独自の措置として、北朝鮮への人とモノの移動を禁止し、金融機関の口座凍結といった制裁を科してきた。しかし、朝鮮戦争で「血の契り」を結び、以来、北朝鮮の後ろ盾となってきた中国は、北朝鮮国内の混乱や人道上の理由で、厳しい制裁措置などの国際連携には消極姿勢を貫いた。結局、国際社会は核開発に歯止めをかけることはできなかった。

しかも、北朝鮮は２０１６年４月以降、米国がムスダンと名付けた射程３千〜４千キロという中距離弾道ミサイルの発射実験を立て続けに繰り返し、６回目の発射（６月）で成功させている。この射程は明らかに、北朝鮮から約３３００キロの先に位置する米国の海空軍基地のあるグアム島が標的だ。ところが、北朝鮮は最大射程を考慮して、ミサイルの到達高度を高くするロフテッドと呼ばれる方法で発射させ、約４００キロ前方の日本海に着弾させた。防衛省はミサイルの飛翔高度を分析、高度は１千キロを超えたと発表、中谷元防衛相は記者会見で「飛ばし方にもよるが、（日本着弾の可能性は）十分考えられる」[5]と語った。取りも直さずその言葉は、日本を標的に実戦配備された約２００発のノドンに加え、ロフテッド飛翔するムスダンの成功によって、日本の脅威がさらに深刻化した瞬間だった。

なぜなら、高高度に打ち上げられたミサイルは、落下する際の速度が増し、既存の迎撃ミサイルでは撃ち落とすことが困難になるからだ。現在、自衛隊が配備するイージス艦発射型の迎撃ミサイルＳＭ－３ブロックＩＡは、高度１５０〜４００キロの大気圏外で、マッハ６前後で飛んでくる弾道ミサイルを待ち受けるため、それよりも遥かに上回る高高度から落下し、マッハ10を超えるまでに加速されたミサイルには「対応できない」（防衛省幹部）という。もう一つの迎撃ミサイルPAC−3は、速度がマッハ4〜5であり、論外と言ってもいいからだ。

ムスダンについて北朝鮮は朝鮮中央通信を通じて、高度は1413・6キロまで達し、「目標水域に正確に着弾した」と強調。小数点以下という詳細な数字まで公表したことは、打ち上げの成功に自信を深めている証左であり、北朝鮮は大陸間弾道ミサイル（ICBM）開発に不可欠な大気圏再突入時の弾頭部の耐熱性や飛行安定性も検証できたと詳報した。発射実験を視察した金正恩《キムジョンウン》朝鮮労働党委員長は、グアム島や沖縄などを念頭に、「太平洋作戦地帯内の米国を、全面的かつ現実的に攻撃できる確実な能力を持った」(6)と述べている。さらに、北朝鮮は8月には、潜水艦発射型の弾道ミサイル（SLBM）を発射したほか、9月にはノドンの改良型とみられるミサイル3発を移動式発射台から連続発射し、日本海の日本の排他的経済水域（EEZ）内に着弾させている。

北朝鮮のミサイル技術は、すでに実戦配備されているスカッドとノドンに加え、新型のムスダンも運用可能な状態にまで進んでしまった。しかも、5回の核実験によって、少なくともスカッドやノドンに搭載可能な核弾頭の軽量、小型化は、ほぼ完成しているとみて間違いがないだろう。日本はそうした厳しい現実を直視して、現在のミサイル防衛システムを見直し、早急に対応策に取り組まなければならない。それを怠れば、広島、長崎に続く「第3の被爆地」が生まれることも現実味を帯びてくる。

北朝鮮の狙い

国際社会から厳しい制裁を受けても核武装に邁進する北朝鮮。その意図や狙いを考える一つのヒントは、第1次北朝鮮核危機（93～94年）における米政府の対応ではないだろうか。北朝鮮は金正恩朝鮮労働党委員長の祖父にあたり、金政権初代の金日成《キムイルソン》時代から核武装に着目し、研究を進めてきた。朝鮮戦争（1950～53年）が休戦という形で終結し、その後も在韓米軍基地には核兵器が存在することへの対抗手段を得るためだ。米ソの「相互確証破壊」戦略と同様、北と南の間でも、核には核で対抗するという発想である。ただし、当時の北朝鮮は軍事的にも経済的にも強大な核保有国であるソ連に支えられており、韓国に配備されている核にはソ連の核で対抗できるという認識もあったに違いない。ところが冷戦が終わり、後ろ盾のソ連は崩壊、北朝鮮が単独で核開発に意欲を見せた途端、米国から軍事的な制裁手段も辞さない構えを見せつけられた。この時に強い危機感と恐怖心を抱いた北朝鮮が、核武装を本気で目指すようになったと考えても不思議ではない。

第2章で詳述したが、90年代の第1次核危機において、米国は北朝鮮の核開発を阻止するために軍事作戦を検討、その結果は最初の90日で米軍兵士の死傷者が5万2千人、韓国軍の死傷者が49万人に上ると報告された。一般市民の犠牲も計り知れず、韓国の金泳三大統領が強硬に反対、クリントン大統領も被害の大きさを理由に作戦の実施を断念したとされている。しかし裏を返せば、軍事作戦の検討を知った北朝鮮は、将来、米韓によって攻め滅ぼされる可能性を認識したのではないだろうか。しかも、当時米国が検討した内容は「作戦計画5027」と呼ばれるシナリオで、米韓連合軍が、南侵する北朝鮮軍の攻撃を阻止しながら全面戦争に至る想定で、米軍は在韓米軍のほかに、日本やグアムなどから海空軍を増派し、空母打撃グループなども送り込んで北朝鮮の首都ピョンヤン（平壌）を制圧、北朝鮮の金政権を転覆させた末には、最終的には朝鮮を再統一する選択肢が含まれていた。

これに対し北朝鮮は、休戦後も一貫して米韓連合軍に攻め込まれないための抑止力として、休戦ラインに設けられた38度線の非武装地帯（ＤＭＺ）の外側に沿って相当数のミサイルや長距離火砲を配置してきた。ＤＭＺから韓国の首都ソウルまでわずか50キロであり、命令が下されれば、北朝鮮軍は30分以内にソウル市内に砲弾の雨を降らせ、火の海にすることができる体制を維持し続けてきた。ところが、米軍兵士のみならず韓国軍や韓国国民に甚大な被害が及ぶことを承知のうえで、米国が軍事作戦の実施を検討したことで、これまでの抑止策では不十分だという認識に至ったとしても不思議ではない。このため米国を確実に抑止できる手段として、核を搭載した弾道ミサイルが必要となったと考えれば辻褄が合う。第1次核危機から20年あまり、この間、北朝鮮は、国際社会からどのような非難を浴びせられようが、ひたすら抑止力向上のプロセスを積み重ねてきたと言っていい。

北朝鮮の最終目標は、直接的な対米抑止力、つまり米本土のワシントンD．C．やニューヨークまで届く大陸間弾道ミサイルを開発し、その弾頭に核兵器を搭載できる能力を手に入れることだ。しかし、そのためには多くの時間が必要であり、最初に取り組んだのは、米国の同盟国である韓国と日本を攻撃できるミサイルの開発だった。なぜなら、韓国と日本には多くの米国人が居住し、しかも米軍基地も点在しており、米本土に届かないまでも、米国の意思決定に大きな影響を与えることができると判断したからだ。それが金政権2代目の金正日《キムジョンイル》の時代だった。危機から10年あまりが経過した2006年7月のミサイル連続発射の成功によって、韓国と日本を射程とするスカッドとノドンの攻撃能力と命中精度は大きく向上した。しかも、大型トレーラーを改造した移動式発射機からの実射であり、ミサイルが米韓からの攻撃に持ちこたえる残存性も飛躍的に高まった。

そして次の10年が、核兵器の小型化を進めると同時に、長距離ミサイルを開発する時代となり、その思いは父の金正日から息子の金正恩に引き継がれた。12年12月、北朝鮮は人工衛星の打ち上げと称して、テポドン２改良型の発射に成功、さらに16年２月にも打ち上げを成功させており、米本土まで到達可能な長距離ミサイルの開発は進み、残された課題が核兵器の小型化となっていた。一般的に、弾道ミサイルに搭載できる核兵器の大きさは、飛距離が短いミサイルほど弾頭を大きくすることができる。このため軽量・小型化の目安は、スカッド級は最大１トン、ノドン級は約７００キロ、米国本土に届くＩＣＢＭは２００～３００キロと見積もられている。９月の核実験成功によって、北朝鮮は今後、核兵器のさらなる軽量・小型化と、弾道ミサイルの精度向上を推し進めていくことだけは確実な情勢となった。

課題①：ＢＭＤ能力の向上

核弾頭を搭載した弾道ミサイルが日本を直撃する――。もはやそれは絵空事ではなくなった。日本は北朝鮮の核武装を前提に、盤石な安全保障システムを構築し、北朝鮮から突き付けられた「危機の壁」を乗り越えなければならない。その一つの手段であるミサイル発射基地への攻撃は、第３章で指摘したように多くの課題と困難が伴う。このため日本が最優先に取り組むべきは、米国と共同で運用する弾道ミサイル防衛（ＢＭＤ）システムの能力を向上させ、北朝鮮のミサイルに対する迎撃率を高めるシステムにつくり替えることだ。

次の「東シナ海攻防戦」でも触れることになるが、日本を標的に弾道ミサイル攻撃を仕掛けることができるのは、北朝鮮だけではない。そう遠くない将来において、中国が保有する各種弾道ミサイルへの対応が急務となる可能性は否定できない。その時への備えも含めて、BMDシステムの能力向上に取り組み続けなければならない。それを念頭に置きながら、焦眉《しょうび》の急《きゅう》である北朝鮮への対応について論を進めることとする。

日本を標的としたノドン（射程約1300キロ）の場合、海上自衛隊のイージス艦から発射される迎撃ミサイルSM－3ブロックIAが、高度約150～400キロの宇宙空間でノドンを待ち受けるが、北朝鮮がノドンを連続発射したり、同時に複数カ所から発射されたりした場合には、撃ち漏らす可能性がある。この場合、現在のBMDでは、地上発射型のPAC－3が対応することになっているが、PAC－3ミサイルは、迎撃可能範囲が半径15キロ程度と極めて狭く、とても日本全土をカバーすることなどできない。射程を2倍にするなど能力を向上させた改良型の導入も検討されているが、PAC－3の展開場所は、皇居や首相官邸、防衛省など政経中枢の重要施設を優先せざるを得ないだろう。

こうしたカバーエリアの狭さという弱点を補うために検討すべきは、緊迫化する北朝鮮情勢を受けて、16年夏に韓国が在韓米軍への受け入れに同意した米国の新たなミサイル防衛システム「最終段階高高度地域防衛」（THAAD・サード）の導入、もしくは、洋上のイージス艦からではなく、陸上配備型として開発されているイージス・システム（イージス・アショア）を

北朝鮮に目を光らせる航空自衛隊のレーダー・サイト（長崎県対馬、2013年、筆者撮影）

採用することだ。

ただし、前述したように、BMDの主軸となる現在のSM-3ブロックIAは、北朝鮮が新型ミサイルのムスダンを、日本に向けて高高度に発射してくれば迎撃することは難しい。この弱点を救える可能性があるのは、現在、日米で共同開発を進めているSM-3ブロックⅡAだ。IAに比べて、弾頭をひと回り大きくし、推進力を高めたⅡAの開発は大詰めを迎えているとされ、早ければ2018年以降、米艦に続いて、海上自衛隊の新型イージス艦である「あたご」型の2隻にも搭載される予定だ。また、陸上配備型のイージス・アショアの迎撃ミサイルもSM-3ブロックⅡAとなる見通しで、THAADミサイルの能力と比較しながら、二つの選択肢の中から早急に採用を決めていく必要がある。

どちらを選択するにしても、問題となるのは、巨額な調達コストだ。いくら新しいシステムを導入したとしても、保有する迎撃ミサイルの弾数が足りなければ話にならない。正直、現状の弾数では日本を守ることなどできない。日本を守るために必要な弾数を揃え、防衛力を整備するためには、現在5兆円規模の防衛予算を、最低でも今後数年間は、少なくとも毎年6〜7兆円程度まで上乗せしなければならない。それでも防衛予算の対GDP比は、主要国の中では最少レベルの1・2〜1・4％に過ぎない。事は国民の命に直結するテーマであり、国家予算の配分について、国民を巻き込んだ早急な議論が必要だ。

議論をするうえで最も重要なことは、政治も国民も、核武装した北朝鮮という現実を直視しなければならないということだ。16年7月に参議院選挙が行なわれたが、野党第1党の民進党は、こともあろうに自衛隊の段階的な廃止を主張している共産党と共闘し、同年3月に施行された安全保障関連法の廃止を訴えた。日本を取り巻く安全保障環境の悪化を無視したあまりに無責任な主張と言わざるを得ない。

課題②：重要施設防護

ミサイル防衛システムを強固なものに作り替えれば、北朝鮮の脅威に対して日本の安全は保たれるのか――。残念ながら、答えはノーである。北朝鮮の脅威が顕在化した90年代以降、取り残されたままになっている問題がある。その筆頭は、北朝鮮軍の特殊部隊や武装工作員による原発や鉄道など重要施設を狙った破壊工作だ。第1次核危機の直後、陸上自衛隊の幹部と警察庁警備局の幹部がひざを交えて、治安出動など「武力攻撃に至らないグレーゾーン事態」について議論したことは第2章で触れたが、その時に想定された事態とは、北朝鮮が90年代半ばに策定したとされる「白頭山《ペクトゥサン》3号作戦」という日本列島への攻撃計画だった。

中朝国境にそびえる白頭山は、朝鮮民族の聖地とされ、第2次世界大戦では抗日ゲリラの拠点となった象徴的な場所だ。10年ほど前、筆者は元韓国国防省北朝鮮情報担当官の高永喆《コウヨンチョル》氏にインタビュー取材し、民族の聖地の名を冠とした作戦計画の一部について詳しい説明を聞くことができた(7)。

《北朝鮮は長崎県佐世保や神奈川県横須賀などの在日米軍基地と、国内に点在する原子力発電所を標的に、弾道ミサイル・ノドンを発射し、東京には化学兵器を搭載した弾道ミサイルを撃ち込む。その後、潜水艦などで侵入した特殊部隊が、空港や港湾、原発、鉄道など重要施設に対するゲリラ攻撃を敢行する》

この作戦計画が現存しているのか否かは不明だが、早急に手を打たなければならないのは、破壊工作を防ぐ手立てだ。これまでにも何度か議論されたことがある。その一つは、1999

年の北朝鮮工作船事件と2001年の9・11テロを機に、北朝鮮の特殊部隊による破壊活動が現実味を帯び、日本の長大な海岸線の警備や、原発などの重要施設を防護する必要性が浮上し、警備をめぐって警察と自衛隊は対立した。

2002年のサッカーW杯直前のソウルを舞台に、南北分断の悲劇を描いた韓国映画『シュリ』は、冒頭の10分間、北朝鮮軍の特殊部隊による厳しい訓練と残酷な殺戮シーンが繰り返される。その場面を見せながら、陸上自衛隊幹部は警察幹部に詰め寄った。(8)

「警察はこうした敵から守れるんだな。国民を守れると言えるなら、自衛隊は警備から手を引く。守れるのか、守れないのか。どっちなんだ」

警察幹部はじっと考えた末に、「少し考えさせてくれ」と答えたという。

こうした議論の末に、05年に自衛隊法が改正され、自衛隊は治安出動時の武器使用権限が強化され(9)、陸海空自衛隊と在日米軍の基地や施設に限って警護できるようになった。しかし、原発や霞が関の官庁、皇居などの重要施設の警備は、国内の治安維持を担うという警察官僚らのメンツが優先され、自衛隊の警護対象から外された。一歩前進とはいえ、陸上自衛隊の内部資料「テロ・ゲリラ・特殊部隊による攻撃対処所要」によれば、当時、最重要施設にリストアップされた防護対象は、原発や浄水場、石油化学プラントなど全国91カ所の施設で、それらは「破壊され、利用された場合には、確実に国民の生命と財産に多大な影響を及ぼす」とまで指

福井・高浜原発で行なわれた陸自と警察の共同警備訓練（2016年、筆者撮影）

摘されていた。

しかしそれ以上、重要施設への破壊工作をめぐる議論が進展することはなかった。転機となったのは、皮肉にも、２０１１年3月11日に発生した東日本大震災で、東京電力福島第一原子力発電所が、津波ですべての電源を失い、放射性物質が大量に漏れて拡散するという過酷な大事故を発生させたことだった。この事故により、原子炉を冷却するための電源やシステムが破壊されれば、深刻な事態が引き起こされるという原発の弱点が白日の下にさらされてしまった。それはテロによる破壊工作や爆破、ミサイルや航空機による攻撃でも起こり得る事態であり、２０１２年版の『警察白書』は初めて、「自然災害のみならずテロリスト等による妨害破壊活動によっても発生し得ることが懸念される」(10)と明記した。

　2001年9月の米同時多発テロ（9・11テロ）を機に、02年5月以降、国内すべての原発は、各都道府県警の機動隊に新設された銃器対策部隊（総勢約1900人）が24時間体制で常駐警備するようになった。しかし、福島の事故で冷却機能が失われた場合の脆さが浮かび上がり、現在は警備対象を原子炉建屋だけでなく、周辺の電源施設などにも拡げ、サブマシンガンなどを装備して警備している。実際の原発を使った警察と自衛隊との共同訓練も12年6月からはじまり、テロや特殊部隊の侵入に際し、銃器対策部隊と応援に駆けつけてくる警察の特殊部隊（SAT）が対応し、相手が重武装などで手に負えない場合には、自衛隊に協力を要請する手順が構築されている。しかし、SATが組織されているのは、東京、大阪、神奈川、愛知、福岡など大都市を中心に8都道府県警だけ。実際に数多くの原発が立地され、長い海岸線を抱える福井県や新潟県、愛媛県などの警察力は心もとないのが現実だ。

　その上、北朝鮮の特殊部隊が狙うのは原発だけではない。1998年8月、北朝鮮の弾道ミサイルが初めて日本列島を飛び越え、三陸沖の太平洋に着弾した時、青森・三沢の米空軍など全国の在日米軍基地では、ただちに水道水の使用が禁止された。当時、三沢基地を共同使用する航空自衛隊の隊員たちは、夏の暑い盛りにもかかわらず、ペットボトルの水で顔を洗う米兵をいぶかしく思ったという。しかし、米軍の危機対処マニュアルには、ミサイルなどの攻撃があれば、同時に水源地に毒物が混入されるといったテロが想定されていたのだ。

警察力の脆弱な地域に点在する重要施設をどう守るか――。13年12月に策定した現在の『防衛計画の大綱』には、「弾道ミサイル攻撃に併せ、同時並行的にゲリラ・特殊部隊による攻撃が発生した場合には、原発等の重要施設の防護並びに侵入した部隊の捜索及び撃破を行なう」[11]ことが、初めて明記された。これは重要施設防護が〝事実上〟自衛隊の任務となったことを意味するが、警察と自衛隊はメンツや縄張りに固執することなく、互いの能力を補いながら、最善と考えられる重要施設の防護システムを構築しなければならない。

課題③：自国民保護の秘策

核武装を前提とする北朝鮮の脅威に対し、日本が取り組むべき措置として、ＢＭＤの能力向上、原発など重要施設の防護を優先項目に挙げたが、朝鮮半島情勢が混乱した場合に備えた在外邦人の保護も、取り残されたままの課題だ。１９９０年代後半、半島有事を想定した「周辺事態法」を制定したときを含めて、この問題は幾度となく日韓両国の政治課題として取り上げられてきた。しかしながら、韓国では「竹島」（韓国名・独島）や「慰安婦」、「靖国神社」、「歴史教科書」といった反日のテーマが何度も政治問題として蒸し返され、ソウルなど韓国に在留する邦人の保護や輸送については、何一つ具体的な取り決めや方策が講じられることなく、問題が放置され続けてきた。

政府も植民地支配の過去を背景に慎重に取り扱ってきたが、韓国政府は2012年6月、北朝鮮に対する抑止力として、日韓両国が軍事情報の共有を目指した「防衛秘密の保護に関する軍事情報包括保護協定」（GSOMIA）の締結に際し、1時間前になって、締結の延期を申し出る異例の事態となった。外交儀礼を欠いた対応に加え、8月には、日本政府の抗議を無視して、李明博《イミョンバク》大統領（当時）が竹島に強行上陸するに至って、日本国内の対韓感情は急激に悪化してしまった。その後も改善は見られず、13年11月に読売新聞社と米ギャラップ社が行なった日米共同世論調査(12)では、日本人の72%が韓国を「信頼していない」と回答、14年の同じ調査では76%に増え、15年には68%と減ったものの、依然として多くの日本人が韓国に対して不信感を抱いている状況だ。こうした日韓関係について、知日派としても知られる米戦略国際問題研究所上級副所長のマイケル・グリーン氏は「日韓関係の緊張は、米国の外交政策が混乱する要因になる。なぜならば、中国や北朝鮮が、日韓両国の間にくさびを打ち込むことができると考えかねないからだ(13)」と論評している。

日米同盟と米韓同盟。北朝鮮の脅威に日米韓の3カ国は、米国を扇の要とした同盟によって対応しなければならない。そのためにも朝鮮半島が緊張した場合の在外邦人の保護について打開策を見つけなければならない。その方法として提案したいのは、日韓の2国間協議ではなく、多国間の枠組みで協議することだ。

ソウル市公式ホームページによると、1千万都市のソウルには、2015年末の時点で27万人を超す外国籍の人々が居住している。中国が圧倒的に多く、以下、米国、台湾、ベトナム、日本（約8400人）の順で、このほか自国民が1千人以上居住しているのは、イギリス、カナダ、フランス、ドイツ、インド、フィリピンなど20の国と地域に上っている。[14] 北朝鮮の国内状況の混乱などで半島情勢が緊迫すれば、そうした国々の多くは、退避する自国民の中継地として日本を希望する可能性が高い。日本は、米国をはじめアジアや欧州などの国々に呼びかけ、韓国との間で自国民保護の協議をはじめる必要がある。しかも、その枠組みに中国を組み入れることができれば、地域の安定化にもつながるだろう。

それ以上に、多国間の枠組みが作られれば、欧州など遠く離れた国々が北朝鮮の脅威をしっかりと認識することにもつながる。北朝鮮の核とミサイルに対する脅威認識は、直面する日本と欧州との温度差は比べるまでもないが、自国民保護の協議を通じて、1千人を超す多くの自国民が危機に直面するという現実を知ることになれば、北朝鮮の脅威は身近な問題となり、今後は、今まで以上に連携を強化することができるだろう。政府は今こそ、取り残されたままの懸案であった邦人保護の問題を動かしはじめなければならない。

２　東シナ海攻防戦

常態化した挑発

沖縄・尖閣諸島の価値は、米国が前方展開のキー・ストーン（要石）として、基地を集中させる沖縄本島の正面に位置するように、その地理的な戦略性の高さにある。第３章で記したように、政府が東シナ海に浮かぶ尖閣諸島の魚釣島などを民間の地権者から再取得し、国有地とした２０１２年９月以降、中国はその報復として、直後から翌13年半ばにかけて警備や漁業取り締まりなど法執行機関の政府公船を次々に増強し、同諸島周辺海域に派遣していた。だが14年に入ると、中国の公船は、連日のように同諸島の接続水域内を航行しながらも、領海侵入するケースは、毎月３回、３隻の公船が２時間程度侵入するという「３・３・２」方式を定型化してきていた。これは中国が国内外に対して、自国領として恒常的に法執行していることを強調する戦術でもある。

その一方で、中国は尖閣諸島北方の日本の排他的経済水域（ＥＥＺ）内において、海洋観測や海底資源探査などの調査活動を活発化させている。元海上保安庁長官の佐藤雄二《さとうゆうじ》氏によれば、海上保安庁が確認しているだけで、中国の海洋調査活動は、12年の４件から15年には23件と5倍以上に増え、16年も9月末までで9件に上っているという。佐藤氏は「調査海域が尖閣諸島の北部海域に集中していることに注目すべきだ。南シナ海でそうだったように、中国は海洋調査が終わると移動式のオイルリグ（原油開発のための掘削装置）を持ってきて、そこで調査した後、今度は固定式のリグを立てるというのがこれまでのパターンだ」[15]と警告を発している。日本の同意を得ない中国の海洋調査活動に対し、海上保安庁はそのつど、巡視船を派遣して中止要求しているが、改善の兆しは見られないという。

尖閣諸島では法執行活動を強調する一方で、中国は軍事力を使って第1列島線の内側を内海化する戦略を推し進めている。すでに東シナ海では、九州南部から沖縄・南西諸島の近海を通過して太平洋に進出する中国海軍の行動は常態化しており、13年10月には、北海（司令部・青《チン》島《タオ》）、東海（同・寧波）、南海（同・湛江《チャンチアン》）の3艦隊から出動してきた11隻の艦艇に加え、海警局などの政府機関と陸空軍が参加した「機動5号」と呼ばれる大規模な合同軍事演習が、南西諸島から日本最南端の沖ノ鳥島（東京都）にかけての広大な海空域で実施された。海上自衛隊によると、演習は敵と味方に分かれた対抗形式で行なわれ、日米の連合軍を想定したと思われる場面では、中国空軍のH-6爆撃機が対艦ミサイルで攻撃、さらに、レーダーや通信機能を麻痺させるサイバー攻撃まで演習に組み入れていたという。同様の演習は翌14年12月にも「機動6号」として実施され、訓練終了後、中国海軍の一部の艦艇は、日本列島に沿って太平洋側を北上し、宗谷海峡から日本海に回り、対馬海峡を抜けて日本を一周している。

さらに海軍艦艇の行動に呼応するように海・空軍機の活動も顕著になってきた。中国が東シナ海に「防空識別区」を設定した13年11月から、中国軍は最新型のKJ-2000早期警戒機、スホイ30とJ-11戦闘機などによる任務飛行を開始し、最初の1カ月間だけで51回、延べ87機の航空機をパトロール活動などで出動させたと公表している。[16] 日本周辺における中国軍機の行動が活発化すると同時に、航空自衛隊による緊急発進（スクランブル）は激増し、防衛省統合幕僚監部によると、2008年度は年間31回だった中国軍機に対するスクランブル回数は、14年度には464回、15年度には571回に達している。東シナ海の海空域では日中の偶発的な事故や衝突といった不測の事態の可能性が高まっている。

日中衝突の予兆

尖閣諸島を含めた東シナ海、さらには西太平洋にまで活動領域を拡げるなど、中国は日本の実効支配や地域の秩序に挑戦し続けているが、16年に入ると、挑発と威嚇のレベルを急激にエスカレートさせてきた。

最初は6月9日未明、中国海軍のフリゲート艦が初めて尖閣諸島の接続水域に入り、2時間あまりにわたって航行し続けたことだ。事の発端は、ロシア海軍の艦艇だった。防衛省の発表によると、8日夜、海上自衛隊の護衛艦が尖閣諸島の南側の接続水域から北上してくる3隻のロシア軍艦を確認、追尾した。ロシア軍艦はほぼ直進しながら約5時間後に接続水域を抜けたが、この動きに合わせて、同諸島の北西海域にいた中国のフリゲート艦が反転、ロシア軍艦に接近するように接続水域内に入ってきた。護衛艦は接近してくる中国艦に気づき、国際VHF無線で接続水域に入らないよう警告したが、無視されたという。

「接続水域」とは、国際法上、沿岸国の主権が及ぶ「領海」（沿岸から12カイリ＝約22キロ）の外側に隣接する12カイリの幅の海域で、軍艦や公船を含め船舶には、公海と同じように航行の自由が認められている。だが、外国船舶に対する犯罪取り締まりなどに関して、沿岸国が一定の法的権限を行使することも認められている。海上自衛隊幹部は「他国に出入港する以外、護衛艦は他国の領海や接続水域は避けて航行する。それが一般的であり信義だ」と説明する。尖閣諸島の周辺海域には、海のハイウェーとも呼ばれる毎時4ノット（約7・2キロ）の速さの黒潮が流れており、過去にもロシア軍艦は同諸島の接続水域を航行している。だが、中国は同諸島の領有権を主張しており、ロシアとは立場が違う。

日本の国有地化への報復として、中国は海警局の政府公船を尖閣領海に侵入させ続けるなど日本の主権を脅かしている。重武装した軍艦を接続水域にまで入れ、日本の領海に近づけたことは意図的で、しかも偶発的な軍事衝突を招く恐れもある。政府は直ちに程永華《ていえいか》・駐日中国大使を外務省に呼び出し、斎木《さいき》昭隆《あきたか》外務次官が「私が夜中に呼ぶのは初めてだが、それだけ重大な事態だと思っているからだ」[17]と厳重に抗議した。これに対し、中国国防省は「中国の軍艦が自国の管轄海域を航行するのは合理的であり、合法だ。他国がとやかく言う資格はない」[18]との談話を発表した。

当時、尖閣周辺海域では何が行なわれていたのだろうか。海上自衛隊の護衛艦は北上するロシア艦に対し、国際VHF無線を使って、「貴艦は日本の領海に近づいていることを承知しているか」と問い合わせ、それに対しロシア艦は「承知している」と回答していた。それはロシア艦が尖閣諸島を日本の領土だと認識している証左でもあり、海上自衛隊の幹部は、その無線のやり取りを中国軍艦が聞きつけ、Uターンするようにロシア艦に接近、その際に接続水域を航行した可能性が高いと推測している。ただし、別の見方もある。それは、ロシア艦を追尾する海自護衛艦が同諸島の接続水域内を航行したため、中国も海自艦と同じように、軍艦を接続水域に入れたというものだ。

政府は現在、中国海軍の軍艦が尖閣諸島の領海に侵入した場合には、自衛隊に海上警備行動（自衛隊法82条）を発令、護衛艦を派遣し、速やかな退去を促す方針だ。同行動は国内の治安維持を目的とした警察権に基づく活動で、外国の軍艦や公船に対して強制力はない。それでも発令することで、日本の意志を示すという方針だ。ところが、その直後の6月15日、今度は中国海軍の情報収集艦が、鹿児島県の口永良部島《くちのえらぶ》の領海内を航行した。当時、周辺海域では、米空母ジョン・C・ステニスも参加した日米印3カ国による共同訓練「マラバール」が行なわれており、中国艦はインド海軍の艦艇や米空母を追尾するように航行していたという。

政府は、中国が領有権を主張している尖閣諸島の接続水域内航行とは扱いが違うとの判断で、駐日中国大使館の公使に、中国海軍の活動への懸念を伝えただけだった。だが、この対応には疑問を抱かざるを得ない。国際法上、軍艦を含めたすべての船舶には、沿岸国に通知せずに領海内を航行できる「無害通航権」が認められているが、同時に国連海洋法条約は、無害ではない事例として、「沿岸国の防衛や安全を害する情報収集行為」を挙げている。高性能の通信傍受システムなどを搭載した海軍の情報収集艦が領海内を航行した以上、「無害」と推測することはできないとして、厳しく抗議するのが当然ではないだろうか。

尖閣諸島の領海に侵入すれば海上警備行動を発令するが、他の領海であれば静観する——。ダブル・スタンダードとも思えるような政府の腰の定まらない対応を試すかのように、中国は8月、尖閣諸島を標的に仕掛けてきた。

8月5日、1隻の中国漁船が尖閣諸島の領海に侵入、その後を追うように海警局の政府公船が領海侵入、その数は日を追うごとに増え、7日には尖閣周辺海域には300隻を超す中国漁船が集結し、漁船や漁の監視、警備などと称して13隻の政府公船が領海に侵入、8日には15隻に達するなど過去最多の領海侵入となった。海上保安庁は尖閣専従部隊に加え、九州や四国などから応援に駆け付けた約20隻の巡視船で警備にあたり、70隻の漁船に領海からの退去警告を発した。漁船と公船が領海侵入を繰り返す事態は21日まで2週間以上にわたって続けられ、この間、延べ36隻の政府公船が尖閣の領海に侵入した。

海上保安庁によると、東シナ海では、毎年、夏の禁漁期が明ける8月以降、時には1千隻を超す中国漁船が操業し、トロール操業によってアジやサバを漁獲している。ほとんどの中国漁船には、中国政府の指示で、「北斗」と呼ばれる中国版GPS（全地球測位システム）が取り付けられている。自分の船の位置はわかっているはずで、意図的に尖閣諸島の領海内で違法操業を繰り返す漁船も多い。それが証拠に、同諸島をめぐって日中間の緊張が高まる前の２０１１年には、わずか8隻だった領海侵入漁船は、12年は39隻、13年は88隻、14年は２０８隻にまで膨れ上がっており、海上保安庁はすべての漁船に退去警告を発して対応している。

だが、今回のように、海警局の公船と漁船が同時侵入したのは初めてで、政府は「漁船の動きに便乗して、公船が尖閣に接近しようとしている」[19]と警戒している。しかも、一日の領海侵入隻数としては過去最多となった8日の15隻のうち、7隻が海軍の軍艦を白く塗り替えただけの公船で、機関砲などで重武装していたことが海上保安庁によって確認されている。このため、事態を重く見た政府は、岸田文雄《きしだふみお》外相が「中国は一方的に現状変更しようとしており、日中関係は著しく悪化している」[20]と、程永華駐日大使を呼び付けて抗議するなど、5日から21日までに、34回にわたって中国に厳重に抗議している。

海洋での挑発行動に続き、中国は南西諸島を縦断しながら戦闘機などの訓練にも乗り出している。中国空軍の申進科《しんしんか》報道官は9月25日、「空軍の遠海実戦能力をテストした」と語り、最新鋭のスホイ30戦闘機など40機以上の軍用機が沖縄本島と宮古島の間の宮古水道上空を通過し、西太平洋で大規模な軍事演習を実施したと発表した。[21]参加したのはスホイ30のほか、H-6爆撃機や空中給油機、Y-8情報収集機などで、防衛省によると、中国空軍は15年5月に初めて宮古水道から西太平洋に進出、その後も爆撃機や情報収集機の通過は確認されたが、戦闘機の進出は今回が初めてという。中国空軍機による日本の領空侵犯はなかったが、領空に極めて近接する空域を使ってパトロール飛行などを繰り返したという。菅義偉《すがよしひで》官房長官は「警戒監視に万全を期すとともに、国際法や自衛隊法に従って、厳正な対領空侵犯措置を実施していきたい」と述べ、警戒感を示している。

中国の狡猾な狙い

この時期、中国が尖閣諸島など東シナ海で挑発をエスカレートした理由について、日本国際問題研究所の小谷哲男《こたにてつお》主任研究員は「中国は安倍政権が国際会議などの場で、南シナ海問題を繰り返し取り上げていることに対するいらだちを強めている」[22]と指摘する。中国の狙いを理解するために、ここで「南シナ海問題」について取り上げてみたい。

中国は2010年前後から、国防白書である『中国的軍事戦略』を通して、「国家の領土・主権と海洋権益を守る」ことを重要な原則として掲げ、中国は現在、大陸から第1列島線にかけて拡がる東シナ海と南シナ海の内海化を目指している。中国は尖閣諸島をめぐる日本との対立を扇動し、国際問題化させる一方で、南シナ海においては、南沙（英名・スプラトリー）諸島にある環礁7カ所で人工島の造成を続けていた。それが問題視されるきっかけは、15年5月、米CNN放送のクルーが米海軍の哨戒機に同乗し、埋め立ての現状を取材、放映したことだった。環礁の周囲には、浚渫船などおびただしい数の中国船が集結し、美しいサンゴ礁は破壊され、環礁は土砂で埋め立てられていた。このうちフェアリークロス礁など3カ所の環礁には、H-6などの爆撃機が離着陸できる3千メートル級の滑走路や燃料施設などの建設が進み、航空基地としての体裁が着々と整えられていた。

中国の目的は、南シナ海に面した海南島に建設したアジア最大規模の海軍基地を根拠地として、その前方に位置する人工島を航空機などの前線基地として活用し、常に南シナ海において軍事的な影響力を行使することだ。これに対し国際社会は15年6月、ドイツで開かれたG7

（主要国首脳会談）と、翌16年5月、伊勢志摩で開かれたG7で、中国を名指しこそできなかったものの、大規模な埋め立てを含む現状変更を試みるいかなる一方的な行動にも強く反対するとの首脳宣言を突き付け、15年9月の米中首脳会談で、中国の習近平《しゅうきんぺい》国家主席はオバマ大統領に、軍事基地化はしないと明言した。しかし、中国は南シナ海のほぼ全域に自国の主権や管轄権が及ぶと主張しており、首脳会談での口約束は簡単に反故にされ、16年1月、中国は民間機をフェアリークロス礁に初運航させたほか、一部の人工島には対空ミサイルやレーダー施設、戦闘機を配備するまでに至っている。

こうした状況の中で、オランダのハーグにある国際常設仲裁裁判所は16年7月、フィリピンが3年前に提訴した南シナ海の権利に関する裁定を下し、中国が主張する南シナ海の領有に関する歴史的かつ法的根拠を全面的に否定した。しかし、中国政府は裁定を「紙屑」とまで言い放ち、裁定の受け入れを拒否した。残念ながら、国際裁判や国連には、中国に裁定を受け入れさせる強制力はない。米国は15年10月以降、随時、南シナ海の人工島付近に海軍艦艇を派遣し、「航行の自由作戦」（Freedom of Navigation Operations）を実施、狡猾な理由や手段で南シナ海の内海化を目指す中国をけん制している。だが、国際規範を無視した中国の行動を止めることはできず、中国が人工島の造成を中止する可能性は、ほぼゼロと言っていい。

日本にとって南シナ海は重要な海上交通路（シーレーン）であり、軍事的に中国が海空域を支配し、中国の勝手な思惑で、船舶や航空機の運航の自由を侵すことなど許されない。安倍首相がG7や国連総会などの場を通じて、中国の挑発的な現状変更活動を厳しく批判するのは至極当然のことだ。それに対し、中国は安倍首相が議長を務めた伊勢志摩サミットの直後に、軍艦を尖閣諸島の接続水域内に送り込み、さらに日本が仲裁裁判所の裁定受け入れを求めると、政府公船と漁船の群れを同諸島の領海に侵入させた。戦闘機を含む40機もの中国軍機が宮古水道上空を通過したのも、中国・杭州で開かれた「主要20カ国・地域首脳会議」（G20）で、あえて安倍首相がG20の議長国である中国を前にして「国際交易を支える海洋における航行や、上空飛行の自由の確保と法の支配の徹底を再確認したい」(23)と各国に呼びかけた直後だった。

南シナ海や東シナ海で推し進める中国のやり方は、1930年代にナチス・ドイツのヒトラーが権力を掌握するに至った「サラミ・スライス戦術」と呼ばれる手法で、サラミを薄く切るように、現状を少しずつ切り崩し、時間の経過とともに既成事実化を図りながら、戦略環境を有利に導く戦術だ。東シナ海の尖閣周辺海域や宮古水道やその上空などで、中国が繰り広げているやり方は、まさに既成事実を積み重ねる手法であり、南シナ海の人工島造成も同じだ。南シナ海は経済活動に不可欠なシーレーンであり、沿岸国だけの問題ではない。日本を含めた多くの国々が、中国の南シナ海での一方的な現状変更を黙認すれば、国連海洋法条約など国際法に基づく海洋の秩序は崩壊し、それは東シナ海にも大きな影響を与えるだろう。政府は南シナ海問題でも法の支配に基づく秩序の維持を主張しなければならない。

課題①：離島警備隊の新編

中国が次第に威嚇や挑発をエスカレーションさせている東シナ海行動で、日本が警戒を強め、手を打たなければならない喫緊の課題は、中国が尖閣諸島の領海内に政府公船と漁船を大量侵入させた16年8月のケースだ。これを筆者は「8月事態」と名付けるが、この事態こそ、漁民の保護を名目に、日本の実効支配を覆す中国の巧妙な尖閣占領戦略の一つと考えておかなければいけない。

具体的には、中国は第1段階として、2010年に施行した「国防動員法」に基づき、浙江省や福建省など沿岸部の漁民に出漁を命じ、500隻を超す漁船が尖閣諸島の接続水域内で操業を開始する。その後方からは、海警局に所属する巡視船などの政府公船約30隻が近づいてくる。8月事態でも領海侵入した公船のうち、7隻に機関砲などの重武装が確認されており、同諸島の領海や接続水域で警備する海上保安庁の巡視船に対し、機関砲や機関銃を向けながら接近してくることが予想される。

その後、漁船と公船の群れは、侵攻目標である魚釣島の接続水域に移動、一部の漁船が領海侵入するのを合図に第2段階が始まる。海保の巡視船の退去や停船の命令は無視され、漁船の一部は海保の巡視船に体当たりして抵抗、海保の巡視船と漁船の間に割って入った公船からは、「中国の領海内で正当な公務を執行中である。島は中国の領土だ」などの文言が大音量で流される。日中の法執行機関がにらみ合いを続ける中、漁船の一部が魚釣島に接岸し、漁民が上陸を開始するというのが一連の想定だ。

すでに中国は2012年10月以降、浙江省の沿岸などで漁船や公船が外国の艦船とにらみ合ったり、衝突されたりしたとの想定で訓練を行なっているが、[24] これらは南シナ海の西沙（英名・パラセル）諸島や南沙（同・スプラトリー）諸島を、ベトナムやフィリピンから奪い取った手口にほかならない。決して自分たちから先に海軍（軍艦＝Gray Ship）を使わず、国際社会から軍事力行使の批判を避けるために編み出した戦術であり、中国は準軍隊と位置付けられる海警局（公船は白色塗装＝White Ship）を使って、尖閣諸島を奪取しようと目論んでいる。中国の威嚇や挑発に対応して、政府が自衛隊（護衛艦＝Gray Ship）を出動させれば、「日本が先に軍事力を行使した」と国際社会に訴え、自らは平和的な対応をしていると主張するためだ。

今のところ、こうした中国の術中に陥らないよう日本は冷静に対応しているが、海上保安庁の警備態勢は限界に近づいている。2015年12月現在、継続して外洋活動できる1千トン超の巡視船は、海保の約60隻に対し中国は120隻を数え、19年には135隻に達するという。

中国が多数の漁船を使って、より過激な8月事態を引き起こそうと思えば、想定が現実となる日はそう遠くないかもしれない。万一、漁民らが上陸すれば、島には中国国旗の五星紅旗が翻り、漁民らは食料や水、自己防衛用の小銃などの小火器も運び入れるはずだ。漁民の多くは「海上民兵[25]」としての訓練も受けており、島の防備を固めるに違いない。

仮に中国漁民らに上陸された場合、日本は全国8都道府県警に所属する特殊部隊のＳＡＴや銃器対策部隊を投入し、漁民らを逮捕することになるが、相手は武器を持っており、日中双方に多くの死傷者が出ることは間違いない。事態がエスカレートすれば、洋上では海保の巡視船と中国公船が衝突し、中国は軍隊を投入、日本も自衛隊に出動が命じられる状況に陥るだろう。この時点で、日中の本格的な衝突を防ぐために米国が介入することも予想される。米国は日中双方が警察力と軍事力を尖閣諸島から引くことを提案、その際、領有権を棚上げにすることが持ち出される可能性が高い。この流れは、12年に南シナ海のスカボロー礁で発生した中国とフィリピンの衝突の時と同じだ。オバマ米政権の仲介で、両国は撤退に合意するが、その後中国は、約束を反故にして居座り続けてしまった。

明らかなことは、尖閣諸島に中国を上陸させてしまったら、日本は何一つ得るものがないということだ。逆に上陸させなければ、海保による警戒監視という現状が続くことになる。政府は「8月事態」を想定し、絶対に上陸させない意思と力を示す必要がある。中国が一方的に挑発をエスカレートさせている以上、政府は次に同じような状況が引き起こされれば、すぐさま尖閣諸島の島々に警察力の事前配置を決断しなければならない。ただし、特殊部隊SATの勢力は全国で約300人と乏しく、2020年の東京五輪を控え、しかも、突発的なテロやハイジャック、立てこもりなど様々な事件に対応する任務も抱えており、とても5個の島と3個の岩礁からなる広大な尖閣諸島を警備することはできない。

『警察白書』(2013年版)は「尖閣諸島をめぐる情勢と警察活動」というコラムを掲載し、「情勢に応じて部隊を編成するなどして不測の事態に備えている」と表記している。しかし、海上保安庁が石垣海上保安部(沖縄県石垣市)に、巡視船14隻で構成する尖閣専従の部隊を発足させ、24時間態勢の警戒監視を強化しているように、尖閣をめぐる日中対立の長期化は必然であり、警察庁もしくは海上保安庁は、常に300~500人の隊員が即応できる1千人規模の新たな部隊「離島警備隊」(仮称)の新編を検討してもらいたい。

離島における部隊の行動は警察権に基づくが、小火器を携行しているような漁民(海上民兵)の侵害に対しては、国際司法裁判所が1986年に示したように、国際法上は「侵害排除のための対抗措置」が認められている。サブマシンガンや特殊閃光弾などSATと同様の武器を備えておけば、上陸を強行してくる状況になっても、対応は可能だ。もちろん、離島警備隊を新編する目的は、事前配置という国家意思を示すことで、中国の上陸意図を挫き、日本が尖閣諸島を実効支配しているという現状を維持することにほかならない。

漁民らによる強行上陸など尖閣諸島をめぐって想定される中国の行動は、武力攻撃に至らない侵害、いわゆる「グレーゾーン事態」と呼ばれ、「警察権以上、自衛権未満」という極めて曖昧なカテゴリーで、対応は非常に難しい。前述したように、中国の侵害行為に対して、政府が先に自衛隊を出動させれば、中国に対日批判や非難の口実を与えてしまうことになるからだ。その代わり、政府が切迫した事態での事前配置を決断し、警察組織である離島警備隊が対応すれば、法制度の〝すき間〟とされるグレーゾーン事態はほぼ解消されるだろう。万一、離島警備隊の装備や能力を超える事態となれば、政府は「防衛出動」を発令し、正々堂々と自衛隊が出動、自衛権に基づき軍事力を行使すればいい。

課題②：脆弱な輸送・機動力

中国の軍事戦略について、第3章の「巨龍出現」では、日本の本州から南西諸島、台湾、フィリピンなどを結ぶ「第1列島線」までの海域で、《敵の接近を阻止し、領域への侵入を拒否する「A2・AD」戦略》を推進していると説明したが、中国が阻止する「敵」とは、米軍及び日米同盟軍にほかならない。これは、冷戦時代のソ連が、太平洋から近づいてくる米軍を阻止するために、オホーツク海を内海化しようとした「シー・コントロール（Sea Control）戦略」と同じだ。

しかし、相違点がある。それは、オホーツク海はカムチャッカ半島から北海道までの間に連なる千島列島（ソ連名・クリル列島）をソ連が占有し、天然の防波堤として活用できていたのに対し、中国が接近を阻止しようとする第1列島線、その中でも太平洋への出入り口という要衝に位置する南西諸島は日本の領土であり、中国の自由にはならないということだ。中国がA2・AD戦略を推し進めるうえで、東シナ海に点在する尖閣諸島、そして南西諸島ほど目障りな存在はないだろう。中国が海空軍力を増強させながら、日本に対して威嚇や挑発を繰り返しているのも、それらの島々を自国の影響下に置きたいという思惑があるからだ。裏を返せば、南西諸島を自国の影響下に置くことができなければ、中国の「シー・コントロール戦略」は完成しない。

これは日本にとって有利な相違点だが、逆の相違点もある。ソ連がオホーツクの内海化を目指したのは、ソ連極東海軍の根拠地が日本海に面したウラジオストクに置かれていたからだった。このため、ソ連艦隊が太平洋に進出するには、狭隘な宗谷と津軽、対馬の3海峡を通過しなければならなかった。ところが、いずれの海峡も、海上自衛隊の「3海峡封鎖」戦術による厳しい警戒監視下に置かれていたため、ソ連海軍は海峡通過の不自由さを解消する手立てとして、オホーツク海の内海化を目指したのだ。しかし、それに比べて中国海軍が太平洋に進出する主な航路となる南西諸島は、島と島との間隔が広く、封鎖戦術は成り立たず、日米が中

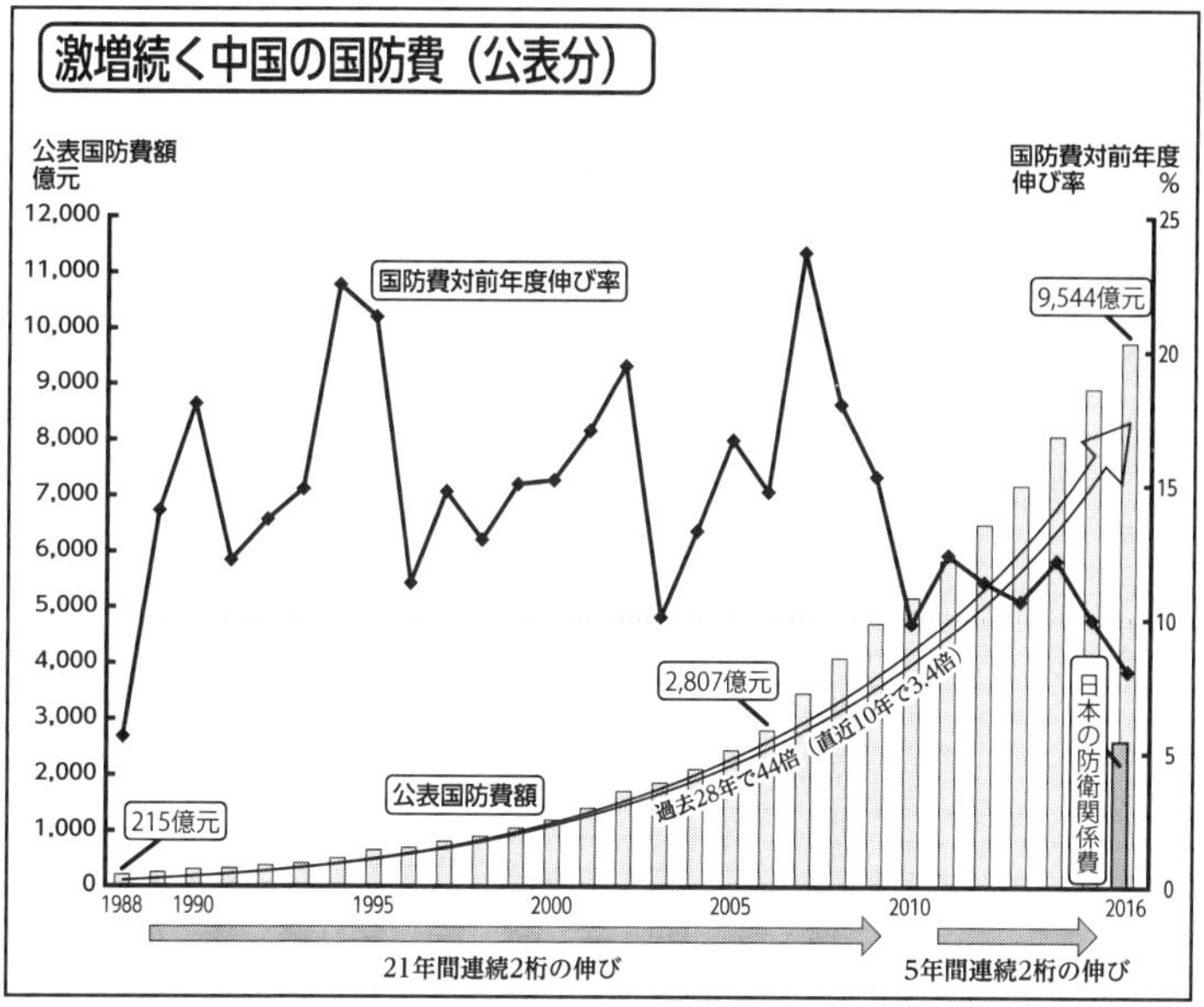

激増続く中国の国防費（防衛省資料を元に作図）

国海軍の行動を監視下に置くことは難しい。東シナ海において日本は、こうしたプラスとマイナスを考慮しながら防衛警備を完遂しなければならない。

ソ連が目指したオホーツクの内海化は、米海軍と海上自衛隊の共同訓練などによって、見果てぬ夢に終わらせることができたが、中国を侮ってはいけない。中国の軍事力は、現時点ではソ連の比ではないが、急増を続ける国防費は、公表分だけで２０１６年には日本の防衛予算（約４兆８６００億円）の３・７倍となる約18兆１３００億円（約９５４４億元）に達している（上記の表参照）。

さらに次の表が示す通り、新型駆逐

日本と中国：主な海・空・ミサイル戦力の比較（2015年末現在）

日本（保有数）	海・空・ミサイル戦力	中国（保有数）
現状:47隻 将来:54隻	新型駆逐艦・フリゲート艦 （海自護衛艦とほぼ同等能力）	52隻
現状:16隻 将来:22隻	新型潜水艦 （海自潜水艦とほぼ同等能力）	45隻
現状:260機 将来:280機	第４世代戦闘機 （F15とほぼ同等能力）	810機
0	爆撃機	100機以上
0	巡航ミサイル （射程1500キロ以上）	200～300発
0	短距離弾道ミサイル （射程280～1000キロ）	1000～1200発
0	中距離弾道ミサイル （射程1500～5000キロ）	200～300発
0	大陸間弾道ミサイル（ＩＣＢＭ） （射程7000～13000キロ）	75～100発
0	潜水艦発射弾道ミサイル （ＳＬＢＭ・射程8000キロ）	48発

（防衛省資料などから筆者作成）

艦や潜水艦、空母といった海上戦力に加え、日米の主力機であるＦ‐15戦闘機と同等の能力を持つ第４世代機などの航空戦力、核を含むミサイル戦力の増強と近代化はすさまじく、日本にとって中国の脅威は、「今そこにある危機」と認識しなければならない。尖閣諸島について、絶対に上陸させない態勢の構築を提示したが、南西諸島についても、軍事力（パワー）に裏打ちされたスキのない防衛警備体制の構築が急務となっている。

防衛の空白域となっていた南西諸島には、16年３月、日本最西端の与那国島に、陸上自衛隊の沿岸監視隊（隊員約150人）が配備されたのに続き、自衛隊は鹿児島・奄美大島と沖縄・宮古島、石垣島の3島に、普通科職種を基幹とする警備部隊に加え、対艦・対空のミサイル部隊を配備することを計画しており、17年度の防衛予算の概算要求には、まず奄美大島と宮古島に新設する庁舎等の整備費が計上された。しかし、それらの島々に部隊が新編配備されるのは、どんなに早くても2023年度以降であり、それまでは部隊を緊急展開するなど輸送力を強化して危機に臨まなければならない。

陸上自衛隊は現在、離島防衛について現有の9個師団と6個旅団のうち、3個師団と4個旅団を「機動師団・旅団」に改編する作業に取り組んでいる。事前に不穏な兆候を察知すれば、その隷下部隊である即応機動連隊が離島に展開し、第2陣として、機動師団と旅団が本格展開する構想だ。その主力兵器となるのは、離島に接近する艦艇と航空機を攻撃する対艦ミサイル「SSM」と対空ミサイル「中SAM」の部隊で、陸海空自衛隊は13年11月の統合実働演習（JX）から、沖縄本島以西に点在する石垣島などの離島にミサイル部隊を運び入れ、機動展開する訓練を続けている。

訓練では、海上自衛隊の輸送艦「おおすみ」（満載排水量1万4千トン）と、民間から借り上げた大型の高速フェリーが活用されている。SSMの部隊を例に挙げれば、まず南西諸島にいちばん近い熊本に駐屯するミサイル連隊が宮古島と石垣島に展開し、部隊が抜けた穴を埋めるために、熊本には九州防衛用として北海道のミサイル連隊が投入される。ＳＳＭの射程も大幅に改良が加えられ、従来の約１５０キロから、数年後には３００キロ程度にまで延伸できる予定だという。しかも、ミサイル部隊にとって最も重要な目標（ターゲット）情報についても、17年度からは、司令塔の役目を担う航空自衛隊の空中警戒管制機（ＡＷＡＣＳ）、海上自衛隊のＰ３Ｃ哨戒機とＳＳＭ部隊との間で、情報共有が可能になる戦術データリンクシステムが導入される。現在のデータリンク機能は、米軍が開発したリンク16というシステムで、離島防衛は今後、陸海空自衛隊を連接するだけでなく、米海空軍とも情報を共有しながら極めて効率的な運用が可能となるはずだ。

だが、ここに大きな弱点がある。それが露見したのが東日本大震災（２０１１年３月）だった。震災直後から幹線道路は寸断され、関東地方の製油所も破壊されたため、被災地は深刻な燃料不足に襲われた。自衛隊では北海道で燃料を調達し、海上輸送で東北地方に送り込む方針が決められたが、そもそも海上自衛隊には大型のタンクローリーなどの車両を積載できる輸送艦は「おおすみ」型の３隻しかなく、震災当時、１隻は修理中で、１隻は海外に派遣されてインドネシア沖で訓練していた。最後の１隻も広島・呉基地を被災地に向けて出港したばかりだった。自衛隊では何とか民間のフェリーを借り上げるなどして急場をしのいだが、燃料が被災地に届いたのは、震災から１週間が経過していた。

これを南西諸島防衛に当てはめれば、自衛隊の海上輸送力の心細さは致命的でもある。自衛隊はＳＳＭなどミサイル部隊の大型装備のほか、弾薬や燃料、各種装甲車両などを次々と運ばなければならない。海自の輸送力の穴を埋めるため、防衛省は14年度から民間フェリー2社と「輸送支援契約」を結び、災害派遣などで自衛隊から要請を受けた場合、72時間以内に船舶を運航して部隊を輸送することになっている。ところが16年2月、北朝鮮の弾道ミサイル発射予告を受け、自衛隊がミサイル落下に備え、契約した民間フェリーで、ＰＡＣ‐3の部隊を沖縄本島から石垣島などに移動させようとしたところ、「全日本海員組合」（組合員・約8万人）の反発で運航を拒否されてしまった。防衛省は「島民に被害が及ばないようにするための活動」と説明したが、同組合はこれを受け入れず、「戦時中は民間船員が徴用され、6万人を超える死者が出た。武器の輸送はしない」[26]などと反発した。

これには伏線があった。防衛省は、民間船舶の有事運航を可能にするため、民間船員のうち希望者を予備自衛官として募り、緊急時に活用することを検討している。こうした動きに対し、同組合は、北朝鮮がミサイルの発射予告をする直前の1月末に記者会見を開き、船員の予備自衛官登録に対し、同省に反対の意思を伝えたことを明らかにしたうえで、「事実上の徴用で断じて許されない。戦地に行くために船員になった者はいない。（予備自衛官を拒否すれば）会社や国から見えない圧力がかかるのは容易に予想される」と強く訴えていた。思想・信条の自

90式戦車を高速フェリーで輸送する陸上自衛隊（苫小牧港で、筆者撮影）

由が絡む問題であり、組合側との溝を埋めることは容易ではない。そうであれば、防衛省はフェリーだけを借り上げ、運航する乗組員は、海上自衛隊を退官した水上艦艇職種のOBを予備自衛官として登録しておくことで解決できるはずだ。部隊の装備や人員を運ぶだけでなく、離島の住民を避難させるためにも輸送力の強化は不可欠であり、急がなければならない。

13年12月に策定された現在の「防衛計画の大綱」[27]の柱は、「統合機動防衛力」の構築であり、離島への侵攻を未然に防ぐため、「安全保障環境に即した部隊配置と部隊の機動展開を含む対処態勢の構築を迅速に行なう」ことを掲げている。大綱は、国の守りの骨幹方針であり、部隊配置にまだ相当な時間が必要とされる現状においては、機動展開、即ち輸送力と機動力の確保こそ最優先に取り組まなければならないことを、政治はしっかりと認識する必要がある。さもなければ、離島防衛は「画に描いた餅」になりかねない。

課題③：危うい国民保護

沖縄・南西諸島の防衛警備を強化する目的は、相手に侵略を企図させるようなスキを見せないことだ。日本は四周を海に囲まれた狭隘な島国で、しかもその7割は山岳地帯であり、可住地1平方キロ当たりの人口は約1400人にも達する人口密集国である。その日本で国土戦が生起すれば、住民を巻き込んだ人的被害は恐るべき数字に達するであろうことは誰の目にも明らかであり、絶対に避けなければならない。防衛警備の強化はそのための唯一の選択肢だ。しかし、それでも軍事力をもって侵略を企てる外敵に対しては、実力を持って排除するのと同時に、非武装の国民の生命を守るために、できる限り早く戦闘が予想される地域から退避させることが重要となる。

そのための法律は、第3章で触れたように、小泉内閣当時の2004年6月、「国民保護法」が成立した。日本は防衛政策の基本方針として「専守防衛」を掲げている。有事とは、日本領土における国内戦にほかならず、しかも、多くの住民が犠牲となった沖縄戦の教訓があるにもかかわらず、戦後60年近くも住民の避難や保護を目的とする法律が整備されてこなかったのは、国民の防衛問題への関心が低いことに加え、深刻な必要性を感じなかったことが大きな理由だ。しかし、北朝鮮工作船事件や米国を襲った9・11テロをきっかけに、有事、つまり日本が侵略を受けたときの対処法が策定されたのに続き、国民保護のための法律も整備された。その後、総務省消防庁が、都道府県と市町村の「国民保護モデル計画」を作成、現在は、このモデル計画などを参考にしながら、防衛省などの国家機関はもとより、47都道府県や全国1741の市町村すべてで「国民保護計画」が作られている。しかし、その実効性については、再考すべき多くの課題が山積している。

その一つは「国民の協力」に関する部分だ。同法は4条で、国民に協力を求める場面として、①避難誘導や被災者の救援、②消火活動や負傷者の搬送、③避難訓練への参加――などを示し、国民は「必要な協力をするよう努める」と記されている。しかし、必要な協力については「自発的な意思に委ねられる。強制があってはならない」とも規定されている。類似の法律として、震災などの自然災害を対象とした「災害対策基本法」があるが、同法は都道府県知事や市町村長に対し、災害時に住民に対し協力を命令する権限が与えられており、命令に従わなかった住民には罰則まで規定されている。言い換えれば、自然災害時には、国民に協力を義務付けているにもかかわらず、有事という自然災害に比べ明らかに重大な国家危機において、国民の協力は義務付けられておらず、「自発的な意思に委ねられる」という本末転倒とでもいうべき内容となっている。

これは国民保護法に先立って成立した武力攻撃事態法案の審議において、自民・公明の与党が、野党・民主党との修正協議(28)の中で、法案の中に「憲法の保障する基本的人権に関する規定は、最大限に尊重する」との文言を盛り込んだことに加え、国民保護法案を審議する過程で、野党からは、「いつか来た道」などという戦前の国家総動員法や隣組制度を思い起こさせるような感情論や、一国平和主義的な議論が幅を利かせたことなどが背景となっている。ここでも「軍事=悪」という単純な図式で、必要な法整備がゆがめられている。

同法を審議する前の03年6月、国立国会図書館は「主要国における緊急事態への対処」という報告書をまとめている。与野党問わず、諸外国の法制度を勉強し、国民保護法の審議や制定に生かしてほしいとの趣旨であることは明らかだった。報告書には、国民自身が義務として自己防護することを課しているドイツ(29)をはじめ、イギリスやフランス、スイスなどの諸外国は、緊急時における国民の協力を義務づけていることが明記されていた。だが、成立した国民保護法には、国民の役割は記されず、諸外国の法制度とはかけ離れた内容となった。

もう一つは、9・11テロや北朝鮮工作船事件など武力攻撃に至らないレベルの脅威が、国民保護法の制定を後押ししたこともあって、同法施行後に都道府県が行なっている国民保護の訓練が、テロや爆破といった場面を想定した内容に偏り過ぎていることが挙げられる。それは、同法に基づいて05年3月に閣議決定された基本指針が、①離島などへの侵攻、②特殊部隊による攻撃、③弾道ミサイル攻撃、④航空機による攻撃……という4種の武力攻撃事態だけでなく、緊急対処事態という概念を取り入れ、①原発や石油コンビナートの破壊、②駅や列車の爆破、③炭疽菌やサリンなど生物化学兵器によるテロ、④航空機による自爆テロ……の4類型を国民保護の対象に付け加えたことに起因している。

内閣府のまとめによると、都道府県は同法施行後15年度末までに136回の国民保護訓練を実施しているが、福井や愛媛、徳島のように、すでに8~10回の訓練を実施している熱心な自治体がある一方で、群馬や和歌山、広島など9府県は1回しか実施しておらず、地方自治体の間には国民保護に対してかなりの意識の開きがある。しかも、実施されているとはいえ、訓練の大半(30)は、テロなど緊急対処事態を想定した内容で、武力攻撃事態を想定した内容の訓練はほとんど行なわれていない。2020年には東京五輪が開催されるため、今後も、競技場やコンサートホールといった大規模集客施設などを標的とするテロを想定した訓練が続くことが予想される。そうしたテロや爆破などを想定した訓練では、事態(事件)に対応するのは警察であり、自衛隊や消防は主に住民の避難や救援を担うことになる。これでは防災訓練を繰り返しているのと同じことでしかない。

それでは外敵が存在する武力攻撃事態となれば、どのような場面が想定されるのか——。消防庁が作成したモデル計画には「武力攻撃事態等においては、自衛隊はその主たる任務である我が国に対する侵略を排除するための活動に支障の生じない範囲で、可能な限り国民保護措置を実施するものである点に留意する必要がある」と表記されている。しかし同時に、自衛隊に対しても、①避難住民の誘導（誘導、集合場所での人員整理、避難状況の把握等）、②避難住民等の救援（食品の給与及び飲料水の供給、医療の提供、被災者の捜索及び救出など――という国民保護措置の実施を求めている。[31] 果たして外敵の排除など国土防衛を担う自衛隊に、住民保護に振り向ける戦力はあるのだろうか。一例を挙げて考えてみたい。

近畿・中部・中国・四国の各地方を警備区域とする陸上自衛隊中部方面隊（総監部：兵庫県伊丹市）は15年9月と11月、中央省庁と地方自治体など約80の機関や団体と合同で、コンピューターを使った国民保護の図上訓練を実施した。想定の一つは、島根県東部の海岸線から国籍不明の特殊部隊が潜入し、原発やコンビナートなどの重要施設が破壊されるといった想定で、松江市と出雲市の住民（約33万人）を、県境を越えて広島と岡山、鳥取の3県に避難させるといった内容だった。

特殊部隊の攻撃に備えて、自衛隊には警護出動と治安出動が発令され、部隊は警察と連携しながら沿岸部の港湾や原発などの重要施設を警備、その後、特殊部隊が中国山地に潜伏しているとの情報で、自衛隊は潜伏地域を包囲し、特殊部隊を殲滅するため、重要施設を警備する部隊とは別に大部隊を投入する――。シナリオの一部は、韓国で実際に起きた「江陵《カンヌン》事案(32)」にも似ているが、外敵による大掛かりな侵攻ではなく、十数人の特殊部隊の潜入という想定であっても、全国で約15万人の陸上自衛隊に、住民の避難や救援活動などに振り向ける戦力の余裕が乏しいことは明らかだ。自衛隊幹部らは「住民の輸送は、自衛隊がトラックや航空機で何とかしてくれると思っている自治体関係者は多い。自治体との国民保護訓練は我々が手助けできないことを伝える場にもなっている」と打ち明ける。

こうした国民保護に関する法的な不備に加え、前述したように、自衛隊の輸送力は極めて心細い。しかも、南西諸島のような離島であれば、海上輸送力の確保は喫緊の課題だ。沖縄戦が証明するように、小さな島が戦場になれば、避難できなかった住民の多くは犠牲となる。しかし、敵の侵攻が切迫しているような状況であれば、民間の航空機や船舶は運航を中止している可能性が高い。自衛隊では現在、輸送艦や予備自衛官が運航する民間船、輸送機などを使って、往路は派遣する部隊や装備を搭載し、復路は避難住民を乗せて回航することなどを検討している。しかし、自衛隊だけに任せていい問題ではない。

離島から住民を避難させた前例には、１９８６年の伊豆大島（東京都）の三原山噴火に伴う全島民避難の経験がある。５００年ぶりという大噴火に直面した政府と地元大島町では、海上自衛隊や海上保安庁、民間のフェリー会社などに出動を要請した。関係機関の素早い対応と連携もあったが、何より大島町では、20歳以上の男子は、全員が消防団に所属して地域を守るという意識の高さに支えられ、観光客と島民合わせて約1万3千人は、噴火からわずか13時間後には全員が無事に島外に避難することができた。そこには避難民の輸送や受け入れ先の確保、逃げ遅れた高齢者への対応、住民の協力や役割など多くの教訓があるはずだ。

国民保護について消防庁は「複数の自治体をまたぐような広域にわたる国民保護措置に係る調整、弾道ミサイル攻撃や重要防護施設に対する攻撃などといった取り組みが必要と考えています」[33]と述べている。いまの日本にとって必要な判定とは、北朝鮮による弾道ミサイル攻撃と重要防護施設への攻撃、中国による尖閣諸島や南西諸島への侵略にほかならない。このうち弾道ミサイル攻撃については、17年春に住民避難を含めた初の対処訓練が計画されている。だが、攻撃予想地域（着弾点）の判断が難しく、国民には屋内や地下街などへの避難を周知徹底させることしかできないかもしれない。他方、重要防護施設と離島については、侵攻予想状況に応じて避難対象地域に優先順位を設け、車両や船舶、航空機などによる輸送力の確保について、関係機関との調整を急がなければならない。今こそ現実に即した訓練とは何か――を考える必要がある。

戦後長い間、自衛隊は国民が誰も存在しない演習場の中だけで訓練を続け、政府も沖縄戦という貴重な教訓があるにもかかわらず、国民保護に関する議論はもとより何の施策も講じてこなかった。それに比べ、第2次世界大戦終了後、多くの国々では、戦争に巻き込まれる住民の避難の重要性を認識し、1950年代から60年代にかけて、国民の協力や住民の避難などに関する法整備を進めている。例えば、イギリスでは1954年に、市民で結成する警戒組織や住民の疎開、退避などを規定した「非常事態権限法」を制定、フィンランドやフランス、スイスなどでも59年までに類似の内容を立法化している。前述したドイツの自己防護という制度は、戦時には複数の被害が全国各地で多発し、公的機関による早期救助には限界があるという認識が前提となっている。「被災住民は応急的にはまず自助努力をし、隣接地域の保護や救助を試みる必要がある」(34)という指針を示し、自己防護のための訓練や指導は地方自治体の責務としているのが特徴だ。日本は半世紀遅れで国民保護に取り組みはじめたにもかかわらず、訓練は1回だけという自治体が数多く存在する。あまりにお粗末で無責任だ。

3 同盟の行方

米国を「巻き込む」戦略の構築

歴史に「イフ」(if)はなく、考えてみても詮無いことだが、日本を取り巻く安全保障情勢を考えたとき、2009年夏に親中国を掲げた民主党の鳩山政権が誕生し、沖縄の在日米海兵隊普天間飛行場の移設問題を修復不能なまでに混乱させ、米国との関係を一時的であっても悪化させることがなければ、尖閣諸島の領有権をめぐる今の日中対立は、どのような展開になっていたのだろうか――。

もちろん、同諸島について中国は70年代以降、自らの主張を法整備や行動で肉付けし、虎視眈々と領有権の獲得を目指してきたことは第3章で記した通りだが、これほど急激に中国との軍事衝突を懸念するほどまで関係が悪化することはなかったのではないだろうか。ただし、わずかな救いがあるとすれば、「尖閣諸島には（米国の日本に対する防衛義務を定めた）日米安保条約5条が適用される」というオバマ大統領をはじめとする米政府から確かな言質《げんち》を引き出したことだろう。

日米の安全保障関係をめぐっては、新安保条約を調印した1960年以降、空母などの米原子力艦の寄港やガイドラインの策定、最近ではテロとの戦いやイラク派遣など事あるごとに、反米、反安保を訴える野党や有識者から「米国の勝手な戦争に巻き込まれる」、「自衛隊が戦闘に巻き込まれる」といった主張が繰り返され、いわゆる「巻き込まれ論」が幅を利かせてきた。誰でも「戦争や戦闘に巻き込まれる」と聞かされれば、不安に思うのは当たり前で、感情に訴える狡猾な手段でもある。ところが今回、尖閣諸島をめぐる日中対立に巻き込まれたのは米国で、巻き込んだのは日本だった。

米国にすれば、大量の米国債を保有し、重要な貿易市場である中国に対しては、できれば宥《ゆう》和《わ》路線を取りたいはずだ。この先、日本との同盟を維持するよりも中国との関係が重要だと考えれば、米国は中国との関係強化に外交の軸足を移すかもしれない。米国が尖閣諸島について安保条約5条の適用範囲と明言する一方で、事あるごとに「領有権主張の争いには関与しない」と言い続けているのは、これ以上、日中の対立、ましてや直接の軍事紛争に「巻き込まれたくない」との思いがあるからにほかならない。

そうであるならば日本は、中国の脅威に加え、核武装した北朝鮮という現下の厳しい安全保障情勢を踏まえ、米国をしっかりと巻き込み続ける戦略を立てなければならない。民主党政権で失墜した日米の信頼関係は、2013年以降の安倍政権下で何とか取り戻したと思うが、それは決して米国に対する従属外交に励めということではない。東日本大震災でみせた日本人の懸命な態度に、米国が「トモダチ作戦」を発動して全力で支援したように、日本は自分たちの国を自らの力で守り抜く覚悟を示さなければ、同盟国であっても米国は決して日本を支援することはあり得ない。そのためにも、日本は防衛能力や役割を強化し、従属ではなく自立的な姿勢、つまり「本気」を見せなければならない。

核武装し、弾道ミサイルを実戦配備する北朝鮮に対し、日本だけで何ができるのか。ミサイル発射の兆候も、間髪を争う発射情報も満足に入手できない。ミサイルの迎撃手段にしても、米国が開発したイージス・システムに頼るしかない。その上、日本の領土主権に脅威を及ぼしている中国の軍事力は、日本が「量より質」などと高を括っていられるレベルをはるかに超え、もはや、今の日本の力だけで中国の軍事的な脅威を取り除くことなどできない。この現実を直視し、理解すれば、日本が進むべき道は、自らの弱さを自覚し、国益を追求するために、いまこそ日米同盟を深化させるという選択肢しかないはずだ。

米国の期待と失望

少し時計の針を戻すと、最初に日米同盟が漂流した90年代、その危機を救ったのは、皮肉にも、北朝鮮の核とミサイル開発であったことは第2章で指摘した。それを機に、日米は冷戦後の同盟戦略として「日米安保共同宣言」をまとめ、朝鮮半島有事を念頭に、97年には新たな「日米防衛協力のための指針」（ガイドライン）を策定した。日本が自国防衛だけでなく、朝鮮半島という周辺地域の平和と安定にも貢献する姿勢を見せたことで、漂流期には「経済面では潜在的な敵国」とまで酷評されていた米国内での日本評価が、期待へと高まった時期だったと言っていいだろう。

しかし、第2章で詳述した通り、99年に成立した「周辺事態法」、さらに同年に改定された

「日米物品役務相互提供協定」（ＡＣＳＡ）の内容は、米国の期待を失望へと一転させてしまった。それが如実に表現されていたのが、２０００年に公表された「米国と日本：成熟したパートナーシップに向けて」と題した、いわゆるアーミテージ・レポートだった。第2章で筆者は「日本はそのメッセージを受け止めることができなかった」と記したが、それは「90年代の終わりまでに、米国の政策立案者の多くが、自己改革できない日本への関心をなくしてしまった」[35]という表現に凝縮されている。同レポートが強く打ち出した「日本の集団的自衛権の行使禁止は同盟協力の制約である」[36]との言葉が、「自己改革できない日本」を言い表しており、このままでは、日米同盟は軍事同盟として機能しないという警告でもある。

その後、小泉首相とブッシュ大統領との蜜月関係によって、日米関係が安泰視された時期もあったが、ミサイル防衛やテロとの戦い、イラクでの自衛隊活動などをめぐって米国から突き付けられたのは、常に集団的自衛権の行使禁止への不満だった。北朝鮮と中国の脅威に直面する日本が、自らの平和と安全のために「本気」を示す最善の策が、アーミテージ・レポートからの要望に応えることだった。

最初の取り組みとして、安倍首相は２０１３年12月、「国家安全保障戦略」で積極的平和主義を打ち出し、15年4月、3度目となる「日米防衛協力のための指針」[37]（ガイドライン）を策定した。その内容は「日本防衛」とは別に、ガイドラインが対象とする地域が、これまでの「極東地域」や「周辺地域及びアジア太平洋地域」から、「アジア太平洋地域及びこれを超えた地域」へとグローバルにまで拡がったことが特徴だ。テロとの戦いやイラク復興支援、09年にはじまったソマリア沖での海賊対処活動などを通して、すでに自衛隊は、国際社会と連携し、もしくは米国と協働しながら地域の垣根を超えて活動しており、新たなガイドラインが現実に追いついたと理解することもできる。

だが忘れてならないのは、米国はこれまで二度のガイドラインの策定でも、ソ連海軍による太平洋への進出を阻むこと、朝鮮半島を念頭に周辺地域の安全を目指すことなど、常に日本に対しては、地域、つまり「面」を安定させるための努力を求めてきたということだ。裏を返せば、米国の対日防衛義務を定めた日米安保条約5条に基づく「日本防衛」は二の次、三の次でしかなかったと言っても過言ではない。今回のガイドラインでは、日本政府から見直しを求められたのを機に、その姿勢をより明確に打ち出したと考えていい。

例えば「日本に対する武力攻撃への対処行動」に関しては、「日米間の安全保障及び防衛協力の中核的要素」に位置づけながらも、自衛隊が受け持つ防衛行動については、「主体的に」という言葉が繰り返されている。ガイドライン原文の「Primary Responsibility」（一義的な責任）の邦訳で、日本防衛は自衛隊の最重要任務である以上、自衛隊が主体的に行動することは当然ではあるが、それを繰り返し明記したことに、「自分の国はまず自分たちで守れ」という米国の真意がはっきりと示されている。

さらに、自衛隊と米軍との役割分担を示す「空域」や「海域」、「弾道ミサイル」、「陸上攻撃」といった個別の作戦構想の項目においては、その意図がより明確に示されている。最も重要な日本防衛における米軍の役割について、「自衛隊の作戦を支援し、及び補完するための作戦を実施する」という表現ばかりが繰り返されたからだ。過去のガイドラインには表記されていた「極力早期に兵力を来援させ……」といった表現や、米軍による敵基地攻撃を意味する「打撃力を伴うような作戦」、「打撃力を有する部隊の使用」といった文言は消えてしまった。日本防衛に関する限り、言葉のうえでは、米軍の関与は大きく後退したと言っていい。

なぜか――。それはアーミテージ氏が指摘したように、日本に対する失望である。97年のガイドラインの後に成立、改定された「周辺事態法」や「ACSA」の内容に落胆したことも大きいが、それ以上に、平素から日本が取り組むべき課題として、「米軍による日本国内の空港や港湾の使用」が挙げられ、朝鮮半島が緊迫すれば、米軍は自衛隊基地を含め、日本各地の空港や港湾を使うことを、日米両政府は前回のガイドラインで合意していた。本来、合意を確実に履行するつもりがあれば、平素から空港や港湾などの諸施設を、様々な角度から調査しておかなければ、いざという時に使うことはできない。

例えば、A空港の滑走路は、米軍の大型輸送機が離着陸するのに必要な荷重に耐えられるのか、B港には米軍艦船が入港できる水深が確保されているのか……といったことは、調べるつもりなら簡単にできるはずだ。しかし、防衛省が管理する航空自衛隊小松基地（石川・小松空港）でも調査はほとんど進展せず、国土交通省や都道府県が管理する空港や港湾に至っては、「施設を管理する関係組合が反対している」、「住民が反対している」などを理由に、ガイドライン策定から20年が経過するというのに、調査自体がまったく行なわれていない。これでは失望するのも当たり前だろう。

しかも今、米国は尖閣諸島をめぐる日中対立に巻き込まれたくないという意識が強い。今の日本に、米国の期待を裏切り、失望へと突き落とした同じ轍を踏むことなど許されない。安倍首相が選択したのは、五百旗頭真・元防衛大学校長の言葉を借りれば、「日米同盟を重視し、憲法改正と集団的自衛権の行使に踏み切り、米国と共同で国際秩序維持にあたろうとする立場」[38]であった。

安保法制の成立

「日本が攻撃を受ければ、米軍は日本を防衛するために力を尽くしてくれる。安保条約の義務を全うするため、日本近海で適時、適切に警戒監視の任務にあたっている。その任務にあたる米軍が攻撃を受けても、私たちは日本自身への攻撃がなければ何もできない。これが日本の立場だった。本当にこれで良いのだろうか。（中略）日本が危険に晒された時は、日米同盟は完全に機能する。そのことを世界に発信することにより、抑止力はさらに高まり、日本が攻撃を受ける可能性は一層なくなっていく」(39)——2015年5月、政府は限定的な集団的自衛権の行使容認を柱とする安全保障関連2法案(40)（安保法案）を閣議決定、国会に提出すると同時に、安倍首相は記者会見でその意義を強調した。

集団的自衛権の行使容認をめぐる議論は、8年前の第一次安倍政権ではじまり、その後、民主党政権の時代を挟み、自民党が政権に返り咲いた直後の13年2月、再び政権を担うことになった安倍首相は、有識者会合（安全保障の法的基盤の再構築に関する懇談会）を再発足させた。14年5月、懇談会の報告書提出を受け、安倍首相は国民に向かって「もはやどの国も、一国のみで平和を守ることはできない。国民の命と暮らしを守るための対応を可能とする国内法制を整備する」(41)と説明、議論は本格化した。与党（自民・公明）内での1年間の協議を経て、法案が閣議決定されたが、この間、問題点も指摘された。

それは、喫緊の課題であったはずの武力攻撃に至らない侵害、いわゆるグレーゾーン事態への対処が抜け落ちたことだ。当初、懇談会の報告書が示した法整備の必要な分野は、第一にグレーゾーン事態であり、第二はPKOなど国際協力への積極参加と他国軍への後方支援、第三は集団的自衛権に関連する事態であった。しかも、多くの国民が法整備の必要性を認識したのは、尖閣諸島の領有権をめぐって挑発を繰り返す中国の脅威に直面したからだ。

中国の威嚇や挑発に対して自衛隊を出動させることの難しさはあるが、それでも当初は、離島などの領域警備については必要な法整備が進むと考えられていた。ところが与党協議の中で、立法化が見送られ、現行法の枠内で警察と海保、自衛隊の連携や手続きを迅速化するという運用の改善でお茶を濁してしまった。与党協議の座長を務めた高村正彦《たかむらまさひこ》・自民党副総裁は、党の勉強会で「これは軍と警察の100年戦争だ。これ以上突っ込んだら大変なことになる」(42)と語り、背景には、警察と自衛隊との権限調整の難しさがあったことを認めている。

縄張り争いをしている状況ではない。本来、グレーゾーン事態への対処で考えられていたのは、武力攻撃に至らない侵害に対して、警察権と自衛権の隙間を埋めることだった。警察権を拡げるか、自衛権を拡大するかの選択だが、自衛隊の権限を強化することは、治安維持を担当する警察や海上保安庁の権限縮小につながり、容易に受け入れられないというのが法整備を見送った理由だ。本稿で「離島警備隊」の発足を提案したように、警察権を拡大するというやり方もあったはずだ。後述するが、国民が脅威と感じている喫緊の課題を外したことが、安保法案への国民の理解や支持が拡がらなかった理由の一つでもある。

ただし、グレーゾーン事態への対処には宿題を残したが、国会に提出された法案には、二つの新しい概念が取り入れられた。わが国の平和と安全に重要な影響を与える事態として、これまでは日本有事である「武力攻撃事態」のほかには、朝鮮半島有事を念頭に置いた「周辺事態」だけが想定されていた。それが今回の安保法案では、「周辺事態」の定義から、「わが国周辺の地域における」という文言が削除され、周辺という地理的な概念を外し、新たに「重要影響事態」と定義し直したことだ。

そしてもう一つが、憲法9条の解釈を変更し、これまで全面的に禁止されてきた集団的自衛権の行使を限定的に容認した「存立危機事態」という概念を設けたことだ。政府は存立危機事態を、《わが国と密接な関係にある他国への武力攻撃が発生したことによって、わが国の存立が脅かされ、国民の生命や自由が根底から覆される明白な危機》と定義した。この定義によって、従来の自衛権発動（武力行使）の要件は「我が国に対する武力攻撃が発生したこと、又は我が国と密接な関係にある他国に対する武力攻撃が発生し、これにより我が国の存立が脅かされ、国民の生命、自由及び幸福追求の権利が根底から覆される明白な危機があること」に修正され、存立危機事態を日本防衛と同様に、武力行使が認められる事態とした。

集団的自衛権について、政府はこれまで「国際法上、国家は、集団的自衛権、すなわち、自国と密接な関係にある外国に対する武力攻撃を、自国が直接攻撃されていないにもかかわらず、実力を持って阻止する権利を有しているものとされている。わが国が、国際法上、このような集団的自衛権を有していることは、主権国家である以上、当然であるが、憲法9条の下において許容される自衛権の行使は、わが国を防衛するため必要最小限度の範囲にとどまるべきものであると解しており、集団的自衛権を行使することは、その範囲を超えるものであって、憲法上許されないと考えている」[43]と解釈してきた。

それを変更した理由は、安全保障情勢が大きく様変わりしたことだ。安倍首相は「基本的な論理は変えずに解釈を変更した。憲法の範囲内だ。他国への武力行使でも日本の存立を脅かすことが現実に起こりうるため、集団的自衛権も、憲法が認める必要最小限度の武力行使に含まれるようになった」[44]と説明した。

ところが、政府の憲法解釈変更について、国会審議が始まった直後の6月4日、国会に設けられた「衆議院憲法審査会」で、自民党の推薦を含む3人の憲法学者が、「集団的自衛権の行使は違憲である」と断定したことから、これ以降、法案審議は合憲か違憲かをめぐる抽象的な憲法論争に終始することになってしまった。

憲法学と日本憲法史などが専門の大石眞《おおいしまこと》・京都大学教授は、「憲法が作られた時、集団的自衛権を行使する事態なんて、誰も予想していなかったはずだ。（中略）もちろん、憲法が侵略的な武力行使の放棄を定めているのは疑いようがない。憲法解釈も安定していることが望ましい。しかし、国際情勢は絶えず動いている。安全保障政策は、国際情勢を考慮して、解釈変更の余地を残し、憲法の規範と整合性を取っていくべきだろう」[45]と述べ、政府が安全保障環境の変化を理由にしたことを含め、今回の解釈変更を是認する。

また、井上武史《いのうえたけし》・九州大学准教授もテレビ朝日の報道番組「報道ステーション」の質問に答えて、「憲法には集団的自衛権の行使について明確な禁止規定は存在しない。それゆえ、集団的自衛権の行使を明らかに違憲と断定する根拠は見いだせない。集団的自衛権の行使禁止は政府が自らの憲法解釈によって設定したものであるから、その後に『事情の変化』が認められれば、かつての自らの解釈を変更して禁止を解除することは、(最高裁が「判例変更」を行なうのと同じく)法理論的に可能である」(46)と判断している。

政府が、法案作成にあたって変更した憲法解釈は、1972年の田中角栄内閣当時のもので、大石、井上両氏とも「国際情勢を考慮」、「事情の変化」を指摘している。私たちはまず、40年以上も昔の政府解釈で、今の防衛政策を考えることが果たして妥当なのか、ということに疑問を持つべきではないだろうか。米国に自国の安全のすべてを委ね、「ソ連が北から攻めてくる」ことだけを想定していた冷戦時代と、日本防衛はもとより、「国際社会の平和と安定」に貢献することが求められる現在とを比べてみれば、答えははっきりしている。

新たに武力行使が認められた「存立危機事態」は、あくまでも日本の存立が脅かされ、国民の生命や幸福追求の権利が根底から覆されるような明白な危険がある事態と厳しく制限されており、専守防衛の原則を踏まえた極めて抑制的な解釈の変更だ。だが、限定的であったとしても、日米同盟に刺さったまま放置し続けてきた集団的自衛権の行使禁止という長年の棘を取り除いた意義は大きい。

「反対と怒号」を超えて

国会での審議は、衆議院で116時間30分、参議院で100時間8分に上り、安全保障関連2法案は2015年9月19日に可決、成立した。法案の提出から4カ月、この間、全国各地で法案に反対する市民らによる抗議活動が繰り返された。このうち15年8月30日に行なわれたデモは、東京・永田町の国会議事堂前や周辺の道路を埋め尽くし、主催者発表で参加者は12万人（警察発表は3万3千人）と最大規模の活動となった。

筆者も小雨の中、日比谷公園（東京都千代田区）の近くでデモを眺めていたが、抗議活動に参加する人々は、安保法案に「戦争法案」というレッテルを貼り、「戦争ができる国になる」、「だれの子どももころさせない」、「集団的自衛権はいらない」、「アベ政治を許さない」、「No War」などのプラカードや横断幕を掲げ、「戦争法廃案」などと叫び続けていた。

彼らの姿と声は、「つらぬけ平和憲法」、「許すな海外派兵」などの横断幕を手に、大勢の市民らが国会前に集まり、廃案を訴えていた92年のPKO協力法案をめぐる光景と重なって見えた。そしてその声は、朝鮮半島有事を想定した「周辺事態法案」の審議でも、自衛隊のイラク派遣をめぐっても繰り返されてきた。第1章で詳述したように、日米安保や安保法制に反対し、平和を叫ぶ活動は、戦後間もない1951年にサンフランシスコ講和条約や日米安保条約を締結した時からはじまり、保安隊の発足、自衛隊の設立、新安保条約の署名――と延々と繰り返されてきた。

国際政治と外交史が専門の細谷雄一《ほそやゆういち》・慶応大学教授は自著『安保論争』の中で、「戦後の安保論争についてはすでに結論が出ているといえるかもしれない。（中略）もはや日本政治において、自衛隊廃止を求める政治的主張も、日米同盟廃棄を求める政治的主張も、国民の多数を形成してそれが実現される見通しは小さい。したがって、現在の安保関連法をめぐる論争は、かつてのように自衛隊の存在を憲法違反としてその廃棄を求めるものでもなければ、日米同盟を日本国民の安全を脅かすものとして否定するものでもない。それらを受け入れることが国民のコンセンサスになっている中で、それを今後どのような方向へと導いていくかが、大きな争点となっているのだ」(47)と述べている。

そのためには、私たちが住む日本がどのような安全保障の情勢下に置かれているのか、という現実をしっかりと直視し、日本の平和を維持し、国際社会の平和と安定を維持するために何をなすべきかを問い続けることでしか、その方向を見出すことはできない。

「集団的自衛権はいらない」と叫ぶ人々は、朝鮮戦争以降、中東や欧州、アジアなど各地で繰り返されてきた戦争や紛争を食い止め、そして終わらせるために、多くの国々が取り組んできた努力をどのように理解しているのだろうか。集団的自衛権がなければ、この世界は強大な力を持った国が支配する〝弱肉強食〟の世の中となってしまうことを、彼らは理解しているのだろうか。戦後70年以上にわたって、日本が平和であり続けられたのは、圧倒的な力（パワー）を持った米国の同盟国であり、その米国が日本に基地を持ち、大規模な部隊を駐留させ続けていることで、日本がアジアの中の「力の空白」とならなかったからだ。

しかし、今回の安保関連法案をめぐる議論で露呈したように、国民の間に安全保障をめぐって、しばしば揺れが生じるのは、日米同盟は、敗戦後、米国による軍事占領からスタートしたために、日本人自らが、自分たちの利益（国益）のために同盟を選択したという意識に乏しいことに起因していると言っていい。いまだに一部の日本人は、自国の平和を支えている米国との同盟という重要な要因を忘却したまま、憲法9条によって平和が保たれてきたと主張し、これからも日本が戦争や軍事、武器から遠ざかり、現状のまま何もしなければ、平和は保たれるという孤立主義かつ一国平和主義に陥っている。そうした平和観から抜け出し、反対と怒号から決別するには、日本を取り巻く安全保障情勢とその変化をしっかりと見つめ、一国平和主義では平和を守ることはできないという現実を理解するしかない。

核武装した北朝鮮と強大な力を持った中国。少なくとも中国という脅威は、今後10年、20年先まで、日本の平和と安全にとって最大の懸案であり続けることは間違いない。ガイドラインを見直し、難産の末に安保法制を成立させたのも、それが日米同盟を深化させ、「危機の壁」を乗り越えることができる唯一の道だからだ。今は、その入り口に立つカードを手に入れただけに過ぎない。まさに、これからが正念場となる。

「日本が将来、国際社会において、名誉ある一員たるべきためには、手をこまねいていては、その地位を獲得するわけには参りません。名誉ある地位を得るためには、私達が自ら、自らの努力により、その汗によって、名誉ある地位を獲得しなければなりません」[48]

この言葉は、日本がまだ敗戦後の占領期にあった1950年12月、連合国軍総司令部（GHQ）から極秘裏に派遣を命じられた日本特別掃海隊が、朝鮮戦争で国連軍に協力し、元山《ウォンサン》、群《グン》山《サン》、仁川《インチョン》、鎮南浦《チンナムポ》などの朝鮮水域で、機雷27個を処分するなど重大な責務を果たして帰国した際、山口県下関市の唐戸桟橋に整列した多くの隊員たちを前に、大久保武雄《おおくぼたけお》・海上保安庁初代長官が慰労の辞として語った感謝の言葉である。憲法前文の理念にも似た言葉だが、自国のことのみに専念してはならないという戒めを、私たちは忘れてはならない。

年	月	国際情勢	国内（安全保障・防衛）	アジア情勢
２０１５年	５月	米ＣＮＮ、中国の南シナ海人工島造成の現状を放映		
	６月	Ｇ７、中国の人工島造成を非難		
	９月		安全保障関連２法が成立、集団的自衛権の限定行使容認	
２０１６年	１月			中国、南シナ海の人工島に対空ミサイルや戦闘機を配備 北朝鮮、４回目の核実験
	３月		陸自、日本最西端の与那国島に沿岸監視隊を配備	中国、１８兆円を超える２０１６年度の国防費を公表
	５月	Ｇ７（伊勢志摩サミット）、中国の人工島造成を再度非難		
	６月			北朝鮮、中距離弾道ミサイル・ムスダンの発射に成功 中国、海軍のフリゲート艦が尖閣諸島の接続水域を航行。情報収集艦が鹿児島・口永良部島の領海内を航行
	７月	国際常設仲裁裁判所、中国の南シナ海領有の主張を全面否定		

8月		海保、約２０隻の巡視船を出動させ、中国漁船と公船に対応	中国漁船と公船、尖閣諸島の領海内に大量侵入（８月事態）
9月			北朝鮮、５回目の核実験 北朝鮮、ノドンミサイル３発を発射、日本のＥＥＺ内に着弾 中国、戦闘機など４０機以上が宮古水道上空を通過

（１）『読売新聞』２０１６年９月10日夕刊３面

（２）安倍首相・オバマ米大統領・朴槿恵韓国大統領の会談は『読売新聞』２０１６年９月10日朝刊１面及び２面の連載「迫る北の脅威」を参照

（３）米紙『ワシントン・ポスト』などは、16年夏、オバマ大統領は「核兵器のない世界」に関わる成果として、核戦略を見直し、核の先制不使用宣言を政権のレガシー（政治的な遺産）に加えるための検討を進めていると報じていた。

（４）防衛省『２０１６年版防衛白書』（Web版には２０１６年10月７日にアクセス）
http://www.mod.go.jp/j/publication/wp/wp2016/html/nd100000.html

（５）『読売新聞』２０１６年６月23日朝刊３面

（６）『読売新聞』２０１６年６月24日朝刊国際面

（７）高永喆氏は２００７年２月に『北朝鮮特殊部隊　白頭山３号作戦』（講談社）を出版、その中に作戦内容などが詳細に記されている。

（８）筆者の陸上自衛隊幹部（匿名）へのインタビュー取材（２０１５年３月25日）

（９）治安出動時の権限を定めた「自衛隊法」90条の1で、警護対象者や施設が侵害を受ける明白な危険がある場合、武器を先制使用することが認められた。

（１０）警察庁『２０１２年版警察白書』（２０１２年７月）１７１頁

（11）『平成26年度以降に係る防衛計画の大綱』（2013年12月17日閣議決定）、各種事態における実効的な抑止及び対処の1項目。大綱資料の13頁。
（12）2013年の調査は『読売新聞』2013年12月16日、14年の調査は14年12月24日、15年の調査は15年12月11日のいずれも朝刊に詳報されている。
（13）『読売新聞』2013年12月16日朝刊・世論調査特集面
（14）ソウル市公式ホームページ（2016年10月11日にアクセス）
http://stat.seoul.go.kr/octagonweb/jsp/WWS7/WWSDS7100.jsp
（15）『読売新聞』2016年10月9日朝刊。日本記者クラブで行なわれた「安全保障シンポジウム」（9月29日、読売新聞社後援）での発言。
（16）防衛省『2015年版防衛白書』（2015年8月）45頁
（17）『読売新聞』2016年6月10日朝刊2面
（18）『日本経済新聞』2016年6月10日朝刊3面
（19）『読売新聞』2016年8月7日朝刊2面
（20）『読売新聞』2016年8月10日朝刊3面
（21）『日本経済新聞』2016年9月26日朝刊2面
（22）小谷哲男「南シナ海問題が発端の尖閣騒動」『Wedge』（2016年10月号、ウェッジ社）19頁
（23）『日本経済新聞』2016年9月6日朝刊1面
（24）防衛省防衛研究所『中国安全保障レポート2012』（2012年12月）20頁
（25）八塚正晃『中国の海洋進出と海上民兵組織』「NIDSコメンタリー第53号」（防衛省防衛研究所、2016年7月）によれば、海上民兵は「普段は漁業関連産業に従事するが、必要に応じて組織的に軍や政府の指揮を受けつつ、多様な海洋権益保護活動に携わる準軍事組織」と定義され、2015年10月に米海軍が南シナ海で実施した「航行の自由作戦」では、中国は漁船を使って米海軍のオペレーションを妨害したことが報じられているという。
（26）『読売新聞』2016年9月6日朝刊社会面
（27）『平成26年度以降に係る防衛計画の大綱』（2013年12月17日閣議決定）
（28）『読売新聞』2003年5月14日朝刊2、3面
（29）国立国会図書館調査及び立法考査局『主要国における緊急事態への対処』（2003年6月）31～32頁
（30）総務省消防庁がまとめた「国民保護共同訓練実施状況」（2016年10月22日アクセス）

http://www.fdma.go.jp/html/intro/form/pdf/kokuminhogo_unyou/kokuminhogo_unyou_main/kyodokunren_jissijokyo_H25.pdf

（３１）総務省消防庁ホームページ「都道府県国民保護モデル計画」参照
http://www.fdma.go.jp/html/kokumin/model.pdf（２０１６年10月23日アクセス）

（３２）防衛省の資料（２００４年11月作成）によると、１９９６年９月、特殊部隊の兵士を載せた北朝鮮の潜水艦が、韓国・江陵（カンヌン）市の沿岸で座礁、航行不能となった。乗っていた兵士26人のうち11人は艦内で自決したが、特殊部隊の兵士15人が陸路で北朝鮮を目指し韓国国内に潜入した。韓国軍は特殊部隊掃討のため、最大６万人の陸軍部隊を投入、解決（13人射殺、１人捕獲、１人行方不明）までには約50日間を要し、延べ１５０万人の韓国軍が対応に当たった。

（３３）消防庁国民保護運用室『国民保護共同訓練のこれまでの取組と今後』「近代消防」（２０１３年８月、近代消防社）80頁

（３４）松浦一夫『ドイツの民間防衛法制』「防衛法研究　第25号」（２００１年10月）41頁

（３５）**The United States and Japan: Advancing Toward a Mature Partnership**, p.3 原文では〈By the end of the 1990s, many U.S. policymakers had lost interest in a Japan that appeared incapable of renewing itself.〉と表記されている。

（３６）Ibid., p.5 原文では〈Japan's prohibition against collective self-defense is a constraint on alliance cooperation.〉と表記されている。

（３７）「日米防衛協力のための指針」（２０１５年４月27日）は、日本側として、岸田外相と中谷防衛相、米側としてケリー国務長官とカーター国防長官により、日米安全保障協議委員会が開かれ、米ニューヨークで共同発表された。

（３８）五百旗頭真「戦後日本外交とは何か」五百旗頭真編『戦後日本外交史・第３版補訂版』（有斐閣、２０１４年４月）３０８頁

（３９）『読売新聞』２０１５年５月15日朝刊（首相会見の要旨から）

（４０）２法案とは「我が国及び国際社会の平和及び安全の確保に資するための自衛隊法等の一部を改正する法律」（通称：安全保障関連法）と、「国際平和共同対処事態に際して我が国が実施する諸外国の軍隊等に対する協力支援活動等に関する法律」（同：国際平和支援法）で、前者は自衛隊法やＰＫＯ協力法、周辺事態法など既存の10本の法律の改正法であり、後者はこれまでになかった新規立法である。

（４１）『読売新聞』２０１４年５月16日朝刊１面

（４２）『読売新聞』２０１４年７月８日朝刊政治面

（43）稲葉誠一衆議院議員の質問主意書に対する政府答弁書（1981年5月29日）
（44）『日本経済新聞』2015年7月29日朝刊2面（参院平和安全法制特別委員会）
（45）『読売新聞』2015年8月2日朝刊政治面（大石眞氏へのインタビュー）
（46）テレビ朝日『報道ステーション』HPより（2016年10月29日アクセス）
http://www.tv-asahi.co.jp/hst/info/enquete/25.html
（47）細谷雄一『安保論争』（筑摩書房、2016年7月）34～35頁
（48）大久保武雄『海鳴りの日々』（海洋問題研究会、1978年6月）262～263頁

終章　これからの安全保障――トランプ大統領と日米同盟

1　最前線はいま

沖縄・石垣島

２０１６年11月、沖縄・尖閣諸島の南東約１５０キロに浮かぶ石垣島。尖閣警備のために港の突端に新設された海上保安庁の専用桟橋では、巡視船「なぐら」と「かびら」への燃料搭載作業が続けられていた。東シナ海は10月末から波高が５メートルを超す時化《しけ》の日が続き、中国の政府公船「海警」は鳴りを潜めていたが、海が穏やかになると同時に、４隻の海警が11月12、14日と相次いで同諸島の領海に侵入、海保の巡視船とのせめぎ合いが始まった。燃料を積

石垣港専用岸壁に停泊する海上保安庁の尖閣専従部隊（2016年、筆者撮影）

み終えた2隻の巡視船は、静かに岸壁を離れ、対立の海へと向かっていった。

海保によると、「なぐら」と「かびら」を含め、外洋活動に適したPL（Patrol Vessel Large）と呼ばれる1500〜3000トン級の巡視船は現在60隻で、このうち尖閣の現場では、14隻の尖閣専従部隊の中から、「しきしま」などヘリコプターを搭載する大型船が指揮を執り、常に専従部隊の半数ほどのPLが1週間から10日交代で警戒監視に当たっている。1隻に乗り組む海上保安官は40人足らずで、定員割れは常態化し、操船や監視から、取締り、通信、給食に至るまで1人3役をこなさなければならない。台風シーズンが去っても冬の東シナ海は時化る日が多い。中国の「海警」は波高が3メートルにもなると姿を現さないが、海保の専従部隊は、波高やうねりが6メートルを超すような大時化の時でも、常に大型の指揮船を尖閣正面に残し、PLは魚釣島の島陰に退避しながらも即応できる態勢を維持している。

海保幹部は「専従部隊への配属希望者は多く、士気も高い。だが、（全省庁を対象とした）国家公務員削減のあおりを受け、100人の増員を認めてもらうのが精一杯だ」と話す。現場を任せられるようになるには、最低でも10年に及ぶ訓練と現場経験が必要で、尖閣諸島をめぐる中国との長期戦を考えれば、早期の定員増は必須だろう。だが今、その穴を埋めているのは、50歳代半ばで退官する自衛官たちだという。「海上自衛隊の出身者が中心だが、陸自や空自のOBもいる。彼らは退官後に改めて海上保安学校の門司分校（山口県）で半年間の教育を受け、二度目の定年を迎える65歳まで巡視船に乗り組み、機関や航海、通信などの配置に就いている」という。頭が下がると同時に、国を守る意識の高さに驚かされた。

東シナ海

緊迫が続く東シナ海で2016年11月上旬、武装した漁民（海上民兵）が離島に上陸したとの想定で、警察と海上保安庁、陸上自衛隊の3機関合同による初の実働演習が鹿児島・奄美大島の南に位置する江仁屋離島《えにやばなれじま》で行なわれた。国家の危機管理を担うために、13年に新設された内閣官房の国家安全保障局（NSS）が主導した訓練で、14年から図上演習が繰り返されていたという。実働演習の想定は「秘」で、内容は一切明らかにされていないが、上陸した漁民に対応する警察の特殊部隊（ＳＡＴ）と銃器対策部隊が駆け付けるまでに時間がかかり、演習を視察した政府関係者のコメントは厳しい内容ばかりだった。

筆者は第4章で「離島警備隊」の編成を提言したが、上陸させないことが前提であり、仮に上陸された場合でも素早い対応は欠かせない。4年前に海上保安庁法が改正され、離島などの陸上で海保の警察権行使（治安維持行動）が可能となった。現在、海保では特殊警備隊（ＳＳＴ）がヘリを使って2時間以内に尖閣諸島の現場に駆け付け、防弾チョッキを着用したままでも海上に降下し、対処可能な態勢を取っている。

14年秋に小笠原諸島の近海で発生した中国漁船による赤サンゴ密漁事件でも、中国漁船を急襲し、船長らを逮捕したのはＳＳＴの部隊だ。武装漁民への対応など尖閣諸島で想定される、いわゆるグレーゾーン事態は、警察権と自衛権の境目の活動だが、国際法上は、相手の武器使用や武力行使に対抗する手段を行使することは認められている。まずは、離島や洋上警備に慣れた海保を中心に、警察と自衛隊が支える仕組みを構築し、訓練を積み重ねていくことが島を守りぬく近道となるだろう。

一方、安全保障関連法が施行（２０１６年3月）されてから初めてとなる自衛隊と米軍による日米共同統合演習（Keen Sword＝キーンソード）も11月11日まで、奄美大島周辺の東シナ海などで繰り広げられた。日米合わせて約3万6千人が参加する大演習で、同法の施行で国家危機の新たな概念となった「重要影響事態」を想定し、自衛隊が事故などで行方不明となった米軍のパイロットを捜索、発見後は救難飛行艇US－2などが駆け付けて、海上から救助するシーンなど日米の緊密な連携場面が公開された。

だが、今回の共同統合演習で自衛隊と米軍の緊密さを見せつけたのは、訓練場面ではなかった。それは日米演習に初めて米空母「ロナルド・レーガン」が参加することで、ロシア海軍と中国海軍の動きが活発化したことで生じた場面だった。まず動き出したのは中国海軍で、日米演習の開始を待ち構えるように、10月下旬から「トンディアオ」級などの情報収集艦2隻を奄美大島周辺の公海上に展開させて調査活動を実施した。しかし、それは日米の注意を引き付けるための事実上のおとりであり、洋上での調査活動とは別に、実は2隻のキロ級潜水艦が水面下で行動していた。日米は演習を中断、P3C哨戒機などを出動させて潜水艦を探知、直ちに潜水艦の艦内に響く金属音の耳障りなアクティブ・ソナー（水中音波探知機）を発し続けるなどして、訓練海域から離脱させたという。

中国の潜水艦を排除した後に登場したのが、ロシア海軍の原子力潜水艦だった。ロシアの原潜が日米演習の情報収集に乗り出してきたのは、海上自衛隊によると、2000年以降初めてで、彼らも日米演習に合わせてオホーツク海を南下、房総半島沖を経由して西太平洋から東シナ海方面に潜航してきた。中国海軍の時と同様、日米はソナーを使うなどして、ロシア原潜に日米から探知されていることを気づかせるやり方で訓練海面への接近を阻止している。

冷戦時代に逆戻りしたかのような中露による偵察活動の狙いは、①東シナ海や南シナ海で続く中国の海洋進出に、自衛隊と米軍はどのように連携するのか、②安保関連法の施行によって演習内容はどのような変化をみせるのか——などの情報を収集するためだ。それだけ自衛隊と米軍との連携は強化され、抑止力として働いている証左だろう。だが、注意すべきはそれだけではない。動きは静かだが、中国が日中中間線付近で継続しているガス田開発こそ、東シナ海支配を目論む橋頭堡だと見なければならない。

日中中間線・ガス田

中国は尖閣諸島などを一方的に自国領と表記した「領海法」を制定した1992年以降、東シナ海への進出を本格的に始動させ、その第1弾が日中中間線に沿ってスタートさせたガス田の開発だった。日本政府は当時、産出する天然ガスなどの資源を国内に搬送するパイプラインなどの建設費はかさみ、採算が合わないとの理由で関心を示してこなかった。

ところが、第3章でも少し触れたが、開発を進める中国に対し、海底ガス田は日中中間線をまたいで地下でつながっている可能性があり、日本側の資源が吸い取られてしまうとの指摘から、日中両政府は2008年6月、①中間線をまたぐ海域に共同開発区域を設置する、②中間線に最も近い「白樺」（中国名・春暁）ガス田に日本も出資し、共同開発する――ことなどで合意した経緯がある。だが、10年9月に起きた海上保安庁の巡視船に対する中国漁船の衝突事件を口実に、中国は日本との協議を打ち切り、その後、中国は政府間の合意を無視して一方的に開発を進めている。日本政府は15年7月、中国のガス田開発は急ピッチに進み、わずか2年で12基の海上プラットホームを建設、計16基の海上施設が中間線に沿って林立していることを公表した。菅義偉官房長官は「日中中間線の中国側とはいえ、一方的に資源開発を進めることは極めて遺憾だ」[1]と、厳しい口調で中国を非難した。

しかし、この問題は単純な資源開発などではない。海上施設の増設は13年6月からハイペースで続けられ、この間、中国は東シナ海に防空識別圏（中国版ＡＤＩＺ）を設定し、現在は尖閣諸島の北方60～100キロの海域にも多くの海洋調査船を出動させ、新たなオイルリグなど海上施設建設の動きを見せている。さらに、調査活動と並行して、中国海軍もフリゲート艦など4隻前後の艦艇を、ガス田周辺海域などに常時展開させており、海上自衛隊によると、15年末ごろからは、それまで担当してきた北海艦隊（司令部・青島）に加え、東シナ海から西太平洋を管轄する東海艦隊（同・寧波）、さらには、南シナ海を担当する南海艦隊（同・湛江）の艦艇も頻繁に出動してきているという。

日中合意を無視して中国が開発を進める東シナ海のガス田（2009年、P3C哨戒機から筆者撮影）

15年7月、当時の中谷元防衛相は「プラットホームにレーダーを配備する可能性がある。空中偵察などのためにヘリコプターや無人機の活動拠点として活用する可能性もある」[2]と述べ、軍事拠点化の恐れを指摘している。地図のうえで尖閣諸島の北方海域から点在するガス田を線で結べば、その線は、東シナ海に連なるわが国の南西諸島を見据えた〝海の長城〟であり、中国の独善的な現状変更そのものだ。南シナ海で中国は、岩礁や暗礁を埋め立てて人工島を建設、滑走路や通信施設を整備し、「不沈空母」[3]として軍事拠点化することを目指しているように、東シナ海でも資源開発の名のもとに、急増中の海上施設をいつでも軍事利用できると考えておかなければならない。

なぜなら、東シナ海にしても南シナ海にしても、海を実効支配するには、その上空の航空優勢（かつては制空権と呼ばれた）を獲得することが何よりも重要だからだ。中国は13年11月、東シナ海のガス田を含む広大なエリアで一方的に防空識別圏を設定したが、今のところ、中国本土のレーダーは十分に届かず、自衛隊機や米軍機を監視するには不十分だ。だが、海上施設を東シナ海の橋頭堡と位置づけ、対空レーダーを設置し、さらには無人機の発着拠点としても活用すれば、中国本土のレーダー能力を補完することが可能となり、警戒監視にあたる自衛隊にとって、相当厄介な存在となることだけは間違いない。

警戒監視とスクランブル

すでにその前兆は現れている。尖閣諸島の北方海域に常時展開している中国海軍の艦艇は、常に大きく離れた海域に点在し、それぞれが海上基地として、自艦に備え付けられた対空レーダーなどを活用し、付近を飛行する自衛隊機や米軍機を捕捉すると同時に、中国・上海郊外の空軍基地から頻繁に戦闘機を飛来させているからだ。11月の日米共同統合演習（キーンソード）では、日中中間線を越えて飛来する中国の戦闘機に対する航空自衛隊のスクランブル（緊急発進）は激増したという。

防衛省が公表した[4]2016年度上半期（4月～9月末）の緊急発進回数は594回で、前年度の同時期に比べ251回も増えており、このままのペースで推移すれば、統計をとり始めた1958年度以降で最多だった84年の年間944回を大幅に上回り、1000回を超えることが確実視されている。594回のうち、約7割の407回を中国軍機が占め、その多くを、東シナ海を含め沖縄周辺空域を受け持つ航空自衛隊南西航空混成団（南混団＝那覇市）に所属するF-15戦闘機が対応している。筆者が南混団を訪問した11月中旬も早朝からスクランブルが相次ぎ、12月末の時点で南混団の緊急発進は600回を突破したという。

尋常ではない数字だが、いったい今、沖縄周辺空域はどのような状況が続いているのだろうか――。それを理解するには、これまで詳述してきた東シナ海における中国海軍や政府公船の挑発行動を、もう一度確認しておく必要がある。

政府が2012年9月に尖閣諸島の民有地を再取得して以降、反発する中国は、尖閣諸島の領海や接続水域内に「海警」などの政府公船を派遣し続け、前出したように同諸島の北方海域には、常に海軍艦艇を展開させている。さらに、海軍は毎月のように艦隊規模で東シナ海から宮古水道などを抜けて西太平洋に進出、訓練を続けている。しかも、日米演習に合わせて2隻の潜水艦を出動させたように、中国海軍は12年以降、長崎県の対馬や沖縄県の久米島などの近海に潜水艦を近づかせ、情報収集などを目的に、日本の接続水域内を潜水航行させている。こ

尖閣・魚釣島周辺の警戒にあたる海上自衛隊のＰ3Ｃ哨戒機（海自提供）

のほか、国家海洋局は尖閣の北方からガス田にかけての海域一体で調査船を繰り出し、海洋や海底の調査活動を続けている。

こうした中国海軍などの海洋における活発な行動を24時間態勢で警戒監視しているのが、那覇や鹿屋（鹿児島県）など全国４カ所の基地に配備された海上自衛隊のＰ３Ｃ哨戒機部隊だ。例えば、那覇基地を飛び立った２機のＰ３Ｃ哨戒機は、機首を西北西に向け、日中中間線付近に林立するガス田を監視、途中、眼下に展開する中国海軍艦艇の位置を確認しながら、Ｐ３Ｃは左旋回して尖閣諸島方面に向かう。その後、同諸島最大の魚釣島などの領空を通過し、中国海軍の動きが活発化し始めている日本最西端の与那国島から石垣、宮古両島の近海を警戒するといったルートを何度も繰り返し飛行するのが日課となっている。しかも、ガス田の近くなどに常に4隻前後が展開中の中国海軍艦艇は、日中中間線の日本側海域に大きく入り込んで活動しており、夜間でも、その動静の確認を怠ることはできない。

これはP3Cの任務である警戒監視飛行の一例だが、それを妨害するように中国軍機が飛来し、日本の領空に近づいてくるため、航空自衛隊のF-15戦闘機がスクランブルしているというのが実態だ。中国軍は東シナ海に展開中の海軍艦艇などからP3Cの任務飛行の連絡を受けると、上海方面の航空基地からスホイ27（Su-27）やスホイ30（Su-30）などの戦闘機を離陸させ、海自機の進路を横切ったり、スクランブルしてきた空自機に接近したりする行動を繰り返している。このため、自衛隊では現在、空中衝突など偶発的な事故を避けるため、P3Cの任務飛行に合わせて、高性能レーダーで周辺空域の飛行情報が確認できる航空自衛隊の早期警戒機（AWACSとE2C）を事前に飛行させるなどして、中国軍機の動きを把握するとともにP3Cとの連携を図っている。

空でも始まった中国の挑発

2016年度の航空自衛隊のスクランブル（緊急発進）回数が、過去最多となるのは確実だが、回数よりも深刻なのは、その形態が大きく変化しているということだ。

1984年に944回のスクランブルを実施した冷戦時代だが、当時、日本の領空に近づいてくる旧ソ連軍の飛行機は、ジェット機であっても爆撃機や輸送機がほとんどだった。このため、旋回性能など運動性能で勝る戦闘機で対応する空自は、ソ連軍機の前方に回り込み、翼を大きく振る機体信号を見せ、それでも針路を変えない場合には、F‐15戦闘機の翼下に装備している対空ミサイルなどを見せて警告することで対応していた。だが今、東シナ海を飛来する中国軍機の大半は戦闘機で、警告のために接近すれば、挑発行動と誤認され、不測の事態すら招きかねない。そんな懸念が的中したのが16年6月のケースだった。

空自幹部によると、那覇基地をスクランブルした空自のF‐15戦闘機2機が、尖閣諸島周辺の公海上で中国軍のSu‐30戦闘機2機を発見、領空侵犯を未然に防ぐために、空自機は中国軍機の後方から大きく回り込んで真横に位置しようとした。ところが、中国軍機は旋回して空自機の正面に向き合う形で急接近してきたという。攻撃動作と判断した空自機はとっさに退避行動を取り、現場から離脱したという。この事態は、空自OBが「東シナ海で一触即発の危機」と題してネット上に論文として公開したことで、明るみとなった。だが、政府は直ちに事実関係を否定した挙げ句に、空自OBに情報を漏らした自衛隊幹部の〝犯人探し〟までする始末だった。これをあざ笑うかのように、中国国防省は「空自機が中国軍機に高速で接近して挑発、レーダーを照射した」(5)と主張、日本に挑発をやめるよう要求した。

筆者がその後、複数の空自幹部から事実関係を取材したところ、中国軍機の危険行為を否定する意見は全く出てこなかった。だが、政府が一度否定してしまった以上、中国の要求に対して反論することも、前言を翻すこともできず、政府の対応のまずさだけが露呈した。13年1月に中国海軍のフリゲート艦が、海自護衛艦に火器管制レーダーを照射したケースでは、当時の小野寺防衛相がすぐさま中国を非難したが、中国の威嚇や挑発行為については、何よりも毅然とした態度を示すことが肝心だという証左でもある。

これを境に、中国軍機による東シナ海での行動は拡大し、8月には2日続けてH－6爆撃機など3機が東シナ海から日本海方面を飛行し、長崎・対馬の領空に急接近したほか、9月には戦闘機や爆撃機など40機が南西諸島周辺を飛行、10月にも情報収集機など2機が宮古水道上空を通過している。さらに、日米演習が終了した直後の11月下旬には、南シナ海方面から飛行してきたH－6爆撃機や情報収集機など4機と、宮古水道上空を通過してきた2機の戦闘機が、石垣と宮古両島の南方上空で合流するなどの訓練を実施、12月には、中国海軍が空母「遼寧《りょうねい》」を宮古水道を航行させ、艦載機を発着艦させており、沖縄周辺空域を「自国の空」と主張するような中国軍機の活動は急速に激しさを増している。

海洋に続き、空まで拡大する中国の挑発。まさしくそれは、軍事力によって現状を変更しようとする中国の真の姿にほかならない。世界中のどこを探しても、隣国に対して、これほど執拗な挑発を繰り返す国は見当たらない。残念ながら、これが今の日本が直面し、これからも直面し続ける安全保障情勢なのだ。それでも日本はこれまで、日米同盟を背景に何とか中国と互角に渡り合ってきた。しかし今、その先行きに不安が拡がりはじめている。

2　トランプ大統領と日米同盟

トランプ発言と拡がる動揺

「卓袱台返し《ちゃぶだいがえし》」と言っていいほどの衝撃を伴って、2016年11月9日、共和党候補のドナルド・トランプ氏が米大統領選を制した。大統領選の期間中、トランプ氏は奔放な発言を繰り返すとともに、過激な政策を打ち出し、「We are going to make America great again」（アメリカを再び偉大に）をスローガンに、「米国第一」主義を掲げてきた。そのトランプ氏の勝利に、日本政府は大きな衝撃を受けた。それが証拠に、トランプ氏が勝利した翌日（10日）の新聞各紙の朝刊には「世紀の番狂わせ」、「内向き政策針路見えず」、「トランプ・ショック」、「日本、同盟維持確認へ」などといったショックの大きさを表す見出しばかりが並んでいた。

その最大の理由は、日本が直面している厳しい安全保障情勢にある。海洋進出を加速する中国、北朝鮮の核ミサイルという脅威下にある日本は、自国の力だけで安全を確保することはできず、これまでにも増して日米同盟を深化させなければならないからだ。ところが選挙期間中、トランプ氏は「米国が攻撃を受けても、日本は何もしない」と主張し、日米同盟を「公平ではない」と公言するなど、安保条約や同盟見直しとも受け取れる発言を繰り返してきた。その中でも、同盟の屋台骨を揺るがしかねないのは、在日米軍の駐留経費に関する発言だ。

トランプ氏は、日本や韓国などの同盟国を名指しし、「我々は守ってやっているのに、彼らは十分な対価（カネ）を払っていない(6)」と述べたうえで、日本に対しては、駐留経費の増額要求が受け入れられなければ、在日米軍を撤退させる可能性まで踏み込んで言及したからだ。この問題で日米関係がぎくしゃくすれば、同盟の連携による抑止力は働かず、中国はその間隙をついて、東シナ海や南シナ海での威嚇や挑発をさらに加速させる可能性がある。同時に、米国の「核の傘」、いわゆる同盟国に対する拡大抑止への信頼までも失われてしまえば、日本は脅威に飲み込まれ、存立さえ脅かされる事態に陥ってしまうだろう。

この発言に対する政府の受け止め方は、「在日米軍は日本の防衛だけでなく、東アジア全体を見ている。その駐留経費の多くを日本が負担しているのだから、米国にとっても損のない話だ。話せば理解してもらえる(7)」という意見に集約される。確かに、2016年度の防衛予算から在日米軍の関係経費を抜き出せば、「思いやり予算」と呼ばれる在日米軍の光熱水道費や基地従業員の人件費に1920億円、米軍の基地や施設の借料として988億円が計上されているなど総額で7600億円余りが費やされている。韓国はもとより、ドイツやイタリアなどの北大西洋条約機構（NATO）諸国と比べても、その額は突出しており、日本の防衛・外交政策が専門の道下徳成《みちしたなるしげ》政策研究大学院大学教授も時事通信社とのインタビューで、駐留経費以外にも「総額1兆円をかけてミサイル防衛を導入して米軍基地を守っている。これを説明すればトランプ氏も理解すると思います[8]」と答えている。

また、米戦略国際問題研究所のマイケル・グリーン上級副所長も、朝日新聞のインタビューに答えて「もし大統領として（選挙期間中の）主張を実行すれば、他国から批判を浴び、米軍は効果的な運用ができず、米外交は立ち行かなくなる。中国の台頭や北朝鮮の脅威を考えた時、米国はより強固な日米関係を必要とし、同盟を弱めることを期待しない[9]」と述べている。

「駐留経費」は何のためか

識者らの見立て通りになることを期待したいが、トランプ氏の発言を機に考えるべきは、米国から在日米軍の駐留経費への不満が聞こえてくるのは、何も今回が初めてではないということだ。第2章で詳述した「同盟漂流」も、きっかけは1980年代の後半から米国内で吹き荒れた駐留経費の増額など日本の防衛予算が少ないことへの不満がきっかけだった。

そもそも米国が同盟国など世界各地に軍隊を駐留させているのは、第2次世界大戦後の東西冷戦の時代、米国を基軸とする西側諸国にとって、自由と民主主義、資本主義に基づく繁栄が、それぞれの国益に叶うという共通の目的と理解があったからだ。そのために、圧倒的な軍事力を有する米軍に「世界の警察官」としての役割を担ってもらい、多くの国々がそれを支持することで、脅威を抑止してきた。冷戦後も、湾岸戦争や中東地域の混乱をはじめ、北朝鮮や中国など様々な勢力も台頭し、日本をはじめとする同盟国にとって、駐留米軍の重要性は「不変」という認識がある。しかし、その反面、私たち日本人は「何のために日米同盟が必要で、駐留米軍経費を支払うのか」という問題に正面から向き合うことはなかった。

その一方で、２００１年以降、テロとの戦いやイラク戦争で巨額な戦費を費やし、国家財政が悪化している米国内では、トランプ氏に限らず、多くの国民が、米軍を駐留させ続けることを「重荷」と考え、他国の安全のために多額の税金を投じることに不満を持っていると考えても不思議ではない。事実、米国防総省の２０１７会計年度（２０１６年10月～17年９月）予算案において、日本や韓国、欧州などに駐留する米軍経費の負担額は[10]、総額で１９２・５億ドル（約２兆２千億円）に達している。米国にとって相当な負担であることは確かだ。

実は、トランプ氏の発言と同じように、米国内から駐留米軍経費などへの不満が出てくる背景には一つのパターンがある。日本に対して最初の増額要求は１９７０年代半ばで、米国は10

年余りの長きに及んだベトナム戦争に敗北し、アジアへの関心を低下させる一方で、国交回復という中国との歴史的な和解を実現し、ソ連との間でも核ミサイルなどの戦略兵器制限条約（SALTⅠ）を締結するなど、いわゆる「デタント」（緊張緩和）と呼ばれる時代を迎えたときだった。脅威が低下した米国は、自らの国防費を削減するのにあわせて、同盟国に対しては相応な防衛費の増額を求め、日本は78年度から「思いやり予算」をスタートさせている。次の増額要求は80年代半ばから90年代前半で、ソ連の脅威が薄れ、その後、冷戦が終結、米国が軍事より経済に舵を切った時であったことは第2章で述べた通りである。

こうしてみると、米国は自国に対する軍事的な脅威が低下するにしたがって、自らの国防費を削減する代わりに、日本などの同盟国に対して、明確に費用負担を求めてくる傾向があることが浮かび上がってくる。(11) 米国は現在、財政悪化に伴って国防費の大幅な削減を迫られており、同盟国に費用負担を求めてくる一つの動機は存在する。だが、それ以上に日本が問題視しなければならないのは、米国の脅威認識ではないだろうか。

世界の警察官ではない

トランプ氏が選挙期間中に発した言葉の中で、もう一つ注目すべきは「米国は世界の警察官ではいられない」(12) という発言だ。国際秩序維持への関心のなさであり、内向きの象徴とも受け止められているが、類似の発言はオバマ大統領も２０１３年9月、シリアのアサド政権に対する軍事攻撃などをめぐって、「米国は世界の警察官ではない」と明言している。

テロとの戦いから続く中東への介入は10年以上の長きに及び、米国民に向けてもそう言わざるを得なかったのだろう。だが、オバマ大統領はこの発言をするわずか1年余り前に、「米国の世界的リーダーシップの維持：21世紀の国防の優先事項」[13]という厳しい現状認識を公表している。アジア太平洋地域に関連する内容は、①アジアの同盟国及び主要な協力国と我々の関係は、地域における将来の安定と成長にとって死活的に重要、②中国の軍事力の増大は戦略上の意図を明確にしなければならない、③中国やイランのような国家は、米国の戦力投射能力に対抗するため、非対称的な手段（サイバー戦、巡航・弾道ミサイル、機雷戦）を追求するであろう――と明記しており、中国を仮想敵としたような書きぶりでもあった。

ところが、オバマ大統領が「警察官ではない」と明言した直後、米国の日本への対応が変化した出来事があった。それは発言から3カ月後の13年12月、北海道で行なわれた陸上自衛隊と米陸軍との日米共同方面隊指揮所演習（通称・ヤマサクラ）で、当時の岩田清文陸上幕僚長と米太平洋陸軍のブルックス司令官が会談した時のことだ。

同席した陸自幹部によれば、会談はまず、岩田陸幕長が中国の脅威について説明、尖閣諸島と南西諸島で想定される危機が発生した場合には、陸海空自衛隊が全力で対応するが、能力的に足りない部分については米軍の協力を要請したいという内容だったという。ところが、これに対しブルックス司令官は、40分間の会談中に一度も「中国」という言葉を発せず、米国の日本防衛義務を規定した日米安保条約の5条が絡む問題には触れてほしくないという態度がありありだったという。しかも会談終了後、帰り際にブルックス司令官は岩田陸幕長に対し、「あまり中国、中国と言うな」とくぎを刺すことを忘れなかった。安倍晋三首相の靖国神社への参拝（2013年12月）に対し、米国から「失望した」という辛辣な表現で不快感が示されたのも同じころだった。

当時、自衛隊の幹部からは「米軍幹部は、日本に背を向けてワシントンの顔色ばかりうかがっている」という言葉が聞かれたが、少なくとも、米国のリーダーが「警察官ではない」という趣旨の発言をする時は、世界の秩序維持はもとより同盟国への関心が薄れ、脅威認識そのものが低下していることだけは明らかだ。トランプ氏の発言も、そもそも外交や安全保障への関心が薄く、脅威認識も低いと認識すべきだろう。

3 日本の針路（あとがきにかえて）

オバマ大統領はその後、第3章で示したように、東シナ海や南シナ海における中国の力による執拗な現状変更行動に直面し、ようやく日本と脅威認識を一にするようになってきた。とはいえ現実問題として、中国の海洋進出に対し、オバマ政権時代の米国は何ら有効な対応はとれず、北朝鮮の核とミサイルの脅威についても放置したままの状態が続いている。

トランプ新大統領と新たな米政権に対し、政府が何よりもまず優先すべきは、同盟の根幹である脅威認識を共有させるための戦略を示すことだ。

その一つは対中戦略だ。中国は習近平体制となった2012年11月以降、中華民族の偉大な復興を実現させることが「中国の夢」であるとの方針を打ち出し、日本の尖閣諸島を含む東シナ海と南シナ海の島々の領有権と海洋権益を中国に帰属させるため、軍事力と経済力の両輪をフル稼働させながら現状変更を目指している。その実現に不可欠な最終的な手立ては、東アジアの安全保障秩序を維持してきた米国の優位を打ち破ることにほかならない。もちろん、中国が米国の軍事的な優位を打ち破るには長大な時間が必要で、見通し得る将来において、中国が米国との軍事衝突を誘発する可能性は低いだろう。しかし、その代わり中国は、今後も増大させ続ける軍事力を背景に、威嚇や挑発を繰り返しながら地域の緊張を高め、日米、そして米韓という米国の同盟関係を弱体化させ続けることは間違いない。政府はその現実と、その現実がもたらす危機をトランプ新政権に理解させなければならない。

そもそも海洋進出をはじめとする中国の台頭に対し、米国は東アジアが不安定化するのを抑止し、中国を多国間ルールの枠組みに向かわせるという外交政策を推し進めてきた。その手段が、地域の連携を強化することだったはずだ。日本をはじめオーストラリアも東南アジア諸国も、そうした米国の姿勢を支持し、信頼してきた。ただし、日本と米国では中国との地理的な距離感が違うため、日本は尖閣諸島や東シナ海で直面する脅威を強調し過ぎることなく、アジア太平洋という広い枠組みで、今の秩序を維持することが米国の国益に叶うことを説き続けなければならない。その意味から、16年12月の安倍首相のハワイ真珠湾への慰霊訪問は、強固な日米同盟がアジア太平洋の安定と日米の発展に不可欠なことを確認する絶好な機会となった。

もう一つは北朝鮮戦略だ。かつて朝鮮半島有事について、90年代の核危機から2000年代にかけては、いくつかのシナリオが想定された。北朝鮮に対する経済制裁と外交的圧力という国際包囲網で締め付けられた金正日体制が先制攻撃に出るといったケースや、経済が困窮した北朝鮮の国内で人民暴動が相次ぎ、人心を国外に向けさせるために戦争を仕掛けるといったケースがその代表例だった。当時、米海軍と海上自衛隊は、そうした危機に備え、日本海で米空母を組み込んだ演習を繰り広げ、北朝鮮に対し、日米の結束や行動力を見せつけてきた。だが、2000年代半ば以降、そうした想定に基づいた日米演習は行なわれていない。その一方で、北朝鮮はこの間、ひたすら核兵器と弾道ミサイルの開発を進めてきた。そして今、北朝鮮の核とミサイルの脅威は、日本の平和と安全にとって深刻なレベルにまで達してしまった。

北朝鮮の核とミサイルに対する脅威認識をめぐっては、これまでミサイルの届かない米国と、射程内に置かれた日本との温度差が指摘されてきた。だが、5回の核実験を強行し、数年後には米本土まで到達する核ミサイルを完成させることは確実な情勢となっている。その時、米国が自らの脅威と判断すれば、いったい何が起きるのだろうか――。それを示唆していると考えられるのが、国際的な外交誌「フォーリン・アフェアーズ」を発行し、米政権への影響力を持つ外交問題評議会会長のリチャード・ハース氏が読売新聞に寄稿した文書だ。

ハース氏は、米本土まで到達する大陸間弾道ミサイル（ICBM）を、北朝鮮は2020年までに開発に成功すると示したうえで、「米大統領選挙の結果、民主党のヒラリー・クリントン候補と共和党のドナルド・トランプ候補のどちらが選出されても、任期中のどこかできっと、北朝鮮に関して極めて重大な決断に直面するだろう」(14)と締めくくっている。「極めて重大な決断」という言葉に背筋が寒くなるが、北朝鮮の核とミサイル開発が継続してきた理由の一つには、日米中韓の関係4カ国にとって、朝鮮半島の南北分断を維持することが国益だと考えてきたからだ。言い換えれば、そこで思考停止していたと言ってもいい。米新政権の誕生は、新たな、そして確固とした北朝鮮戦略を考える好機でもある。

そのために最も重要となるのは日米同盟であり、米韓同盟だ。トランプ大統領の関心や脅威認識が不十分で、指導力を発揮できない状況であれば、日韓が連携して米国を巻き込む努力をしなければならない。その意味でも16年11月、日韓両政府が防衛機密を共有するための「軍事情報包括保護協定」（GSOMIA＝General Security of Military Information Agreement 通称ジーソミア）を締結、発効させた意義は大きい。

韓国の朴槿恵《パククネ》政権は、大統領自らの友人による国政介入問題で瓦解し、長期の政情不安定化は免れないが、どのような政治状況であろうと、韓国には地域の安定に貢献する責任がある。韓国国防省のホームページには、協定署名式の写真が掲載され、締結の意義を「韓日双方は北東アジアの脅威である北朝鮮の核とミサイル情報を直接共有することが可能となり、北朝鮮の脅威と挑発への抑止に大きく貢献すると期待される」(15)と伝えており、今後は日米韓による情報共有など運用面での連携を深めていく必要がある。

トランプ政権発足

「我が国の軍の非常に悲しむべき消耗を許しながら、他国の軍隊を助成してきた。自国の国境を防衛することを拒否しながら、他国の国境を守ってきた」、「我々は以前からの同盟を強化するとともに、新しい同盟を構築する」――。これらは2017年1月20日、米国の第45代大統領に就任したドナルド・トランプ氏が、就任演説の中で発した日米同盟にも関わるとみられる言葉だ。奇しくも同じ日、時差の関係で半日早く施政方針演説に臨んだ安倍首相は、トランプ政権の発足を意識し、内政問題を後回しにしてまで日米同盟の重要性を訴えた。相聞歌《そうもんか》に例えれば、首相の思い実らずと言っていいのかもしれない。だが、これまで一貫して「米国第一」を繰り返してきたトランプ氏であれば、演説は想定の範囲内であり、焦点の一つである在日米軍駐留経費の日本側負担についても、増加の方向で見直される公算が大であろう。

それよりも日本にとって問題なのは、トランプ氏の中国に対する脅威認識と今後の対応が不透明なことだ。19世紀の英首相・パーマストン卿の「永遠の友も永遠の敵もいない。あるのは永遠の国益だけ」という言葉は、トランプ氏の唱える米国第一にも通じるが、ビジネス感覚で外交をとらえ、二国間における貿易上の損得勘定が優先されれば、アジア太平洋地域の安定という日本の平和と安全にとって喫緊の課題はないがしろにされかねない。米国が通商問題で中国と手を結び、尖閣や南シナ海などの安全保障問題で譲歩することも、絵空事などとは言っていられない。そうした安全保障が置き去りにされる懸念を払しょくするには、日本がアジア太平洋地域で従来よりも大きな役割を担う必要がある。それがもたらす地域の安定こそが米国の利益であり、その礎《いしずえ》が日米同盟であることを、トランプ大統領や新政権に対して説き続けることだ。同時に、安倍首相は国内に向けても、これまで以上に同盟の必要性と意義を訴え、防衛予算の増額や沖縄問題の解決など様々な課題への理解を得なければならない。

日本は今、中国と北朝鮮という二つの脅威に向き合わざるを得ない。だが、前向きにとらえれば、それだけ日米同盟を深化させていく目標があるということだ。日米開戦の発端となった旧日本軍による真珠湾攻撃から75年、米ハワイ・オアフ島の真珠湾（パールハーバー）で開かれた追悼式典で、日系人として初めて米太平洋軍司令官（大将）となったハリー・ハリス司令官は「和解という行為が、かつての敵を最も親しい友人に変えてくれた」(16)と演説した。いま、自衛隊と米軍の関係は極めて緊密な信頼で結ばれている。時に政治が衝突し、摩擦を起こしても、ミリタリーとミリタリー（軍と軍）との絆が固く結ばれ、その絆をより強固にするための努力を積み重ねていくことができれば、同盟は困難を乗り越えられるだろう。

「人はわからないことに不安を覚える」という言葉で本書を書きはじめた。日本を取り巻く厳しい安全保障情勢だけでなく、米国を率いるトランプ新政権という気がかりな要素も加わり、政府も、そして私たち一人ひとりも、今まさに、その言葉に直面している。しかし、その不安を取り除き、同盟を深化させ、強靭性を上げるための「解」は、本書がたどってきた冷戦終結から25年という道程の中にきっとある。

（1）『朝雲新聞』２０１５年7月30日朝刊１面
（2）『読売新聞』２０１５年7月11日朝刊１面
（3）拙稿『中国「不沈空母」戦略にくさび』２０１５年11月2日、読売オンライン（ＹＯＬ）
http://www.yomiuri.co.jp/matome/archive/20151030-OYT8T50127.html を参照
（4）防衛省統合幕僚監部報道発表資料「平成28年度上半期の緊急発進実施状況について」（平成28年10月14日）を参照
（5）『産経新聞』２０１６年7月5日朝刊国際面
（6）『読売新聞』２０１６年11月10日朝刊政治面など
（7）『読売新聞』２０１６年11月12日朝刊政治面
（8）時事通信社Janet「道下徳成氏に聞く・トランプ時代に身構える世界―中国、北朝鮮、ロシア、そして日本はどう対峙するか」（２０１６年12月7日にアクセス）
http://janet.jw.jiji.com/apps2/do/contents/view/338e8970b938a1146fff1c4b04e24196/20161130/411/viewtemplate1/jncolumn003
（9）『朝日新聞』２０１６年10月18日朝刊特集面
（10）『読売新聞』２０１６年12月7日朝刊「基礎からわかる駐留米軍」
（11）拙稿「防衛分担をめぐる米国の対日要求―軍事戦略及び脅威認識との相関関係」（防衛大学校総合安全保障研究科・修士論文、１９９９年３月）を参照
（12）『朝日新聞』２０１６年11月10日朝刊政治面など
（13）U.S. Department of Defense, Sustaining Global Leadership: Priorities for 21st Century Defense, released on January 5th, 2012. 〈http://www.defense.gov/news/defense_strategic_guidance.pdf〉（２０１５年8月30日アクセス）
（14）『読売新聞』２０１６年10月23日朝刊１・２面「地球を読む」
（15）韓国国防省のホームページ（２０１６年12月9日にアクセス）
http://www.mnd.go.kr/user/boardList.action?command=view&page=1&boardId=O_47261&boardSeq=O_145439&titleId=null&siteId=mnd_eng&id=mnd_eng_030100000000
（16）『読売新聞』２０１６年12月8日夕刊１面

勝股秀通（かつまた・ひでみち）
日本大学危機管理学部教授。専門は防衛・安全保障と危機管理。1958年千葉県生まれ。青山学院大学卒業後、83年読売新聞社に入社。北海道支社などを経て東京本社社会部勤務、93年から防衛庁・自衛隊を担当。その後、初の民間人として防衛大学校総合安全保障研究科（第1期生）で修士号取得。解説部長兼論説委員、編集委員などを経て2016年4月から現職。著書は『自衛隊、動く』（ウェッジ）など。

検証　危機の２５年
—日本の安全保障を真剣に考える—

2017年２月10日　印刷
2017年２月20日　発行

著　者　勝股秀通
発行者　奈須田若仁
発行所　並木書房
〒104-0061東京都中央区銀座1-4-6
電話(03)3561-7062　fax(03)3561-7097
http://www.namiki-shobo.co.jp
図　版　　神北恵太
印刷製本　モリモト印刷
ISBN978-4-89063-360-9